Viages. Isla de Cuba

Biblioteca de la Cátedra de Cultura Cubana
'Alejo Carpentier'
de la USC

Núm. 5

Dirigida por
Yolanda Novo Villaverde

Consejo Editorial
Benito Varela Jácome • Fernando Cabo Aseguinolaza
Julio Cabrera Varela • Pilar Cagiao Vila
Luis Hueso Montón • Tomás Jiménez Juliá
Luis Martul Tobío • Miguel A. Santos Rego
José Manuel Vázquez Varela • Alfredo Vigo Trasancos
Carlos Villanueva Abelairas

Consejo Asesor
José Antonio Baujín Pérez • Ana Cairo Ballester
Teresa Crego • Marlen Domínguez
Jorge Fernández Torres • Ana Mª. González Mafud
Sergio Guerra Vilaboy • Mª. de los Ángeles Pereira
Rogelio Rodríguez Coronel • Yolanda Wood Pujols

catcuba@usc.es
www.usc.es/catedras/alejo

Jacinto de Salas y Quiroga

Viages. Isla de Cuba
(Madrid, 1840)

Edición facsimilar
y estudio preliminar de
LUIS T. GONZÁLEZ DEL VALLE

2006

UNIVERSIDADE DE SANTIAGO DE COMPOSTELA

SALAS Y QUIROGA, Jacinto de

Viages. Isla de Cuba / Jacinto de Salas y Quiroga ; edición facsimilar y estudio preliminar de Luis T. González del Valle. – Ed. facs. – Santiago de Compostela : Universidade, Servizo de Publicacións e Intercambio Científico, 2006. – 415 p. : il. ; 21 cm. – (Biblioteca da Cátedra de Cultura Cubana 'Alejo Carpentier' de la USC / dirigida por Yolanda Novo Villaverde ; 5). – Reprod. facs. da ed. de : Madrid : Boix, 1840. – Bibliograf. – D.L.C-2977/2005. – ISBN 84-9750-524-7

1. Cuba-Descricións e viaxes-S. XIX. I. González del Valle, Luis T., ed. lit. II. Título. III. Universidade de Santiago de Compostela. Servizo de Publicacións e Intercambio Científico, ed. IV. Serie.

917.291"18"
860-992"18"

Con el patrocinio del *Grupo Santander*

© Universidade de Santiago de Compostela, 2006

Deseño de cuberta
Signum Deseño

Edita
Servizo de Publicacións e Intercambio Científico
Campus universitario sur
15782 Santiago de Compostela
www.usc.es/spubl

Imprime
Imprenta Universitaria
Campus universitario sur
15782 Santiago de Compostela

Dep. Legal: 2977/2005
ISBN 84-9750-524-7

Jacinto de Salas y Quiroga
Fuente: *Alfar*, 6. 59 (1926).
Se reproduce con autorización de la
Real Academia Galega.

Nuestro agradecimiento a Cristina Patiño Eirín
por habernos facilitado la adquisición de una copia de este grabado.

Índice

Estudio Preliminar 11
    Índice crítico-bibliográfico de conceptos considerados
    en *Viages* sobre la Cuba del siglo XIX 59
    Bibliografía 63

Advertencia de los editores 83

Edición facsimilar 85

ESTUDIO PRELIMINAR

Étonnants voyageurs ! quelles nobles histoires
Nous lisons dans vos yeux profonds comme les mers!
Montrez-nous les écrins de vos riches mémoires,
Ces bijoux merveilleux, faits d'astres et d'éthers.

Nous voulons voyager sans vapeur et sans voile!
Faites, pour égayer l'ennui de nos prisons,
Passer sur nos esprits, tendus comme une toile,
Vos souvenirs avec leurs cadres d'horizons.

Dites, qu'avez-vous vu?

Charles BAUDELAIRE, "Le voyage",
Les Fleurs du mal, Oeuvres complètes (1.131).

La única historia importante es la que el individuo recuerda y el individuo sólo recuerda lo que él/ella decide recordar. En qué consisten los hechos mismos es el problema que el historiador, como el artista, ha tratado de resolver (...) [E]xiste un elemento fictivo en toda narración histórica.

Hayden WHITE, *Metahistory* (130).

Durante el transcurso de una conferencia, en 1993, nueve años antes de haber sido galardonado en la ciudad de Oviedo con el Premio Príncipe de Asturias, el ya desaparecido palestino-norteamericano Edward W. Said se expresa sobre la figura del intelectual con la lucidez crítica y ética que fue tan característica en él. Afirma entonces que

> el intelectual es un individuo dotado con la facultad de representar, encarnar, o articular un mensaje, una visión, una actitud, filosofía u opinión para (...) un público (...). [S]u razón de ser es representar a todas esas gentes y asuntos que son rutinariamente olvidados u ocultados. El intelectual actúa basado en principios universales: que todos los seres humanos tienen derecho a esperar (...) libertad y justicia del mundo y de las naciones, y que la violación de [estos derechos] (...) debe ser combatida con valentía. ("Representations of the Intellectual", 11-12)

En estas palabras –pronunciadas en las postrimerías del siglo pasado y en pleno auge de la relativista postmodernidad–, Said identifica ciertos atributos del intelectual vinculables con la acreditada voz de un extraordinario gallego que visita, por unos meses, la isla de Cuba a partir del 25 de noviembre de 1839. Nos referimos a don Jacinto de Salas y Quiroga (A Coruña 1813 - Madrid 1849): joven hombre de letras, simultáneamente ilustrado y romántico como bien indica Ramón Andrés en su antología del Romanticismo español: "[A]bogó por un equilibrio entre lo romántico y lo clásico" (121). Lo aseverado por este crítico, dependiendo de la obra bajo escrutinio, es confirmado por otros estudiosos cuando se manifiestan sobre el arte de

Salas en términos de su aparente hibridez. Éste es el caso de Russell P. Sebold cuando concluye que su novela *El dios del siglo* ejemplifica ese tipo de "novela realista muy influida por la romántica" (*La novela* 49; algo semejante sustenta Cristina Patiño Eirín en *Ínsula* [303]). En nuestro caso, optamos en esta ocasión por enfatizar ciertos aspectos ilustrados y románticos de *Viages. Isla de Cuba*, ese libro en el cual comparte sus experiencias cubanas[1]. En esta obra reflexiona sobre diversas facetas del panorama histórico, social y cultural que para él imperaban durante aquel momento en la, por entonces, colonia de España. En cierta medida, sólo hoy, a más de ciento sesenta y cinco años de la publicación de *Viages*, es posible apreciar con cierto desapasionamiento la riqueza de este libro perteneciente a un género que –principalmente durante las últimas décadas– ha empezado a atraer la atención crítica que merece. La importancia de este texto en el contexto de su naturaleza genérica no sorprende si recordamos los versos de Baudelaire que encabezan este estudio y lo aseverado por don Miguel de Unamuno –otro ciudadano universal de la periferia provinciana– sobre este tipo de escritos. Al comentar ciertas ideas de Arthur Schopenhauer "sobre la escasa utilidad de la historia", en su magistral *En*

---

1 Recordemos que por mucho que los románticos se rebelen contra la mentalidad que predomina durante la Ilustración, persisten en ellos elementos típicamente ilustrados. Como bien indica R. Navas-Ruiz, en los románticos liberales "queda el amor a la cultura y el progreso, el afán de mejoras, el sentido social, el odio a la superstición y el fanatismo, especialmente de índole religiosa" (21). Es decir, de los ilustrados tomaron su sentido del progreso en un contexto social junto con aspectos de su ideología liberal. La importancia de los ideales liberales durante la Ilustración es discutida por V. Palacio Atard en lo concerniente a su "Afán de reformas" prácticas/económicas (33-35). Ese tipo de anhelo tiene una evidente dimensión didáctica que, en última instancia, pretende "enseñarle [al hombre] a conocerse a fin de mejorarse" (P. Van Tieghem, 217). En todo esto, la razón es concebida como "una chispa divina" para los ilustrados (P. Hazard, 49-50). Obsérvese que la identificación de los románticos con el liberalismo tan favorecida por Navas-Ruiz (13) no es aceptada universalmente (por ejemplo, cuando es cuestionada por D. Flitter, 2-4).

torno al casticismo, añade don Miguel que "Lo cierto es que los mejores libros de historia son aquellos en que vive lo presente". Y agrega el antiguo rector de la Universidad de Salamanca que "he pensado en la mayor enseñanza que se saca de los libros de viaje que de los de historia, (...) de cuánto mejor nos revelan un siglo sus obras de ficción que sus historias" (*Obras Completas*, 1. 796). El trasfondo ineludible a estas palabras de Baudelaire y Unamuno sobre los viajeros y sus libros –y entre ellos, por supuesto, queda incluido el relato de Salas y Quiroga– concierne al papel protagonista que los románticos/modernos le asignan al "sujeto" en la redacción de obras en las cuales se fusionan realidad y ficción en la expresión de lo "esencial"[2].

Viages (15 x 9 cm) fue publicado en Madrid por Boix, Editor, en 1840. Según se indica en el fichero de la biblioteca de la Universidad de Harvard, existe una segunda edición (o, mejor dicho, reimpresión) de 1841 que también fue publicada por Boix. Por su parte, en la *Enciclopedia universal ilustrada europeo-americana* se afirma que existe una edición de 1898 (53. 169), mientras que Carlos M. Trelles menciona que la obra fue reproducida en *Cuba y América* en 1908 (2. 233); Julio Cejador y Frauca fecha esta impresión en 1898 (7. 205). Salvo la primera edición de 1840, las restantes no han sido examinadas por nosotros al no estar disponibles. A la luz de lo que sabemos sobre estas versiones de *Viages* y de sus fechas de publicación y la fecha del fallecimiento de Salas y Quiroga, consideramos la primera edición de esta obra como la definitiva. Por tanto, ésta es la versión del texto que acompaña, en facsímil, nuestro "Estudio Preliminar" (cuando la citemos en nuestro estudio, actualizaremos su ortografía; no lo hemos hecho ni lo

---

[2] Mi agradecimiento al colega José Pereiro Otero por su cuidadosa lectura/comentario de este estudio y por recordarme los nexos que existen entre los libros de viaje, la autobiografía y el sujeto dentro del pensamiento moderno.

haremos, sin embargo, en el caso de su título). Más recientemente, en 1964, se edita el libro en La Habana por el Consejo Nacional de Cultura, dentro de su prestigiosa Colección de Viajeros. Esta última impresión contiene una "Introducción" de tres folios firmada, de forma manuscrita en nuestro ejemplar, con las iniciales "J. L. L.". Estas letras fueron utilizadas por José Lezama Lima en varias ocasiones, según indican Jorge Domingo Cuadriello y Ricardo Luis Hernández Otero en su *Nuevo diccionario cubano de seudónimos* (57). Si bien no tenemos certeza de que fuese Lezama quien escribiera esta corta introducción, ello es posible a la luz de sus actividades en el mundo cultural cubano durante los primeros años del período revolucionario. Finalmente, resulta curioso cómo, en repetidas ocasiones, varias bibliografías le asignan al libro de Salas que nos concierne un título que nunca tuvo: *Viajes por la isla de Cuba, Puerto Rico y las Antillas*[3].

I

Aunque en breve nos expresaremos sobre el libro "cubano" de Salas y Quiroga, es necesario que antes identifiquemos a su autor aunque sólo sea sucintamente. Si bien disponemos de información biográfica sobre Salas, somos conscientes de que no es mucho lo que ha sobrevivido y de que, a veces, existen flagrantes contradicciones entre los datos que supuestamente se "conocen"[4].

---

3   Véanse, entre otros, a Dionisio Hidalgo (6. 356), E. Ellison Peers (2. 91, nota 220), Antonio Palau y Dulcet (18. 331), José Simón Díaz (403), Rubén Benítez (1. 652) y José Manuel González Herrán y Ermitas Penas Varela (3. 246).
4   Por ejemplo, García-Romeral Pérez indica que "Fue nombrado académico de la Lengua" (224) cuando él nunca fue miembro de la Real Academia Española (*Academia Española*, 141-202). Disponemos de varias fuentes sobre la vida de Salas y Quiroga entre las que, en general, existe una marcada intertextualidad. Tal

Hijo de un magistrado gallego, todo parece indicar que la educación formal de Salas se inicia en Galicia. Huérfano a temprana edad, sus estudios continúan en Francia. En 1830, a los 17 años, marcha a Lima, Perú, ciudad donde se da a conocer como poeta y dramaturgo. Regresa a Europa dos años después. A partir de 1832, vive en Inglaterra (Londres y Liverpool) y Francia (París y Burdeos). En 1834 se desplaza a Madrid. Allí publica sus *Poesías* ese mismo año y, poco después, colabora en *El Artista* (fundada, en 1835, por Eugenio de Ochoa y Federico de Madrazo). Crea en 1837 el semanario *No me olvides*, aparente sucesor del ya desaparecido *El Artista*, en el que publican algunos escritores paradigmáticos del momento como José de Espronceda, Nicomedes Pastor Díaz, Juan Eugenio Hartzenbusch y José Zorrilla. En el primer número de esta revista aparece un famoso editorial de Salas, el que, según varios estudiosos, constituye, junto con el prólogo a sus *Poesías,* un verdadero manifiesto romántico[5]. En el caso del prólogo, nuestro autor enfati-

---

situación hace comprensible por qué, a menudo, se repitan datos semejantes –a veces con errores– al no disponerse de auténticas fuentes primarias. Al respecto, consúltense Eugenio de Ochoa (708), Alejandro Tapia y Rivera (21-23), Julio Cejador y Frauca (7. 205), M. Núñez de Arenas (27-29), Emilio Alarcos Llorach (38-42), Narciso Alonso Cortés (*Espronceda*, 9-10 y 17-18), Guillermo Díaz-Plaja (*Historia* 310-12), Benito Varela Jácome (193-96), Reginald F. Brown (32-35), Antonio Couceiro Freijomil (3. 275-76), Jorge Campos (4/2. 214), [J. L. L.] ("Introducción", 9), Eloísa Rivera Rivera (173-75), *Gran Enciclopedia Gallega* (27. 158), Hermana María de Sales (2.1439-40), Juan Luis Alborg (4.387), Felipe B. Pedraza Jiménez y Milagros Rodríguez Cáceres (6. 576-77), Gloria Rey Faraldos (2.1492-93), Rubén Benítez 4 (1. 652), Otto Olivera (187 y 199, notas 1-4), Cristina Patiño Eirín (*Galicia. Literatura*, 448-53 [J. M. González Herrán, ed.] y "Un romántico", 321-24), Jesús Bregante (872) y *Gran Enciclopedia de España* (19. 9291).

5   El prólogo de las Poesías de Salas y su editorial en *No me olvides* han sido comentados brevemente por Cejador y Frauca (7. 205), Alarcos Llorach (44-59), Díaz-Plaja (Historia, 311), Varela Jácome (195), Campos (215), Navas Ruiz (49), Zavala (54) y Patiño Eirín ("Un romántico", 322 y 324). E. Allison Peers llega a decir que el prólogo es "quizá el más audaz y explícito de todos los manifiestos románticos" (2. 90). Por su parte, Robert Marrast considera este mismo prólogo un paratexto "algo confuso" (1. 493). La idea de la confusión u obscuridad en los escritos de

za la importancia de los antecedentes nacionales de la literatura española a la vez que demuestra ser plenamente consciente de las características del momento literario que le rodea dentro y fuera de España. Asimismo, recalca la idea de la libertad como la fuente ineludible del talento: "Porque el fundamento del genio, y sobre todo del genio poético, es la libertad, y quien quiere hacer una mercancía de sus inspiraciones, no puede jamás ser sublime" (ix)[6]. Por su parte, en su editorial inicial en *No me olvides* indica que "Hombres insignes llamaron a la poesía recreo de la imaginación, y sólo en nuestro tiempo de filosofía y observación se ha descubierto que la misión del poeta es más noble, más augusta (...). [F]uerza es alzar un monumento inmortal al noble deseo de perfección humana, de simpatía y amor hacia los demás seres" (citado por Fernando Díaz-Plaja en su *Antología del romanticismo español*, 21). En todas estas observaciones, Salas le asigna un papel especial a la poesía, al

---

Salas pasa a ser, injustamente en nuestra opinión, un lugar común de varios críticos. Creemos que dichos especialistas no perciben la profundidad y actualidad detrás de la supuesta obscuridad de Salas (este asunto lo consideraremos, implícitamente, a través de nuestro estudio de *Viages*). Mientras tanto, ténganse en cuenta las aseveraciones de un reseñista, C., sobre sus poemas, como también las siguientes palabras de Francisco Blanco García:
  [Sus poesías] autorizan a reconocer en el señor Salas las dotes de poeta y filósofo. (Recensión de C., aparecida en *El eco de la opinión*, 6 [13 de mayo de 1834]; citada por Alarcos Llorach, 370)
  Entre los abusos a que dio margen el romanticismo, debe contarse la obscuridad sistemática, hija de la afectación y del vano prurito (...) de aparentar profundos, velando sus pensamientos con el manto de misteriosas tinieblas (...). Pero a todos [los poetas románticos] superó D. Jacinto Salas y Quiroga (...), y [quien], como poeta, parece haber reunido los sueños de *Las soledades*, despojándolos de su ingeniosidad, para vaciarlos en el troquel de un lenguaje nada castizo con pujos de filosófico y transcendental. (Blanco García, 181).
  Al respecto, consúltense también: Narciso Alonso Cortés (*Zorrilla*, 136-37) y Consuelo Burell (647).
6 En cumplimiento con el dogma romántico, los absolutos como "el genio" y "la libertad" no pueden verse afectados por factores económicos: la idea del "arte por el arte" ya se halla aquí esbozada.

amor y a la humanidad, al mismo tiempo que se expresa sobre el concepto de la libertad artística. No sólo lo artístico es importante, sino también lo son las repercusiones políticas de dichos ideales. Ello es perceptible en otro texto. Allí incluye, explícitamente, también el ámbito social/político al aportar una posición negativa ante la monarquía española bajo los Austrias a la vez que, curiosamente, considera a los Borbones como una renovación para España debido al "interés que ofrece una variación que renueva completamente la monarquía; interrumpiendo la serie de desastres que anunciaba el cercano fin de la mal regida España" ("Advertencia del traductor", *España bajo el reinado de la Casa de Borbón*, 1. v).

Durante la segunda mitad de la cuarta década del siglo XIX, estudia derecho. En 1839 viaja a Puerto Rico y Cuba por razones que todavía desconocemos[7]. En La Habana y otros lugares cercanos está durante "meses", al menos hasta la primavera de 1840. A su regreso, no sólo publica en Madrid su libro *Viages*, sino que colabora también en el *Semanario pintoresco español* con dos artículos sobre La Habana y Cuba en general[8]. A continuación, desempeña un cargo diplomático en Holanda

---

7   Para varios, su desplazamiento a Puerto Rico y Cuba responde a un nombramiento diplomático. Consúltense: Alarcos Llorach (40), Alborg (4. 387), Faraldos Rey (2. 1493), Patiño Eirín ("Un romántico", 322), *Gran Enciclopedia de España* (19. 9291). En cambio, según Tapia y Rivera, fue a Puerto Rico para servir "un destino de Correos (...). Su venida en (...) [esta isla] equivalía a un destierro político debido a sus ideas liberales" (21; esta tesis la asume también Olivera, 187). Más próximo a los hechos, quizá, estuvo Ochoa cuando consideró, en 1840, que el viaje caribeño de Salas respondía simplemente a "un destino de gobierno" (708).

8   Segunda Serie, tomo 2 (1840), 258-59 y 269-70. De hecho, su relación con esta revista se extiende de 1838 a 1848 (véanse las entradas correspondientes en nuestra "Bibliografía"). En los dos artículos sobre Cuba, Salas tiende a repetir ciertas ideas incluidas en su libro. Añade también algunos datos interesantes: por ejemplo sobre el número de imprentas y uno de los periódicos habaneros, cuando identifica el temperamento de los cubanos y lo compara favorablemente con el de los españoles (269-70).

(allí reemplaza a Espronceda después de que éste falleciera). Durante esta década es amigo de Mariano José de Larra, Ramón de Mesonero Romanos, José de Espronceda y José Zorrilla[9]. Este último le dedica unos versos después de su muerte en 1849[10].

Salas vivió de forma muy intensa y ajetreada. Además de colaborar como articulista en diversas publicaciones de la época y de ser poeta (en 1840 aparece *Mis Consuelos*, el segundo tomo de sus poemas), escribe obras dramáticas como *Claudia* (1834; publicada junto con sus *Poesías*), *Luisa* (1838), *Stradella* (1838) y *El Spagnoleto* (1840), historias de Francia e Inglaterra, una novela, *El dios del siglo* (1848), y cuentos. Ejerció también de empresario teatral en Madrid y tradujo, entre otras, *España bajo el reinado de la Casa Borbón*, de William Coxe (1846-1847). En suma, tantas actividades en tan corto tiempo llevan a E. Allison Peers a considerar que después de *No me olvides* "empezó a diletantizar con toda clase de literatura" (2. 91); es decir, que su potencialidad creativa inicial, a juicio del conocido hispanista británico, se ve diluida ante la amplitud de sus intereses y la consiguiente escasez en el cultivo de tan dispares géneros. Se dice que a su entierro asistieron unos pocos parientes y amigos, habiendo sido olvidado por casi todos ya a los 36 años.

A la luz del bosquejo que acabamos de hacer tanto de la vida de Salas y Quiroga como de la diversidad de su obra, no sorprende que el escritor tenga una singular posición en las letras hispánicas. Su figura ha sido reclamada –a veces con poco entusiasmo, casi siempre con escasa bibliografía crítica– por estudiosos de las culturas española, puertorriqueña y cubana. En el caso de España, Leandro de Saralegui y Medina lo incluye en la primera época de la "regeneración literaria" de Galicia

---

9 En el caso de Espronceda, Alonso Cortés narra cómo Salas, junto a otros, le acompaña durante la enfermedad que lo llevó a la tumba en 1842 (*Espronceda*, 9).
10 Dicen, en parte: "poeta del dolor, bardo sombrío, / tú, que a remotos climas has llevado / tu noble y melancólico cantar" (*Obras Completas*, 1. 41).

(26), mientras que especialistas como Reginald Brown, Juan Ignacio Ferreras ("La prosa en el siglo XIX", 387, y "La generación de 1868", 417), José María Martínez Cachero (313), Russell P. Sebold (*La novela romántica en España*, 49-50, y "El aliciente", 116-17), Cristina Patiño Eirín ("Un romántico" y "*El dios del siglo*") y Nil Santiáñez (156) expresan especial interés por su novela *El dios del siglo*, ya que la interpretan como un caso de prematura presencia del Realismo estético que se impondría en España, principalmente, durante la segunda mitad del siglo XIX. Esta opinión no es, sin embargo, universalmente aceptada por la crítica. Por ejemplo, Rubén Benítez piensa que esta obra "ha sido (...) exageradamente considerada expresión del realismo romántico" (1. 652), mientras que Edward Baker concluye que, a pesar de interesarse por la vida urbana madrileña en *El dios del siglo*, "La novela de Salas ni siquiera constituye un proyecto de realismo; no pasa de ser la expresión temprana de una voluntad de realismo de imposible realización a mediados del siglo XIX" (108-109)[11]. Paralelamente, en Puerto Rico se le concibe como una fuerza catalítica en el inicio de la poesía nacional en el contexto del Romanticismo (Rivera Rivera, 96 y 173-92, y Sales, 2. 1440). Por su parte, dentro de la cultura cubana también se le ha asignado cierta envergadura a Salas debido a su libro *Viages*, obra que a continuación comentaremos no sin antes citar, con cierta libertad, a algunos de sus intérpretes. Temprano en la República, en 1912, el insigne bibliógrafo e historiador cubano Carlos M. Trelles opina que *Viages* "Es una obra muy interesante para la historia literaria de Cuba" (2. 23)[12] mientras que J. Cejador y Frauca, a la vez que demuestra estar de acuerdo con Trelles, indica que es una "obra bien escrita" (7. 205). Por su parte, C. Patiño Eirín

---

11 Nótese como, por su parte, esta novela es vinculada con el Krausismo por Derek Flitter (137).
12 Más detallada es la descripción que hace O. Olivera del contenido del libro (188-99).

asevera en *Galicia. Literatura* que en este libro se hace un "interesante y minucioso recorrido por el arte, las costumbres, la historia y el régimen político de la isla caribeña" (451). Esta percepción queda reafirmada en 1964 con una de las conclusiones del prologuista que presenta la reimpresión aparecida en Cuba: "muchos motivos de interés ofrece la descripción de Salas y Quiroga"(11). También mantiene este juicio C. Patiño Eirín en otro estudio. En esa oportunidad, añade otros matices a la importancia que se le puede asignar a la obra: "texto de interés para conocer su visión de la literatura y el país antillanos, visión velada por un estado de ánimo abatido y derrotado" ("Un romántico", 322). Por su parte, Leví Marrero utiliza este libro para así documentar sus ideas sobre la Cuba colonial (especialmente en el vol. 13, págs. 1-9). Por último, merece citarse el exaltado elogio de don Alejandro Tapia y Rivera (1826-1882), uno de los patriarcas de las letras puertorriqueñas:

> publicó [Salas y Quiroga] un libro en que se revelaba su talento de escritor, su pensamiento de hombre ilustrado y su corazón de liberal verdadero y justo.
> Era fiel pintura de aquella sociedad, en que hacía justicia a los habitantes; pero mostrábase ardiente abolicionista y justo censor de las omnímodas y de las instituciones coloniales. Pintaba a los gobernadores como podría pintarse al Gran Mikado del Japón, con quien guardaban entonces grande analogía. Esta comparación [se] me ocurrió al leer su pintura. Sondeó el atraso de la instrucción y de otras cosas, maldijo el tráfico negrero y nada dejó por decir, designando la responsabilidad de males presentes, y venideros a quien correspondía. (22-23)[13]

---

13 También en sus memorias Tapia y Rivera sustenta que *Viages* fue publicado en La Habana (22). Sobre don Alejandro, léanse: Marcelino Menéndez y Pelayo (1. 340-47) y Cesario Rosa-Nieves (83-102). Nótese cómo, *de facto*, el parecer de Tapia y Rivera es ampliado por R. Brown: "Sus ideas sobre tales asuntos como la responsabilidad colonial son muy modernas" (33).

II

Relato prohibido por las autoridades españolas en Cuba[14], *Viages* está precedido de una dedicatoria de Salas "A su distinguido y verdadero amigo, el Señor D. Francisco Chacón y Calvo, hijo de la noble ciudad de la Habana, como testimonio de la más ardiente y eterna amistad". Don Francisco era nieto, por parte de padre, de José María Chacón y Herrera, tercer Conde de Casa Bayona, motivo por el cual se hace evidente que, a pesar de las creencias liberales de Salas (Tapia y Rivera, 23, y Olivera, 189), durante su estancia en La Habana se codea con un miembro de una de las familias más ilustres de la sociedad cubana. Es decir, su posición social le proporciona un acceso directo a la alta sociedad, aunque en su escritura cuestione, en cierta forma, el *status quo* cubano. La identidad de don Francisco que acabamos de mencionar es corroborada en el libro de Salas en las páginas 235 y 247. Además, según el *Nobiliario Cubano*, Francisco Chacón y Calvo de la Puerta fue el séptimo hijo de Francisco Chacón y O'Farrill (fallecido en 1817) y Catalina Calvo de la Puerta y Peñalver; casados en 1797 (Suárez de Tangil y de Angulo, 1. 62-65). Estas fechas confirman que Francisco Chacón y Calvo era de edad parecida a la de Salas y Quiroga. Un hermano mayor de Francisco, José María, fue el cuarto Conde de Casa Bayona. En 1841, este último era Comisario de Cárcel en el Ayuntamiento de La Habana y Regidor del Barrio de Belén (F. González del Valle, 16-18; se puede consultar la *Guía de forasteros en la siempre fiel isla de Cuba para el año de 1839* sobre los diversos cargos de los miembros de esta prominente familia habanera).

Después de la dedicatoria, *Viages* continúa con una breve presentación (de dos páginas) donde su narrador homodiegéti-

---

14 Al menos así lo afirman Tapia y Rivera (23), Trelles (2. 233) y Olivera (189).

co[15] –su protagonista– explica que lo que leemos es parte de un proyecto más amplio en el que se propone dar una "relación" de esos viajes que hizo durante "los más floridos años" de su vida. En esta relación va a expresarse sobre "los usos y costumbres, las leyes y gobierno, la naturaleza y arte de los diferentes pueblos" que ha visitado como resultado de su "deseo de aprender y la necesidad de sentir". Es decir, su peregrinaje a tierras foráneas responde a su deseo de adquirir conocimientos con la expectativa de que sus desplazamientos despierten en él sentimientos o vivencias subjetivas: esos estados afectivos propios de los seres humanos cuando reaccionan ante la compleja realidad que les rodea y confronta. En el caso de este narrador, la transformación del viaje –de la acción externa del desplazamiento– en una experiencia interna que ha sido asumida como parte del "yo constituyente", es una necesidad o fuerza primordial ineludible debido a algo auténtico y, por ende, inescapable de la esencia misma de dicho narrador. Aunque en última instancia sólo conocemos su libro sobre Cuba, se nos dice que, en él –y en otros que fueron anticipados[16]–, el narrador hablará de las diversas y contrastantes costumbres de los lugares visitados, de lo que constituye en estos sitios la civilización en sus variadas posibilidades, y del ser humano –"del hombre"– en sus elementos fundamentales/esenciales sin que importe ni su raza, ni su linaje ni su país. De hecho, el ser humano es concebido y juzgado por su inmoderado egoísmo: el individuo se ve oprimido por sí mismo –por sus propias pasiones– y por el intemperante amor

---

15 Narratológicamente, nos valemos de este concepto para enfatizar/sugerir la problemática presencia de elementos "ficticios" en un relato que se supone sea "verídico".
16 Tapia y Rivera menciona la existencia de un opúsculo perdido que se titulaba *Un entreacto de mi vida en Puerto Rico*, obra que lamentablemente nunca consiguió adquirir. Sobre este texto añade: "Recuerdo sólo una síntesis de él que he oído mencionar a mis amigos de más edad, la cual resumía con estas palabras, todo el pensamiento de aquel ilustrado pensador: 'Puerto Rico es el cadáver de una sociedad que no ha nacido'" (22).

que otros sienten por lo suyo –por lo propio– en perjuicio de los demás con quienes conviven. Todo esto, junto con el esbozo de los sistemas de gobierno y administración de los países visitados, es lo que se propone considerar nuestro narrador con una auto-proclamada objetividad[17] –valiéndose de "la frialdad de la razón"– y, de manera paradójica, con una pasión característica de quien comulga con ciertas creencias (es decir, "con el entusiasmo de la fe") que apoyan o favorecen una visión concreta del mundo. En suma, en su introducción a *Viages*, Salas y Quiroga –el narrador– considera brevemente los objetivos y la metodología de su libro a la vez que comienza a nombrar algunas de las preocupaciones filosóficas y filantrópicas que lo acompañan al inicio de su narración.

El proceso de identificación de algunas de las inquietudes que sirven de fondo al relato de Salas sobre su viaje a Cuba continúa en el primer capítulo de su libro (1-10). La acción narrada en este apartado ocurre, más que nada, el 24 de noviembre de 1839, la noche antes de su desembarco en La Habana. Es, durante estas horas previas, cuando el protagonista-narrador reflexiona sobre lo que ve o cree ver en el horizonte y, lo que aún es más importante, nos hace partícipes tanto de su historia personal (previa y actual), como del sentido que para él tiene esa realidad todavía desconocida –aunque ya deseada– dentro de la cual se desenvolverá en breve[18]. Su meditación sobre estos asuntos confirma un aspecto fundamental compartido por este libro de viajes con sus homólogos del mismo género que es perceptible ya en la segunda cita que encabeza este estudio preliminar (o sea, las palabras de Hayden White sobre la ficcionalidad

---

17 Quizá sea como resultado de esta afirmación que Max Henríquez Ureña considere que esta obra contiene "apreciaciones (...) francas e imparciales" (1. 374).
18 Ya Olivera menciona cómo en este libro se observa la presencia de "la profusión de reflexiones" (90).

inherente en los relatos "históricos"). Nos referimos concretamente al hecho de que este tipo de literatura, a menudo, no ejemplifica simplemente un tipo de discurso que responde a una realidad histórica y objetiva. Más bien, en términos ontológicos y discursivos, obras como las de Salas, si bien aparentan querer dar una visión concreta –verídica de lo visto por sus narradores en primera persona– expresan opiniones sobre circunstancias que trascienden el mundo que acaba de ser descubierto por estos viajeros. Es decir, al mismo tiempo que se construyen mundos de ficción, estos textos les permiten a sus autores desarrollar ideas sobre la naturaleza de la existencia y/o las diversas manifestaciones de lo existente[19]. Al hacerlo, se esfuman las fronteras entre la realidad referencial y la imaginativa de cuya fusión surge una visión, consciente o inconsciente, más profunda de lo que para estos autores en verdad existe, en oposición a lo que muchos autores/lectores creen que parece existir. En el contexto de lo que estamos considerando, no debemos olvidar tampoco que, a partir de la segunda mitad del siglo XVIII, se observa una mayor preocupación por el sujeto viajero (Korte, 53) y que, si bien las narraciones de sus viajes "son escritas como documentos objetivos, portadores de conocimiento sobre [un] (...) lugar, (...) ellas también tienen un narrador en primera persona a través de cuya subjetividad el escrito es construido" (Pérez Mejía, 6). Además, sabemos que no todos los relatos de viajes son idénticos: existen algunos que le asignan mayor importancia al mundo visitado mientras que otros se preocupan más por el sujeto que visita (Korte, 6). En el caso concreto de Salas, la naturaleza misma de sus abundantes reflexiones sobre

---

19 Sobre la convivencia de objetividad y subjetividad, de realidad y ficción en los libros de viaje se han expresado, entre otros, F. Bello Sanjuán (12-13), H. Jechová (371), P. G. Adams (272-84), H. White (ix-x), D. Porter (5), T. J. Barnes y J. S. Duncan (3), O. Augustinos (175), C. Blanton (5), W. M. Verhoeven (187), O. Ette (26-36) y R. Bridges (53).

la realidad en general, sus objetivos, su pasado, su país de origen, el lugar que visita, etc. recalcan la subjetividad y, por ende, la ficcionalidad subyacente de sus palabras. Dicha subjetividad es muy parecida a aquélla que la crítica le ha asignado a la autobiografía. Por esto, y con razón, para muchos teóricos –en su aspecto subjetivo– la autobiografía puede ser concebida como un ejemplo de ficción narrativa. Esta posición conecta con lo que para James Duncan y David Ley es el acto de interpretar:

> la interpretación es un diálogo entre los datos de uno —otros lugares y otra gente— y el investigador que está enclavado dentro de contextos intelectuales e institucionales concretos. Es precisamente la naturaleza interpersonal —e intercultural— del método hermenéutico lo que constituye un reto a la mímesis, ya que una "copia perfecta" del mundo no es claramente posible si el intérprete está presente en esa copia textual. (3)[20]

En consonancia con lo ya aseverado, en sus "divagaciones" Salas se construye como personaje de su relato: se convierte en palabras que pueden ser transmitidas y que comunican información sobre su yo. Es decir, en su caso específico, él funciona a la vez como personaje, narrador y autor cuando nos da un texto con características propias de la ficción narrativa donde se utilizan, como es lógico, muchos de los mismos artificios/recursos empleados en ella al mismo tiempo que se alude a un mundo con antecedentes históricos/físicos reconocibles por quienes lean esta obra suya[21]. En lo ya dicho, no importa demasiado la intencionalidad enunciada por su narrador-autor: lo

---

20 Sobre este asunto, léanse también a P. Rose (viii), J. Olney (146), S. Egan (14), P. J. Eakin (*Fictions*, 3-6, y *Touching*, 31-53), H. Henderson (3-6), F. Alegría (11-13), D. Villanueva ("Para una pragmática", 95-114), M. Kowalewski (8-9), J. Goodwin (12-13), R. Smith (58), C. Blanton, S. V. Hunsaker (11), A. G. Loureiro (1-16), B. Korte (12), S. Attar (221) y C. Nelson (207-11).

21 De hecho, todo es mucho más complejo de lo que parece ser a primera vista, como bien lo demuestran las siguientes palabras de T. J. Barnes y J. S. Duncan: "las repre-

fundamental recae en lo que *de facto* hace –plasma, fabrica, confecciona, erige y crea– a través de su relato.

En el primer capítulo del libro que nos concierne se enfatiza la voluntad creativa de Salas, su conciencia humana –subjetiva– de las cosas en la expresión de lo que este autor-narrador-personaje considera esencial para definir la realidad que pretende compartir con los futuros lectores de su texto. De esta forma, se nos habla de la gallardía que caracteriza las velas de la fragata Rosa, su elegante movimiento y su esbeltez (1). A través de estos atributos se definen las características fundamentales del navío en un momento muy significativo para el autor-narrador de esta obra. En este instante, Salas –cuando ejerce su papel de un personaje que está presente en su propio relato– se expresa tanto sobre el mundo ancho y ajeno que está a punto de conocer (sobre ese lugar que provoca en él juicios sobre la realidad que se avecina) como sobre ese otro que conoció previamente. Las dos realidades, añádase, responden, en gran medida, a procesos imaginativos de su intérprete-creador. En relación directa, no olvidemos como Nigel Leask indica que "la mayor parte de las narraciones de viajes son moldeadas por las preocupaciones intelectuales que predominan en sus autores" (2). Por tanto, si bien en el Capítulo VII Salas reafirma que su objetivo no es expresarse sobre su persona y sí sobre Cuba, lo cierto es que estos dos asuntos resultan inseparables en su libro, como observaremos a continuación.

En el primer capítulo de *Viages*, Salas y Quiroga promete varias cosas a sus lectores potenciales o narratarios:

---

sentaciones no son un reflejo de una realidad externa (...). [Los] textos de los viajeros tratan de otros textos (...). [P]ara comprender cada una de las representaciones completamente, tenemos que conocer algo sobre el contexto de sus autores y audiencia (...). [E]n cada una de (...) sus representaciones (...) uno necesita explorar los tropos utilizados —es decir, los estilos usados para persuadir al lector" (4-5).

> Y como mi objeto, al escribirlo, no sea trazar meramente una obra científica, astillerada con palabras exóticas y multiplicados guarismos, ni menos presentar desnudos cuadros, llenos de aridez, en que tender las riquezas de observación que haya podido acumular, ni siquiera ensartar una a una las mil reflexiones filosóficas a que se haya abandonado mi mente en regiones extrañas; sino igualmente dar cuenta de las impresiones, que mi alma ha experimentado, de las observaciones que ha hecho mi entendimiento y de las bellezas que mi vista ha descubierto, me será permitido hablar de mí, si bien suele raras veces perdonarse a un autor la osadía de obligar al lector a que se interese en la suerte de sus sucesos. (2-3)

En este pasaje, Salas afirma que, en la narración de su viaje a la isla, no se limitará a una descripción científica de lo que ha observado. Además, compartirá sus impresiones filosóficas y, por igual, ofrecerá sus reacciones personales –"las impresiones que mi alma ha experimentado"– de lo visto en la nueva tierra que está a punto de pisar. Como ya hemos indicado, por la naturaleza de estas "impresiones" se verá obligado a hablar de sí mismo, ya que él es el filtro a través del cual pasará esa imagen de la realidad física y "moral del mundo" (3) que pronto conocerá[22].

Junto a lo ya aseverado, en este primer capítulo de *Viages*, Salas considera otros semblantes del libro que, quizá, le resulten importantes a sus lectores. Específicamente, 1. que su autor-narrador espera que este relato entretenga a sus lectores al mismo tiempo que les otorgue experiencias (3); 2. que, en su libro, Salas será honesto, que no mentirá (3); 3. que en esta obra no pretende "dogmatizar", "predicar" ni "enseñar" (3). A pesar de que el tercer cariz –como veremos– no se cumple plenamente, todas estas pretensiones/promesas del autor-narrador

---

[22] Escuchemos sus curiosas y contradictorias palabras en este apartado: "Y estos detalles servirán para adelantar algo en el conocimiento de aquel país, que él, y no a mí, quiero pintar" (52).

le otorgan cierta autoridad al texto que se avecina y, de forma paradójica, recalcan contradicciones entre sus objetivos (por ejemplo, cuando se habla de darle experiencia a los lectores, a pesar de que la obra no va a ser didáctica, o cuando se indica que no se pretende enseñar dogmas o ideas fundamentales de una doctrina religiosa o filosófica, a pesar de que se discutirán aspectos morales –éticos, si se quiere– de la realidad[23]). Además, en las horas de reflexión previa al desembarco en Cuba, horas que transcurren –como ya hemos indicado– durante la noche del 24 de noviembre, Salas y Quiroga dice centrar su atención en lo que confronta al hombre, al ser humano: él se cree investido con la autoridad de poder representar lo universal. O sea, en el individuo que él encarna se encuentra la humanidad. Por consiguiente, Salas es, hasta cierto punto, la intersección entre lo individual y lo colectivo y ello le otorga autoridad a sus dictámenes. Es en este contexto que comienza a especular sobre por qué va a Cuba a la vez que se expresa sobre la tristeza que siente al ver la luz de la farola del Morro de La Habana. También ahora reconoce que está a punto de emplear su "imaginación ardiente" al enfrentarse a lo desconocido (5). Su visita a Cuba ocurre igualmente en un momento de su vida en el cual se siente hastiado de la agonía que ha sufrido; es éste un instante en el cual se percibe entristecido ante la ausencia de ilusiones, debido a las desgracias de su patria y familia. Es decir, Salas sabe que ha llegado a América con "un corazón lastimado por el sufrimiento y una imaginación embotada por el engaño de la realidad" (5-6). Podemos esperar que este estado anímico –enunciado estratégicamente casi al comienzo de su libro– afec-

---

23 Sobre la concepción didáctica/moralizante/calmada del relato, se expresó el prolo guista de la edición de 1964: "cejijunto propósito didáctico de presentar hechos serenamente; abundantes generalizaciones, siempre abocadas a una conclusión moralizante; cuadros descriptivos de la sociedad y de las costumbres, trazados con ciertas características de estampa" (9).

te a sus percepciones futuras de Cuba; sobre él construirá su nuevo ser. Además, este estado le sirve de indicio al lector sobre lo que motiva mucho de lo que se avecina. Dentro del bagaje que le acompaña a Cuba, claramente, están las experiencias de Salas en España durante la primera guerra carlista (1833-1839). Este conflicto motiva que se pregunte

> ¿por qué, interin tus hermanos se desgarran, interin tu patria yace bajo el yugo de una guerra de Caínes, por qué llevas tú tu brazo a extraños climas? (...) ¿Combaten divididos los españoles por un rey o por un principio? (...) ¿No llegará el día tal vez, en que, confundidos unos y otros, lloren entrambos tanta sangre inútilmente derramada? De los principios políticos no deciden jamás las armas; los principios tienen su arena en los libros; las armas combaten siempre por los hombres, y los hombres son siempre pequeños. (6-7).

Concluye que lo observado en su patria infunde de imparcialidad a sus observaciones a la vez que ejerce de pensador: "Mientras vea bueno y malo en el ser humano, seré filósofo" (7). O sea, podemos asumir que el ejercicio de la actividad de Platón acompañará al autor-narrador de *Viages* en sus cavilaciones sobre Cuba y otros asuntos.

Otras ideas discutidas en este tan significativo primer capítulo de *Viages* –y desarrolladas a través del libro– incluyen algunos de los antecedentes históricos de la isla y la aversión de Salas por la esclavitud de africanos en aquella tierra (esto último es considerado cuando comparte sus impresiones sobre un buque negrero [10]). En ambas reflexiones, importantes atributos del protagonista de este relato son evidentes como también lo son sus amplios conocimientos de Cuba y su posición ética en contra de la nefasta práctica esclavista[24]. Estas cualidades y el

---

24 Más adelante veremos que su antipatía por la esclavitud responde también a factores prácticos.

denso contenido del primer capítulo de *Viages* le asignan autoridad y categoría a la voz del personaje que en sí es Salas y Quiroga dentro de la narración autobiográfica de su breve visita a la perla del Caribe.

III

No sabemos con certeza cuánto duró la estancia de Salas y Quiroga en Cuba. Es decir, si bien conocemos que desembarcó en La Habana el 25 de noviembre de 1839, en su libro no se menciona cuando partió de la isla. Debido a las circunstancias que describe, todo parece indicar que quizá estuvo allí durante la primera mitad de 1840: o sea, durante la primavera y, acaso, principios del verano de ese año. En el Capítulo XXXIV afirma haber estado en unos cafetales durante el mes de abril de 1840. En otras ocasiones comenta el inicio de las lluvias en Cuba, durante los meses de mayo o junio (no olvidemos que *Viages* fue publicado en 1840). Sus experiencias en Cuba, junto con sus reflexiones sobre diversos asuntos y su probable confección –parcial o total– de escenas, ocurren en los treinta y cuatro capítulos de *Viages* posteriores al primero (del II al XXXV, págs. 11-285). Claramente, en el limitado espacio de que disponemos no podremos hacer plena justicia al contenido de esta obra y, por lo tanto, nos concentraremos en varios de sus semblantes más relevantes a la vez que afirmamos la extraordinaria riqueza y variedad de su contenido. Debe quedar sentado, sin embargo, que no pretendemos juzgar la exactitud ni las deficiencias históricas de *Viages*. Nos limitaremos a contextualizar, explicar, enumerar y comentar algunas de las ideas más significativas incluidas en este libro sobre diversos matices de la realidad cubana durante la época que nos concierne. Creemos que estas nociones enmarcarán y enriquecerán la lectura de la singular obra que en sí es *Viages*.

Como cabe esperarse, una obra como ésta ofrece abundantes datos sobre la historia, geografía, costumbres, flora y fauna tanto de La Habana como del interior de la isla caribeña. Por ejemplo, en el Capítulo VIII Salas se acerca a los cambios sufridos por Cuba a partir de su descubrimiento y hasta los comienzos del siglo XIX. En el caso concreto de su capital, se discute el gran movimiento, observado por nuestro autor-narrador, en la bahía de La Habana a su llegada. Dicha actividad le permite hablar del bullicio que caracteriza a la ciudad, al mismo tiempo que describe, desde una perspectiva europea, la convivencia de marcados contrastes en la metrópoli:

> La vista general de la Habana es curiosa; desde luego nota el europeo, con extrañeza, que si bien las calles son tiradas a cordel y en divisiones iguales, esta regularidad en el conjunto, no está del mismo modo observada en los detalles. Así que, al lado de un suntuoso palacio se ve una mezquina y asquerosa casa y la construcción más moderna y elegante al lado de la más antigua e irracional. No se nota en los edificios disparidad tan extrema, aunque nada fuera menos extraño que ver una iglesia antiquísima y un teatro moderno. (27)

La extrañeza percibida por Salas en la ciudad ejemplifica el concepto de "Orientalismo" acuñado por Edward Said muchos años más tarde. Según el antiguo catedrático de Columbia University, el Oriente no es sólo el origen de las culturas y lenguas europeas, sino que constituye también una imagen indispensable de la concepción europea del "otro". Por medio de esta imagen, por ejemplo, en innumerables libros de viajes, los europeos identifican realidades que les resultan ajenas, al mismo tiempo que definen rasgos para ellos reveladores de su propia identidad. Y es que como bien apunta Stuart B. Schwartz: "El tema de los encuentros culturales (...) motiva algunas de las preguntas centrales en los estudios de historia, literatura y antropología; las percepciones del yo y de los otros, epistemológicamente, y la naturaleza dinámica de los contactos a través de culturas. Todas estas materias (y otras) han estado preocupadas con la forma en la cual el proceso de percibir a otros revela nuestra auto percepción y, para algunos, cómo lo que uno dice sobre otra cultura es más interesante como una auto proyección que como una explicación confiable del 'otro'" (3-4). Es probable que en el caso concreto de La Habana, el carácter mestizo de este espacio le resulte chocante a Salas –al otro que él encarna– cuando comprende que lo europeo comparte su espacio con lo autóctono cubano. Escuchemos unas palabras de Said sobre un concepto tan útil como resulta ser el de Orientalismo:

> El Orientalismo expresa y representa ese pasado culturalmente y aun ideológicamente como un modo discursivo que apoya instituciones, vocabulario, erudición, imágenes poéticas, doctrinas, aun burocracias y estilos coloniales (...).
> El Orientalismo es un tipo de pensamiento basado en distinciones ontológicas y epistemológicas hechas entre "el Oriente" y (la mayor parte del tiempo) "el Occidente". (*Orientalism*, 2-3) [Orientalismo es también] la institución corporativa para tratar sobre el Oriente –se trata de él haciendo afirmaciones sobre él, autorizando opiniones sobre él, describiéndolo, enseñándolo, colonizándolo, gobernándolo (...). En breve, Orientalismo [actúa] como un estilo occidental para dominar, reestructurar y ejercer autoridad sobre el Oriente. (3) La cultura europea adquirió fuerza e identidad cuando se contrastaba con el Oriente como un tipo de yo substituto y subterráneo. (3)

Lo aseverado por Said es perceptible cuando Salas, en su descripción, considera "curiosa" la imagen que, según él, proyecta La Habana. Esta imagen provoca "extrañeza" en el europeo. Es decir, la realidad habanera carece del tipo de normalidad o consonancia que puede esperar un europeo de un centro urbano. En este contexto, el referente europeo adquiere, implícitamente, superioridad para el narrador de *Viages* debido al elevado y emblemático bagaje cultural de los ciudadanos de ese continente. La realidad americana como ejemplo de la otredad –de lo oriental– existe en función de lo español y del continente europeo donde se ubica esta nación. La dinámica utilizada por Salas –como ciudadano de España y Europa– para apropiarse de lo distante (gentes, costumbres, paisajes) es una de las propiedades de *Viages* que será considerada –de una forma u otra y a través de diversos ejemplos– en esta introducción. Antes, sin embargo, debemos indicar que, por supuesto, somos conscientes de que Cuba no forma parte del Oriente. Ello carece de importancia, ya que por Orientalismo se alude a la representación europea, a menudo imperialista, de realidades foráneas. En el caso específico de España, todavía en el siglo XIX América –Cuba– resultaba oriental para muchos. No olvidemos que, por ejemplo, el correo español a Cuba seguía usando la marca postal "Indias" en 1869 (M. Tizón, 3.1093) en absoluta desobediencia de su ubicación geográfica y en aparente reminiscencia de Cristóbal Colón cuando busca una ruta más rápida hacia la India en 1492. Es decir, para la imaginación española, Cuba no era más que otro Oriente aunque no estuviera allí. No era un espacio definido por un mapa, sino que, en realidad, era aquéllo que no era europeo. Con el concepto de Orientalismo, por tanto, se trata de facilitar el estudio de aspectos de la dominación europea sobre lo extranjero[25]. Este concepto posee otra dimensión que no debemos ignorar. Recordemos que David Spurr identifi-

---

25 Recordemos que el interés actual por la literatura de viajes es resultado, en parte, de la aparición en 1978 del libro de Said que acabamos de citar. La bibliografía sobre este asunto es muy nutrida. Entre otros, consúltense las obras de T. Todorov, D. Spurr, J. M. MacKenzie y R. Lewis. En el caso de Todorov, se vale del concepto de etnocentrismo cuando estudia la tendencia en algunos de considerar los valores de su cultura como universales y, por ende, verdaderos (1-2). Por último, MacKenzie entabla un debate –discrepa– con algunas de las creencias de Said y otros estudiosos del Orientalismo (1-42), mientras que Lewis hace una breve revisión de estudios sobre la materia y procede a concentrarse, con marcada originalidad, en el complejo papel de la figura femenina en el harén turco (111 y 252-69).

ca otra concepción también común sobre lo extranjero: o sea, su idealización, la idealización de su cultura (128). De esto existen ejemplos en las reflexiones de Salas y Quiroga sobre Cuba. Por ejemplo, de cierta forma, la descripción que hace del quitrín en el Capítulo V ilustra lo contemplado por Spurr: "no es posible inventar carruaje más elegante y lindo en un país en que abunda la hermosura y es necesario que el viento gire y refresque" (29).

Otro juicio ofrecido por Salas incluye su concepción de La Habana como ciudad semilla (en el sentido de que lo esencial en ella recae en lo que se le avecina y no en su pasado). Esta idea encaja plenamente con lo que Salas piensa sobre el papel de la historia en el "Prospecto" y la "Advertencia" que acompañan a su *Historia de Inglaterra*: "[E]s la Historia el manantial de todos los conocimientos humanos. La voz de los siglos, que es la voz de la experiencia, ha de adquirir forzosamente ese prestigio celestial que lleva siempre consigo la emanación de la verdad"(i)[26]. Otros datos/opiniones que ofrece comprenden su falta de vida nocturna, su extraordinaria actividad comercial, la pequeñez y mezquindad de su universidad y catedral, la probreza de sus lugares de alojamiento. En lo concerniente al interior de la isla, si bien menciona numerosos pueblos, en realidad no se detiene a comentar muchos de ellos. Entre otros, visita o está cerca de Güines, Aguacate, Canasí, Bejucal, San Antonio de los Baños, La Güira, San Marcos, Bainoa, Járuco, Guanajay, Artemisa, Regla y Matanzas (sobre este último hace comentarios más detallados; consúltese el Capítulo XXVIII). Más específicamente, del interior lo que más le interesa, a juzgar por el espacio

---

26 En estos textos él identifica también diversos aspectos sobre lo que debe ser esta disciplina: por ejemplo, que no debe ser una mera cronología de soberanos, que es necesario entender las razones subyacentes de los hechos históricos, que se debe comprender cómo las cosas fueron concebidas en su momento a pesar de que se necesita expresarlas con métodos actuales, que su obra es un esqueleto selectivo de algo muy complejo (i-v).

textual que les dedica, son ingenios, caminos y medios de comunicación. En uno de estos lugares, en el Ingenio San Ignacio, encuentra camellos canarios importados por sus propietarios. Asimismo, la descripción del batey –el centro vital– de un cafetal resulta significativa en cuanto identifica la organización "urbana" de una finca importante perteneciente a un alemán:

> El *batey* se componía de una soberbia casa, con hermosos pórticos en que vivía el amo de la casa; las del mayordomo y el médico a cierta distancia, cubiertas de *tejamaní*; la casa del molino al frente, con el verdadero molino en el centro, y a ambos lados salones para guardar el café. Entre las casas, varios espaciosos *tendales*, en que se seca el café, vacíos entonces. Jardines hermosos cercados de limoneros y cipreses elevados. A distancia un inmenso edificio en que viven los cuatrocientos esclavos del cafetal, y tienen su enfermería y salas de niños. Una breve torre que sirve de prisión termina el indicado *batey*. (258)

Salas comenta también la riqueza de la flora, la fauna y otros recursos naturales cubanos. En ocasiones lo hace con cierta subjetividad propia de un autor romántico, en su utilización de la llamada "falacia patética", cuando le asigna al mundo natural emociones humanas. Ello ocurre, por ejemplo, cuando su euforia al encontrarse en Cuba afecta su descripción del paisaje cubano. Es decir, su estado de ánimo le lleva a asignar ciertas características positivas/negativas a lo que le rodea. De esta forma, considera las palmas "poéticas" y los cedros "sombríos" (14). En la naturaleza cubana identifica además, entre otros, caobas, cañas, majaguas, sinsontes y cocuyos. También discute acerca del azúcar, el tabaco y el café en términos de las historias de estas plantas y su introducción en Cuba. A menudo alude a los escritos de varias personas como las fuentes de su información[27].

---

27 Por ejemplo, en lo concerniente a la historiografía cubana, menciona a B. de las Casas, G. Fernández de Oviedo y Valdés, J. M. Arrate, I. Urrutia y Montoya, y A. de Humboldt.

En suma, el atributo romántico más significativo en *Viages* concierne a la preocupación de Salas por el concepto de Libertad (para los esclavos, los cubanos, el ser humano en general). Por supuesto, esta idea le convierte en un autor comprometido y liberal. En última instancia, el "yo" –lo subjetivo– es fundamental para él como para tantos otros escritores románticos[28].

IV

Si bien el contenido mencionado previamente es importante, optamos por concentrarnos en otras propiedades de *Viages* que, en nuestro juicio, quedan más elaboradas como resultado, en parte, de los nexos que comparten entre sí. En primer término, tenemos las repetidas afirmaciones de Salas sobre las características del libro que leemos (estas aseveraciones continúan, a veces con mucha más precisión, el enfoque ya presente en el primer capítulo de este libro y que ya hemos mencionado previamente).

Viages es, *de facto*, una obra autoconsciente, un texto que demuestra la voluntad de própósito –en lo concerniente a su contenido y forma– de nuestro autor. En al menos diez de sus capítulos, Salas se detiene a identificar algunas de las características de su propia obra. En nueve de ellos lo hace más bien de pasada, mientras que, en el último, la autoconciencia queda mucho más explícita. De hecho, partes del Capítulo XXXV (273-85) podrían haber servido de introducción al libro a pesar de constituir su conclusión. En sus comentarios previos al Capítulo XXXV, confirma que no ha podido incluir todo lo que hubiera querido debido al limitado espacio de que ha dispuesto

---

28 Sobre el Romanticisimo, consúltense, entre otros, los estudios de P. Van Tieghen H. Peyre, H. Honour, E. Allison Peers, G. Díaz-Plaja (*Introducción*) y R. Navas-Ruiz. El aspecto romántico de Salas ha sido mencionado por el autor de la introducción de la edición de *Viages* publicada en 1964 y por O. Olivera.

(247). Dicha observación puede ponerse en paralelo con otros instantes en los que confirma también su supuesta imparcialidad (192) o que su viaje a Cuba estuvo motivado por el deseo de "estudiarla y revelarla" (21). Afirma la esperanza de que su labor resulte en una lectura "amena" y "útil" (141), a la vez que admite que *Viages* posee un plan "mal ordenado" (256) y que su obra es resultado del estudio (141-42). En última instancia nos dice que ha querido darnos una visión de Cuba más verdadera que la ofrecida en otros textos semejantes (22). Para él, su libro está "compuesto de los apuntes de un viajero, no del análisis de un historiador, geógrafo o filósofo dogmático" (54). Indica que es un soñador ubicado en "un paraíso" y enfrentado a un mundo anti poético y hostil (26). Reconoce que es imaginativo y racional, a la vez que reflexiona sobre cómo estos atributos suyos han afectado a su reacción ante la realidad cubana (25). Solicita la colaboración de sus lectores potenciales cuando les pide que visualicen –que se imaginen– la realidad detrás de lo que narra. Identifica un claro plan de acción para su obra cuando promete dar el "estado comercial, administrativo, político, literario, agrícola y social de la isla" (53). Sustenta que su obra discute la fisonomía moral y material de Cuba (142). En suma, de manera autoconsciente se le asigna un alcance muy amplio a *Viages*, una extensión semántica que demuestra conocimientos tan variados que pueden llegar a resultar hasta contradictorios en la presentación de la realidad cubana en sus diversos aspectos.

Como ya hemos mencionado, en el Capítulo XXXV se reincide sobre algunas de esas características del libro a las cuales ya hemos aludido. Además, quedan identificadas otras, entre las que pueden destacarse:

1. Que el propósito de su autor ha sido altruista: "ningún otro motivo que el bien de la humanidad me obliga a expresarme con tal franqueza y energía. No defiendo en mi obra hombres sino principios; no pasiones ruines sino la causa santa del adelanto social (...). [M]i vida es una vida de abnegación. Donde quiera que halle el abuso, que encuentre la maldad, allí estaré yo para pedir reparación" (274)[29]. Es decir, Salas afirma, con una vehemencia que nos recuerda a otros románticos, su sentido de justicia, su preocupación por los oprimidos (asegura que "no hay jamás opresión justa" [274]), al mismo tiempo que, como buen hijo de la Ilustración, concibe su labor en términos "del adelanto social". Como ya ha sido dicho, en Salas y Quiroga tenemos a un ilustrado-romántico, a un ser que cabalga entre dos épocas, entre dos concepciones de la realidad que, a veces, convergen.

2. Que las ideas difundidas en su libro "pueden tener algún ligero valor y despejar tal vez el camino de las mejoras" de Cuba (273) Al sostener esta creencia, pese a lo que afirma en otras ocasiones, le asigna a *Viages* una dimensión didáctica propia de los hijos de la Ilustración (Van Tieghem, 217). Esto no es soprendente si se recuerdan sus numerosas lecciones a través de *Viages*. Por ejemplo, cuando discute la falta de una historia competente de Cuba y procede a indicarnos que una obra de esta naturaleza debe estar "fundada en raciocinios serios y profundos" (56), que no sea una mera cronología. Para él, textos de este tipo son necesarios para que "las lecciones de lo pasado dicte[n] lecciones de buen gobierno a actuales y venideros gobiernos" (54). Consúltense también sus referencias a los recursos naturales de Cuba en lo relativo a su más efectivo desarrollo por parte del gobierno

---

29 Curiosamente, unos años más tarde, en su "advertencia" a *El dios del siglo* (1848), asevera algo parecido: "Por amor a nuestro semejante, pintamos aquí sus costumbres; si bien teniendo siempre fijo el pensamiento en la humanidad, no en el individuo" (2-3). Antes había indicado que "Esta novela (...) es una obra pensada con madurez y escrita con reflexión; fruto de la observación más minuciosa y desinteresada; expresión de creencias razonadas y de convicciones profundas" (1). Estas citas conectan intratextualmente con otras incluidas en *Viages*.

colonial (Capítulo XXVII), su sugerencia de que se les lea a los esclavos cuando separan los granos de café para educarles de esta manera (Capítulo XXXII; algo semejante lo hicieron los tabacaleros años después en su confección de los famosos habanos cubanos; véase lo indicado al respecto por Fernando Ortiz en su *Contrapunteo del tabaco y el azúcar* [126-27], en *La enciclopedia de Cuba* [3. 450] y por L. Litvak [1]), y el relato de su encuentro con un mulato en una plaza habanera (Capítulo XV). En este último, se describe la adversa reacción de dicho mulato cuando lee sobre el engaño y abuso de un mal cura que convence a sus feligreses de que deben abandonar San Juan de los Remedios debido a que, según él, era un lugar "maldito". Este acto del sacerdote de Remedios responde a que, en su avaricia, él quiere que el pueblo se reubique en unas tierras suyas en el interior, en lo que más tarde pasó a ser mi Villaclara o Santa Clara. A pesar de que el relato de Remedios-Villaclara responde a sucesos históricos, el encuentro de Salas con el extraño mulato en La Habana resulta poco plausible y hasta romántico, en opinión del autor de la edición publicada en 1964 (10) y de O. Olivera (188). En nuestro juicio, ejemplifica la presencia de la ficción en una narración que, supuestamente, refleja las experiencias de nuestro autor-narrador. Es decir, este "encuentro" le permite a Salas expresarse sobre el nefasto papel de la Iglesia –de los curas– en la sociedad cubana (algo que también hace cuando critica que los frailes tuvieran que ser los rectores de la Universidad de La Habana en referencia al atraso que percibe en esta institución [154-55, 157, 277])[30].

---

30 Sobre el episodio que llevó a la fundación de Santa Clara, consúltense, entre otros, al obispo P. A. Morell de Santa Cruz (50-62; supuestamente, éste es el texto aludido por el mulato), M.D. González (*Memoria histórica de Santa Clara*), F. Ortiz (*Historia de una pelea*) y F. Fernández Escobio (273-74). Existen también una película sobre este incidente (titulada *Una pelea cubana contra los demonios*) y una novela histórica escrita por Luis Manuel García.

Entre las lecciones de Salas, existe otra que merece atención especial por varias razones:

> Yo sé que apenas hay un cubano que no ame la independencia, que no la desee, pero, no pasa de un amor, de un deseo pasivo (...). Yo creo en la existencia de ese deseo (...); diré más, lo aplaudo; es digno de hombres merecedores de buenas instituciones. Pero, entre desear tener e intentar tener, hay una terrible distancia (...). Los cubanos desean la independencia, pero no intentarán poseerla, porque es ahora (...) un suicidio. El día, en tiempos inmediatos, que se oiga el primer grito de independencia en la Habana, se arruina la isla. El comercio huye, la industria cesa (...); en suma, el país se pierde (...). España no tiene más que optar entre estos dos extremos. O bien moderar la legislación, favorecer la población blanca (...), y por medio de los sagrados lazos de la gratitud y la conveniencia, retener las Antillas unidas a la metrópoli; o bien recoger durante pocos años unos cuantos millones de duros, y destinar a (...) [Cuba] la suerte de Santo Domingo. (282-83)

En su diagnóstico del "problema" independentista cubano y en su "prescripción facultativa", Salas ignora mucho de lo que ha presentado previamente sobre la situación cubana. Lo hace, ya que para él es imposible negarle centralidad a España en lo concerniente al futuro de la isla caribeña. Salas antes afirmó algo análogo en un contexto más amplio:

> A tan amargas reflexiones me lleva el deseo de que el gobierno español, si es compuesto algún día de hombres que tengan pensamientos más elevados que los que han abrigado los mandarines de estos últimos tiempos, tenga un sistema de mayor franqueza y conveniencia, que nuestros vicios nos han robado las voluntades en Méjico y el Perú (...). Y no es esta pérdida la mayor sino el cambio de infelicidades que aquellos imprudentes habitantes han sufrido. Porque no era llegada la hora todavía, y a ¿qué buscar en las tinieblas de la noche la claridad del día?.. La emancipación de los pueblos es la idea bienhechora de todo hombre que tenga nobleza en el corazón; pero, si los pueblos quieren ser felices, es necesario que tengan tino para esperar a

poderlo ser. El continente americano quiso la independencia antes de tiempo. Hace años que no es feliz, algunos tardará en serlo. Cambió el despotismo sin ambición, por el despotismo del ambicioso. Antes mandaba el virrey, ahora manda un presidente. ¡Escaso cambio! (71-72)

En la cita previa, Salas parece exigir/recomendar paciencia de los hispanoamericanos en lo concerniente al dominio de España sobre ellos. Tal petición no queda justificada en *Viages*; probablemente responde, consciente o inconscientemente, a una actitud hegemónica de un europeo cuando se enfrenta al equivalente americano del oriente asiático/africano. En el texto que acabamos de transcribir, nuestro autor considera carente de ambición el despotismo español. Esta idea no corresponde a las repetidas referencias que el mismo Salas hace a través de su libro sobre cómo gran parte de la desastrosa política española en Cuba responde a la avaricia de su gobierno.

En cierta forma, sus dictámenes constituyen otras manifestaciones del fenómeno orientalista ya considerado: la nación española –lo europeo– es indispensable para la prosperidad de esa Cuba aparentemente inferior a la madre patria. A la luz de las palabras de Said, que ya consideramos, las aseveraciones de Salas sobre Cuba poseen "autoridad" al emanar de un ciudadano europeo cuya cultura domina en el mundo colonial. Sobre este asunto, añadió el famoso teórico que el Orientalismo conlleva que "la cultura europea tenía la capacidad de administrar –y aún producir– lo oriental [lo colonial, en el caso de Cuba] en términos políticos, sociológicos, militares, ideológicos, científicos e imaginativos durante el período posterior a la Ilustración" (*Orientalismo*, 3). No olvidemos que, previamente, en el Capítulo IX, Salas había considerado poco aconsejable el despotismo español en América durante las primeras décadas del siglo XIX, ya que iba en contra de los tiempos en que se vivía y de la Providencia. De hecho, en el capítulo bajo escrutinio en esta ocasión, el XXXV, Salas se expresa idealísticamente –como el buen romántico que era– sobre la Libertad. Acto seguido, reclama que se modere el poder de los representantes de España en Cuba. Estos asuntos los articula de la siguiente forma:

> Soy español, es cierto, pero soy hombre antes de todo, y la primera causa del hombre es la de la humanidad.
> Desde esfera tan elevada ni siquiera se advierte la patria. Donde no hay virtudes sociales no las hay patrias. Quien ama a su país, cuando oprime a los extraños, no ama la libertad, no ama a los hombres: es un egoísta, un hombre indigno de pertenecer a una noble asociación. (275)
> Que se modere esa altanería de mando, que se ponga coto a ese poder omnímodo de aquellas autoridades, y que el gobernador de la isla no sea un poder libre, sólo tributario de poder más elevado. Es fuerza que aquel jefe sea tan sólo un súbdito de un gobierno justo. Que a todas partes adonde llegue el poder de este gobierno, se sienta el benéfico influjo de la civilización y de los adelantos sociales. (276)

En todo esto, obviamente, favorece valores que, con cierta arbitrariedad, se ven subvertidos al cuestionar –en obediencia al concepto de Orientalismo típico en los discursos colonialistas– que a los cubanos les convenga su independencia.

La reprobación del gobierno español hecha por Salas es amplia y específica. En este sentido, considera que su obsesión despótica con la censura y vigilancia de los habitantes de Cuba es indicio de poca tolerancia hacia todo tipo de crítica a las actividades españolas en ultramar (55). Asimismo, se expresa repetidamente sobre la corrupción gubernamental imperante en Cuba. Dicha podredumbre se manifiesta de diversas formas: incluyendo la falta de auténtica justicia cuando se implementan leyes y prácticas que no favorecen el bien público[31], la existencia de prebendas, la tendencia a las delaciones, el énfasis en la

---

31 De esto último, según él, nos ofrece un buen ejemplo la lotería.

obediencia –pasividad– de los ciudadanos, la compra/venta de honores para que los cubanos sean mejor tratados por las autoridades, la desinformación sistemática[32], el malgasto de los recursos del país[33] y el exceso de poder en manos de unos pocos. Sobre esto último es magistral su descripción de la figura del capitán general:

> Pero, dominando estas dos marcadas divisiones, se ofrece en la Habana una figura colosal. Superior a todos, por la fuerza de la obediencia, su poder es único, entero, aterrador (…). [E]s un hombre que, por poco que sea entendido y astuto, manda casi sin odiosidad. Opulento procónsul de una Roma caída, domina sin ser dominado; los tesoros de sus gobernados, la ignorancia de sus gobernantes le da un poder real, omnímodo, despótico; al propio tiempo que la ley del vasallaje le favorece en sus desmanes. El bien hace entender que de él ha nacido; el mal, de su metrópoli. Un célebre tirano moderno solía decir que sólo dos modos de gobierno despótico conocía en el mundo: o demasiadas leyes o ninguna. En la Habana, por un extraño sistema de administración, hállanse los dos medios de gobierno referidos. Hay una interminable incomprensible legislación española, que nadie sabe donde empieza, ni conoce donde acaba, y al propio tiempo hay la suprema ley del interés público que las hace callar todas y da poder completo a la voluntad de uno solo.
> Tal es el capitán general de la isla de Cuba, tal su autoridad, tal su inmenso poderío. (…)
> Este poderoso magistrado vive en el palacio que el gobierno le destina y retirado y abstraído en los negocios públicos, tan luego como llega a conocer su poder, se reviste de la gravedad cómica de un monarca, sin poder tener aquellos arranques de familiari-

---

32 Para Salas esta actividad consistía en la "ocultación de la verdad en los datos estadísticos (…) [como] medio de gobierno en la isla de Cuba. La publicidad, la discusión, son medios allí vedados, como nocivos al bien de la dominación" (143). Entre los ejemplos que ofrece se encuentra el de la inexactitud en la cifra de esclavos que entran a Cuba todos los años (144-52). El gobierno miente al respecto, ya que no se obedecen acuerdos internacionales sobre este asunto debido a que las autoridades reciben fondos –prebendas– por cada esclavo importado.

33 Por ejemplo, nos dice que de 46. 000 niños en Cuba, 41. 000 "no reciben educación" (276-77).

dad protectora porque no es tan sólido ni afianzado su poderío. No visita a nadie, ni tiene amigos. Recibe con frialdad; habla mesuradamente y cree proteger cuanto mira. Sus salones suelen estar casi siempre cerrados, su mesa poco concurrida. (...)
Sólo en besamanos ve a las personas importantes de la población reunidas, y entonces él representa a las mil maravillas el papel del rey reinante. Circula grave por los salones, saluda graciosamente a los grandes, majestuosamente a los pequeños, mira a unos, dirige a otros una pregunta de que apenas espera la contestación, y en suma, domina a los cortesanos que le rodean. (...)
En el teatro su palco, distinto a los del público, en tamaño y adornos, tiene un sillón único. Nadie lo llena más que él; tocarlo fuera una profanación. No paga ni regala en los espectáculos públicos; admite, como en feudo, todos los obsequios y atenciones. Todos le citan y se glorian de un saludo suyo; ser visto a su lado, en un sitio público es inequívoco, signo de favor, es merecer la consideración de todos.
Y no se entienda que es copiado este cuadro de la vida de tal o cual jefe; no es el hombre, es la clase (...). [A]sí los atributos de un capitán general de la isla de Cuba, atributos que recibe con la posesión del mando sin deliberación, sin voluntad, son los marcados en las frases que preceden. No es sátira, es pintura; el que cree que hay cualidades inherentes a los destinos me entenderá mejor; el que conozca que es al pez el nadar, al ave el volar, y a tal empleo tal propiedad, conocerá que no hablo del hombre, sino de su posición. (85-89)

Esta soberbia descripción del representante supremo de España en Cuba es digna, por supuesto, de tales obras paradigmáticas de la figura del dictador hispano como lo son *Tirano Banderas*, de Ramón del Valle-Inclán, y *El señor presidente*, de Miguel Ángel Asturias. Constituye este cuadro, a pesar de la negación de Salas al respecto, una caricatura literaria donde se satirizan los rasgos del capitán general cuando se exagera –deforma– y ridiculiza el perfil de su figura/cargo público. Todo esto queda hecho selectivamente: se plasma la desmesura típica que la función del representante español posee –su esencia– junto con sus efectos en quienes le rodean. En este sentido, el componente caricaturesco al que hemos aludido constituye una simplificación extrema de los rasgos sobresalientes del capitán general para, de esta forma, permitir que su imagen exprese directamente, sin necesidad de explicaciones más detalladas; se intensifica, ridiculiza y deconstruye la imagen real y externa de este ser al mismo tiempo que se pretende llegar a la de la esencia interna de su papel en la sociedad cubana. En esta caricatura se yuxtaponen dramáticamente ciertas imágenes en conflicto con normas o pautas que debieran existir y que, para Salas, no están presentes en la figura del capitán general. En todo esto debemos recordar que, a pesar de la artificialidad inherente a la caricatura, la sátira que la impregna quiere convencernos de que nos da una visión más profunda y estilizada de la realidad basada en los elementos más característicos y distintivos; interpretación que refleja, objetivamente, una lectura poco medida —poco ecuánime— de la realidad, al seleccionar/enfatizar sus componentes más innobles[34]. Es decir, si bien la caricatura y la sátira son injustas a cierto nivel, de alguna manera las dos personifican/reclaman, paradójicamente, un anhelo de justicia que depende de un contenido ético muy perceptible en el caso concreto del cuadro pintado por Salas y Quiroga que acabamos de comentar[35].

Ante los múltiples desmanes gubernamentales identificados por nuestro narrador, él ofrece, como el buen ilustrado que era, posibles soluciones. Es así que favorece la creación de "un congreso colonial" en La Habana. Recomienda que dicha corporación esté constituida por

> las personas más influyentes e importantes del país, por su saber, por su fortuna, por su posición, y que éste arregle su

---

34 Sobre la caricatura y la sátira, léanse los estudios de J. O. Picón, T. A. Wright, G. G. Harpham, K. T. Rivers, L. Feinberg, y D. Griffin.
35 Una descripción similar, aunque mucho más breve, la hace Salas del Conde de Villanueva, el intendente de La Habana (89-90).

administración interior, y proponga al gobierno supremo los medios que crea oportunos para aumentar la verdadera riqueza de la isla, riqueza que consiste en la población, en la instrucción y en el amor al trabajo. Esta importante medida acallaría todas las murmuraciones, todo el descontento y empezaría una era de mucha felicidad. (280-81)

En su, por igual, idílica y didáctica exhortación, Salas favorece cierta autonomía e involucración de los cubanos en su destino para, de esta forma, acallar el movimiento independentista en la que por entonces era una posesión ultramarina de España[36]. Obsérvese además cómo identifica en este pasaje la riqueza cubana en función del pueblo, la enseñanza y el amor, elementos todos bien representados en las preocupaciones de muchos de los ilustrados-románticos coetáneos a la redacción de su libro sobre Cuba.

Otro aspecto de *Viages* que resulta útil e informativo aparece en las consideraciones de Salas sobre las diversas clases sociales en la isla de Cuba. Un fondo ineludible a sus conclusiones son dos características notorias de la sociedad cubana que están basadas en la separación de grupos en la población del país y en la consiguiente desigualdad que existe entre los conciudadanos que viven en su territorio. En primer lugar, tenemos la inferioridad "moral" que los blancos asignan a los negros sin que importe mucho su capacidad física e intelectual (nos dice que "el hombre de color, es siempre allí, menos en el estado social, que el blanco [...]. Iguales nunca" [85]). En segundo lugar, los blancos, además de encajar en una de las parcelas que

---

36 Algo de esto hará el gobierno posteriormente debido a las repetidas crisis independentistas en la isla. Sobre la insatisfacción cubana durante el siglo XIX, consúltese nuestro "Índice crítico-bibliográfico de conceptos considerados en Viages sobre la Cuba del siglo XIX". Según Salas, poco siente el cubano por España: "Él está regido por leyes especiales; no forma cuerpo con nosotros. Nos mira, en nuestro gobierno interior, como a una nación extranjera" (67).

consideraremos en breve, pertenecen a uno de dos grupos o facciones: peninsulares o americanos. Piensa que "Cualquiera que sea la opinión política de un español, liberal o no, llegado allí, forma causa común con los suyos, y no pocas veces contraviene a sus principios generales. Una triste prevención le separa de los americanos, y éstos, en dolorosa represalia, de día en día, desatan los vínculos de amistad que los unen a España" (96-97). De tal situación se queja abiertamente Salas (97). Las clases sociales identificadas por nuestro autor son las siguientes[37]:

1. *Patricios blancos* (91-95): "Protegidos por el nacimiento, por la fortuna y por la educación, son (...) los verdaderos dominadores del país" (91). Son orgullosos con sus inferiores y acomodaticios con quienes ejercen el poder para así proteger sus fortunas. Trabajan mucho durante la cosecha y, por tanto, constituyen un buen ejemplo para los ricos españoles que, según Salas, laboran poco. Algunos de ellos viajan a los Estados Unidos y regresan frustrados a su país cuando comprenden que en él no podrán ejercer las libertades políticas observadas en la democracia norteamericana debido al ambiente totalitario y excluyente que favorece el gobierno español en Cuba. Entre ellos figuran las familias Calvo, Chacón, Montalvo, O'Reilly, O'Farrill, Herrera, Cárdenas, Castillo, Pedroso y Peñalver[38]. Salas identifica la tendencia a parentescos entre los miembros de estas "dinastías" a la vez que admite ser amigo de muchos de ellos. Según él, las mujeres de estos patricios poseen una educación bastante deficiente; además, están muy preocupadas por su *status* social. De hecho, Salas menciona una tendencia –para él exagerada– en la vida diaria de las familias adi-

---

37 Sobre estas clases, se debe consultar nuestro "Índice".
38 Información sobre los linajes más importantes durante el período colonial español puede ser encontrada en el *Nobiliario Cubano*; por su parte, C. del Toro identifica a muchas de estas familias, prominentes todavía durante gran parte de la época republicana (entre 1920 y 1958).

neradas cuando residen en La Habana: viven con excesiva opulencia (192; en el Capítulo XXIV compara los lujos de la vida urbana con la sencillez de la del campo).

2. *Otros blancos* (95-96): grupo constituido por ricos, en general muy hospitalarios, y unos pocos pobres. Los miembros de esta clase salen poco de su círculo social (sobre todo las mujeres que no se mezclan con las blancas de la clase patricia). También es mencionado ese grupo de cubanos que emigran de Cuba. Esta diáspora responde, según él, a diversas razones: unos abandonan el país como resultado de su oposición al régimen totalitario que impera (recuérdense a José María de Heredia y José Antonio Saco) mientras que otros lo hacen por factores diferentes (por ejemplo, María de las Mercedes Santa Cruz y Montalvo, Condesa de Merlin).

3. *Extranjeros* (son discutidos a través del libro): entre ellos tenemos a los estadounidenses que residen en Cuba durante el invierno por razones de salud; otros lo hacen por cuestiones de comercio (véanse especialmente los Capítulos VII y XXVIII).

4. *Clase de color* (97-98): grupo muy numeroso, compuesto por mulatos[39] y negros. Estos últimos están divididos en dos subgrupos: esclavos y libres. Salas identifica también a las personas de color urbanas como seres "muy propios para las artes y los oficios. Leales en extremo" (97-98). Los negros libres, por su parte, causan inquietud: hay quienes desean excluirlos de Cuba, política a la cual se opone Salas. Los esclavos que trabajan en las casas de sus señores son, en general, bien tratados; los que laboran en el campo resultan mucho más sufridos. Por razones morales y prácticas, Salas demuestra ser

---

39 Nos dice que en muchos de ellos "bullen el genio y la inspiración". Opina también que "la sangre española y africana [mezcladas] es la mejor" (97).

abolicionista[40]. Son muchas las veces en que se expresa sobre lo que para él era "el problema negro" cubano. Muy brevemente, y sin hacer cabal justicia a las ideas expuestas en la obra, da su opinión sobre la introducción ilícita de negros en Cuba como resultado de la avaricia de algunos (Capítulos VIII, IX, X, XI, XII, XVIII y XXXII), malsana ambición que demuestra, según Salas, la miopía de quienes no comprenden que un país no puede verdaderamente prosperar si la gran mayoría de sus "ciudadanos" carece de derechos e igualdad[41]. Entre sus consideraciones, las que nos resultan más interesantes conciernen a sus descripciones sintéticas de cómo viven los esclavos en el campo y la forma en que ellos conciben a quienes los oprimen:

> [E]l negro es como el buey y el caballo: un agente necesario para aumentar la riqueza de su señor. (253)
> Por lo demás, la suerte de un miserable esclavo se concibe cuán amarga debe ser. Obedecer eternamente, ésta es su divisa. Sin embargo, de día en día, se va templando el rigor, y un hombre limitado que no conoce los beneficios de la libertad y que busca sólo escasos goces materiales, puede ser feliz en muchos ingenios. Generalmente cada negro tiene un pedazo de terreno que se le permite cultivar para su utilidad propia. Se le conceden con este objeto algunas horas de descanso los sábados de cada semana. Es general que los esclavos las aprovechen, y se puede asegurar que el industrioso que desea activamente la libertad, la consigue en un número reducido de años. (…)
> Una de las circunstancias que admiran más en la isla de Cuba es la ninguna práctica religiosa que se hace observar a los esclavos (…). [N]i oyen misa, ni se confiesan, ni reciben más sacramento que el del bautismo y el del matrimonio. (224-25)
> [A] alguna distancia están las humildes habitaciones de los negros. Éstas son, como es fácil concebir, unos nichos formados

---

40 Significativamente, considera el tráfico de esclavos "horroroso e impolítico" (70). El último vocablo, "impolítico", no responde a un juicio ético y sí a consideraciones pragmáticas.
41 Alude, por ejemplo, al miedo que muchos blancos sienten por los esclavos. Este temor lo considera injustificado (104-105).

> de madera y cubiertos de hojas de palma. Dentro suele no
> encontrarse más que unas desnudas tablas en que pasan las
> horas de descanso aquellos infelices. (215-16)
> El señor tiene delegadas sus facultades en el mayoral, general-
> mente hombre rústico y duro, pero, vigilante e inteligente. Éste
> es el que dispone los castigos y los ejecuta; el que reprende y
> mortifica; él el que va siempre con un látigo en la mano y rode-
> ado de armas. Por eso raras veces los esclavos lo aman. (...)
> Algunos mayorales azotan terriblemente a los esclavos, y es bas-
> tante frecuente ver a estos infelices con gruesas cicatrices en
> todo su cuerpo y cara, de los duros golpes que han recibido.
> Conmueve e irrita semejante espectáculo. (222-23)
> Pero, el señor no se muestra jamás con dureza, lo odioso no le
> pertenece nunca; sólo el premio, sólo la recompensa, sólo la
> indulgencia. Tiene el esclavo permiso de quejarse a su señor, y
> éste por lo común lo oye con bondad, reprende, aunque apa-
> rentemente al mayoral, intercede por el infeliz y lo consuela. Así
> es que nada se puede comparar en la tierra al respeto que un
> esclavo tiene a su señor. (223)

En el primer ejemplo se menciona que el esclavo es como una bestia de carga para su señor. En el segundo y tercero, se describe la vida cotidiana de los esclavos dentro del ingenio. En el cuarto, se delinean las actividades y la crueldad del mayoral, "El jefe inmediato de los esclavos" (215), mientras que en el último se nos ofrece una visión algo idílica de estos pobres seres relacionada con la imagen rousseauniana del ser natural frente al civilizado. En este ejemplo, Salas le atribuye a los esclavos cierto sentimiento que, en su opinión, tienen por su señor. Quizá esta interpretación constituya una nueva muestra de cómo el sujeto europeo no está plenamente capacitado para entender los sentimientos de un ser cuya realidad no encaja plenamente dentro de su horizonte de expectativas[42].

---

42 La esclavitud y la presencia de los negros durante el período colonial cubano han sido estudiadas por muchos especialistas/comentaristas. Consúltese nuestro "Índice". Obsérvese que no vamos a detenernos en lo que Salas dice sobre la explo-

La cultura cubana también atrae la atención de Salas durante su visita. En sus aseveraciones se detiene a identificar aspectos de la alta cultura y de la cultura popular. La cultura institucionalizada es fuente de muchas y variadas críticas. De esta forma nos hace saber que las historias de Cuba son la "indigesta relación de hechos dudosos que inducen en mayor confusión" a esos lectores que buscan "la verdad histórica" (55)[43]. Para Salas, la educación pública cubana resulta deficiente (160-62)[44]. Menciona cómo su universidad no ha evolucionado al ser regentada por frailes que saben poco del "derecho natural"[45], la "economía política" y el "derecho público" (157)[46]. Alude a la pobre situación en cuestión de bibliotecas (136 y 162). Para él, la juventud cubana se encuentra aislada en términos culturales (54-55). Al hablar de la literatura cubana afirma que el pueblo y el gobierno "son iliteratos" en la isla como resultado, en parte, de los obstáculos que crea la censura allí: "El gobierno teme a los libros, el pueblo no los entiende" (170). En su opinión, en Cuba no se lee; los periódicos son muy deficientes: "Los dos periódicos de la Habana nada pueden contener que digno sea de merecer el empleo del pensamiento. Está allí vedada toda discusión sobre principios; así que las cuestiones vitales del país pasan sin examen (...). En suma, la prensa es sólo un

---

tación y la desaparición de la población india en Cuba. Véanse los Capítulos VIII y XXIX. En el caso de la población indígena, él demuestra cierta nostalgia ante la falta de sus huellas en la isla. Sobre la actitud de Salas por los indios se expresaron el autor de la introducción de la edición de 1964 (11) y O. Olivera (188). Para ellos, la identificación de Salas con el aborigen es uno de sus rasgos románticos.

43 Consúltese nuestro "Índice" sobre la historiografía/historia de Cuba durante su período colonial.
44 Nos dice que "el mayor número de los que se dedican a la enseñanza son charlatanes que saben menos que sus discípulos" (161).
45 Según P. Hazard, ésta es una de las materias sobre las cuales reflexionan los ilustrados (193-210). También lo hacen sobre la indignidad de la esclavitud y la importancia de la educación (249-60).
46 Sobre la historia de la enseñanza en Cuba, consúltese nuestro "Índice".

medio miserable mercantil" (172)⁴⁷. Por todo este atraso culpa a España (171). A pesar de su tan pesimista dictamen sobre las letras cubanas, identifica varias figuras para él importantes: Plácido (Gabriel de la Concepción Valdés; 173-82), Ramón Vélez Herrera (182-83), José Jacinto Milanés (186), José de la Luz y Caballero (186-87) y José Antonio Echevarría (187-88). Entre ellas, únicamente opta por concentrarse en Plácido cuando cita sus obras y concluye que es un gran poeta americano a pesar de la "incorrección de su lenguaje" (173), indicio claro de su "falta de instrucción" (181) y del mal funcionamiento de las instituciones públicas. Por último, asevera que "Las bellas artes no han nacido todavía" en Cuba (135).

Por su parte, la cultura popular es enfocada de varias formas. Se describen las tres sociedades de baile en La Habana al mismo tiempo que se las contrasta adversamente –probable ejemplo de Orientalismo– con otras análogas en Europa (134-35)⁴⁸. Sin embargo, le impresiona favorablemente ver "los pausados muelles movimientos de una bella cubana (…) [cuando baila] una antigua contradanza española, traducida algún tanto al sistema de su naturaleza tropical" (140). En este último ejemplo, el Orientalismo resulta curioso: sirve para recalcar lo exótico en el "otro" cuando lo compara con lo propio (por supuesto, no constituye esta interpretación una crítica adversa)⁴⁹.

Otro aspecto de la cultura que le impresiona favorablemente lo ofrece la improvisación de los guajiros en sus décimas, actividad desarrollada tradicionalmente por muchos cubanos. Uno de estos campesinos pobres, Francisco Pérez Berrute, y sus

---

47 Sobre el periodismo en Cuba, consúltese nuestro "Índice".
48 Al describir los bailes de máscara, concluye que los disfraces cubanos resultan descuidados en comparación a los que se acostumbran a usar en España (Capítulo XXXI).
49 Consúltese nuestro "Índice" sobre las diversiones en Cuba durante la colonia (bailes, música, teatros, carnavales, sociedades, canto/recitación de décimas).

compañeros, le deleitan con sus cantos. Estas composiciones las describe de la siguiente manera:

> Era un continuado monotono grito; empezaba con impetuosidad y concluía con una cadencia que imitaba bien la languidez y molicie. El conjunto parecía un suspiro prolongado que busca quien lo escuche. Las infinitas décimas que entre los tres improvisaron, tenían extremada originalidad; algunas eran dirigidas a nosotros, colmándonos de elogios alambicados y pueriles, pero cariñosos; las más estaban llenas de esa metafísica amorosa de nuestros autores antiguos, y generalmente había un sabor agradabilísimo en aquellas repentinas composiciones. Lo extraño era que los tres monterios seguían una extraña conversación en verso, y era una réplica continua y una lucha de ingenio. (210)[50]

* * *

Ilustrado por su predisposición didáctica y romántico en su sensibilidad, Jacinto de Salas y Quiroga nos dio en su relato sobre Cuba rasgos primordiales de la isla. Lo hizo en cumplimiento de muchas de las normas que en las últimas décadas han sido estudiadas por diversos especialistas dedicados a la literatura de viaje y a la autobiografía. Su obra *Viages* merece ser leída y analizada por quienes deseen comprender con mayor profundidad aspectos de la cultura cubana colonial, según nos es dada por un excepcional gallego, un hombre sincero e inteligente, que utiliza como punto de partida sus experiencias cubanas –reales o imaginadas– para definir su posición ética y pragmática sobre el mundo en que le toca desenvolverse. Todo esto y más hace con verdadero afecto este extranjero, este enamorado del pueblo y de las palmas paradisíacas de Cuba.

---

50 A Salas también le emociona que estos guajiros pudieran "cantar versos de Calderón" provinientes de *La vida es sueño*.

ÍNDICE CRÍTICO-BIBLIOGRÁFICO DE CONCEPTOS CONSIDERADOS EN *VIAGES* SOBRE LA CUBA DEL SIGLO XIX

Clases sociales: J. Le Riverend Brusone (*Historia de la Nación*, 3. 278-92), P. S. Foner (1. 46-58), L. Marrero (13. 1-9), F. Fernández Escobio (139-43), y O. R. Costa (1. 27-45).

Diversiones: A. Bachiller y Morales (2. 83-103), J. J. Remos (*Historia de la nación*, 4. 389-99), E. Robreño (13-20), E. TeurbeTolón y J. A. González, E. Martín (31-68), R. Leal (15-22), L. Marrero (14. 231-88), C. Díaz Ayala (31-70), O. R. Costa 6 (1. 148-54) y T. Évora.

Enseñanza: A. Bachiller y Morales (vols. 1 y 2. 283-86), A. Mitjans (49- 67 y 253-66), J. Dihigo, J. J. Remos (*Historia*, 1. 43-52, e *Historia de la nación*, 2. 301-305), E. Pérez, R. Guerra y Sánchez (*Historia de la nación* 1. 331-44), D. González (*Historia de la nación*, 3. 381-91 y 4. 406-14) L. Marrero (14. 89-133), R. de Armas, E. Torres Cuevas y A. Cairo Ballester (vol. 1).

Esclavitud y la presencia de los negros: D. Turnbull, J. A. Saco, J. Ferrer de Couto, F. de Armas y Céspedes, R. M. de Labra (221-34), P. J. Guiteras (2. 236-39, 291-99 y 3. 41-49), E. Entralgo ("Los problemas", 217-28), H. E. Friedlaender (154-57), R. Guerra y Sánchez (*Manual*, 189-92), P. S. Foner (2. 75-85), F. W. Knight, P. Deschamps Chapeaux, A. Arredondo (21-26), F. Ortiz (*Contrapunteo*), R. Menocal y Cueto (1. 289-307 y 337-55), F. Portuondo del Prado (343-52), E. Roig de Leuchsenring (1. 33-41), O. Pino-Santos (157-66), A. F. Corwin, J. Le Riverend Brusone (*Historia de la nación*, 2. 207-21), J. M. Pérez Cabrera (*Historia de la nación*, 2.

299-315), E. Entralgo (*Historia de la nación*, 4. 316-25), H. Aimes, C. Márquez Sterling y M. Márquez Sterling (55-56, 67-75), H. Thomas (1. 132-252), L. Marrero (9. 1-123, 139-211, 10. 218-57, 11. 121-23), K. F. Kiple, R. Lebroc (31-44), M. Moreno Fraginals (1. 259-309), D,. Murray, *Dirección Política* (117-28), J. Le Riverend (*Historia*, 73-89), E. Torres-Cuevas y E. Reyes, M. del C. Barcia, D. Iznaga, *La esclavitud en Cuba*, E. Pérez-Cisneros, L. A. Pérez (70-103), R. L. Paquettte, *Temas acerca de la esclavitud*, J.A. Carreras, J. Duarte Oropesa (1. 47-53), J. Castellanos e I. Castellanos (vol. 1), R. Mesa, L. Bergad, P. Tornero Tinajero (109-403), E. Sosa Rodríguez, P. A. Howard (1-20), C. Schmidt-Nowara (1-36), C. C. Masó (167-71), M. P. Maza Miquel (77-131), C. Bernand, N. Fernández de Pinedo Echevarría (191-231), R. Gott (44-57 y 59-67), G. La Rosa y M. González y M. A. Burkholder y L. L. Johnson (132-41).

Historiografía/historia: A. Bachiller y Morales (2. 105-205), J. A. Portuondo ("La evolución cultural", 265-76), M. Vitier (1. 11-108), E. Pérez (41-172), J. J. Remos ("Historiadores de Cuba", 45-92), R. Lazo (45-132) y J. Duarte Oropesa (vol. 1).

Insatisfacción con respecto a España: A. I. Augier (239-50), V. Morales y Morales (vol. 1), R. Guerra y Sánchez (*Manual*, 205-33 y 357-424), W. F. Johnson (2. 267-77, 343-88 y 3. 1-22), J. M. Leiseca (156-252), P. J. Guiteras (3.53-190), F. Portuondo del Prado (319-42 y 353-58), J. M. Pérez Cabrera (*Historia de la nación*, 2. 283-92 y 4. 63-80), E. S. Santovenia y J. Rivero Muñiz (*Historia de la nación*, 3. 109-53), E. S. Santovenia (*Historia de la nación*, 4. 3-60), P. S. Foner (1.78-123, 150-83 y 214-28), E. S. Santovenia y R. M. Shelton (1. 283-300), H.

Thomas (1. 255-323), R. Estenger (124-44), C. Márquez Sterling y M. Márquez Sterling (58-66), L. Marrero (15. 6-152), Dirección Política (93-103), L. A. Pérez (104-11), J. Duarte Oropesa (1. 55-76) y O. R. Costa (1.72-127).
Periodismo: A. Bachiller y Morales (2. 3-39 y 207-66), A. Mitjans (69-76 y 252-53), J. T. Medina, P. J. Guiteras (2. 261-69), J. Llaverías y L. R. Jensen.

BIBLIOGRAFÍA

Academia Española. Año de 1936. Madrid, Tipografía de Archivos, 1936.

ADAMS, Percy G. *Travel Literature and the Evolution of the Novel.* Lexington, University Press of Kentucky, 1983.

AIMES, Hubert H.S. *A History of Slavery in Cuba. 1511-1868.* Nueva York, Octagon Books, Inc., 1967.

ALARCOS LLORACH, Emilio. "Un romántico olvidado: Jacinto de Salas y Quiroga". *Ensayos y estudios literarios.* Gijón, Júcar, 1976. Publicado por primera vez en *Castilla,* en 1943.

ALBORG, Juan Luis. *Historia de la literatura española. El Romanticismo.* Vol. 4. Madrid, Gredos, 1982.

ALEGRÍA, Fernando. "Memoria creadora y autobiografía en Latinoamérica". *La autobiografía en lengua española en el siglo veinte.* Ed. Antonio Lara Pozuelo. Lausanne, Hispanistica Helvetica, 1991.

ALONSO CORTÉS, Narciso. *Espronceda.* 2ª ed. Valladolid, Librería Santarén, 1945.

— *Zorrilla. Su vida y sus obras.* 2ª ed. Valladolid, Librería Santorén, 1943.

ANDRÉS, Ramón, ed. *Antología de Romanticismo español.* Barcelona, Planeta, 1987.

ARMAS, Ramón de, Eduardo TORRES-CUEVAS y Ana CAIRO BALLESTER. *Historia de la Universidad de La Habana. 1728-1929.* Vol. 1 La Habana, Editorial de Ciencias Sociales, 1984.

ARMAS Y CÉSPEDES, Francisco de. *De la esclavitud en Cuba.* Madrid, Establecimiento tipográfico de T. Fortanet, 1866.

ARRATE, José Martín Félix de. *Llave del nuevo mundo. Antemural de las Indias Occidentales. La Habana descripta: noticias de su fundación, aumentos y estado*. Habana, Imprenta y Librería de Andrés Pego, 1876.
ARREDONDO, Alberto. *El negro en Cuba*. La Habana, Alfa, 1939.
ASTURIAS, Miguel Ángel. *El señor presidente* [1922, 1925, 1932 y 1946]. Madrid, Alianza Editorial, 1988.
ATTAR, Samar. "'To create and in Creating to Be Created'. Reflections on the Mixing of Fiction and Memoir in *Lina: A Portrait of a Damascene Girl* and *The House on Arnus Square*". *Autobiography and the Construction of Identity and Community in the Middle East*. Ed. Mary Ann Fay. Nueva York, PALGRAVE, 2001.
AUGIER, Ángel I. "Comienzos del separatismo. Primeros mártires. Narciso López". *Curso de introducción a la historia de Cuba*. La Habana, Cuadernos de Historia Habanera 12, 1937. 239-50.
AUGUSTINOS, Olga. *French Odysseys. Greece in French Travel Literature from the Renaissance to the Romantic Era*. Baltimore, Johns Hopkins University Press, 1994.
BACHILLER y MORALES, Antonio. *Apuntes para la historia de las letras y de la instrucción pública en la isla de Cuba*. Vols. 1 y 2. Introducción de Francisco González del Valle. Biografía de Vidal Morales. Habana, Cultural, 1936.
BAKER, Edward. *Materiales para escribir Madrid. Literatura y espacio urbano de Moratín a Galdós*. México, Siglo Veintiuno, 1991.
BARCIA, María del Carmen. *Burguesía esclavista y abolición*. La Habana, Editorial de Ciencias Sociales, 1987.
BARNES, Trevor J. y James S. DUNCAN. "Introduction. Writing Worlds". *Writing Worlds. Discourse, Text and Metaphor in the Representation of Landscape*. Londres, Routledge, 1992.

BAUDELAIRE, Charles. *Oeuvres complètes*. Vol. 1. Ed. Claude Pichois. París, Galimard, 1975.
BELLO SANJUÁN, Florencio. *Libros de viaje y libreros de viejo*. Madrid, G.A.I.C.E., 1949.
BENÍTEZ, Rubén. "Otras formas novelísticas". *Historia de la literatura española. Siglo XIX*. Vol. 1. Ed. Guillermo Carnero. Madrid, Espasa Calpe, 1997.
BARGAD, Laird W, Fe Iglesias García y María del Carmen Barcia. *The Cuban Slave Market 1790-1880*. Cambridge, Cambridge University Press, 1995.
BERNAND, Carmen. *Negros esclavos y libres en las ciudades hispanoamericanas*. Madrid, Fundación Histórica Tavera, 2001.
BLANCO GARCÍA, Francisco. *La literatura española en el siglo XIX*. 3ª. ed. 1ª parte. Madrid, Sáenz de Jubera Hermanos, 1909.
BLANTON, Casey. *Travel Writing. The Self and the World*. Nueva York, Twayne, 1997.
BREGANTE, Jesús. *Diccionario Espasa de literatura española*. Madrid, Espasa, 2003.
BRIDGES, Roy. "Exploration and Travel Outside Europe (1720-1914)". *The Cambridge Companion to Travel Writing*. Eds. Peter Hulme y Tim Youngs. Cambridge, Cambridge University Press, 2002.
BROWN, Reginald F. "Salas y Quiroga, *El Dios del siglo*. Novela original de costumbres contemporáneas, Madrid, 1848". *Bulletin of Hispanic Studies*, 30. 117 (1953), 32-40.
BURELL, Consuelo. "Salas y Quiroga, Jacinto". *Diccionario de literatura española*. 2a. ed. Madrid, Revista de Occidente, 1953.
BURKHOLDER, Mark A. y Lyman L. JOHNSON. *Colonial Latin America*. 5a. ed. Nueva York, Oxford University Press, 2004.

CAMPOS, Jorge. "El movimiento romántico, la poesía y la novela". *Historia general de las literaturas hispánicas*. Ed. Guillermo Díaz-Plaja. Vol. 4. 2a. parte. Barcelona, Barna, 1957.

CARRERAS, Julio Ángel. *Esclavitud, abolición y racismo*. La Habana, Editorial de Ciencias Sociales, 1989.

CASAS, Bartolomé de las. *Historia de las Indias*. 3 Vols. Agustín Millares Carlo, ed. Estudio preliminar de Lewis Hanke. 2a. ed. México, Fondo de Cultura Económica, 1965.

CASTELLANOS, Jorge e Isabel CASTELLANOS. *Cultura Afrocubana*. Vol. 1. Miami, Universal, 1988.

CEJADOR Y FRAUCA, Julio. *Historia de la lengua y literatura catellana*. Vol. 7. Madrid, Tip. de la Revista de Archivos, Bibl. y Museos, 1917.

COLÓN, Cristóbal. *Primer diario de abordo* [1492]. Vol. 1. Barcelona, Editora de los Amigos del Círculo del Bibliófilo, S.A., 1980.

CORWIN, Arthur F. *Spain and the Abolition of Slavery in Cuba, 1817-1886*. Austin, Institute of Latin American Studies / University of Texas Press, 1967.

COSTA, Octavio R. *Imagen y trayectoria del cubano en la historia (1492-1902)*. Vol. 1. Miami, Universal, 1994.

COUCEIRO FREIJOMIL, Antonio. *Diccionario bio-bibliográfico de escritores gallegos*. Vol. 2. Santiago de Compostela, Editorial de los Bibliófilos Gallegos, 1953.

DESCHAMPS CHAPEAUX, Pedro. *El negro en la economía habanera del Siglo XIX*. La Habana, Unión de Escritores y Artistas de Cuba, 1971.

DÍAZ AYALA, Cristóbal. *Música Cubana*. Miami, Universal, 1993.

DÍAZ-PLAJA, Guillermo. *Historia de la poesía lírica española*. 2a. ed. Barcelona, Labor, 1948.

— *Introducción al estudio del Romanticismo español*. Madrid, Espasa-Calpe/Colección Austral, 1953.

DIHIGO, Juan M. *La Universidad de la Habana. Bosquejo histórico*. Habana, Imprenta "El Siglo XX", 1916.

Dirección Política de las FAR. *Historia de Cuba*. 3a. ed. La Habana, Editorial de Ciencias Sociales, 1981.

DOMINGO CUADRIELLO, Jorge y Ricardo Luis HERNÁNDEZ OTERO. *Nuevo diccionario cubano de seudónimos*. 2a. ed. Boulder, Society of Spanish and Spanish-American Studies, 2003.

DUARTE OROPESA, José. *Historiología Cubana*. Vol. 1. Miami, Universal, 1989.

DUNCAN, James y David LEY. "Introduction. Representing the Place of Culture". *Place Culture/Representation*. Londres, Routledge, 1993.

EAKIN, Paul John. *Touching the World. Reference in Autobiography*. Princeton, Princeton University Press, 1992.

EGAN, Susanna. *Patterns of Experience in Autobiography*. Chapel Hill, University of North Carolina Press, 1984.

La enciclopedia de Cuba. Novela. Costumbrismo. Vicente Báez, ed. Vol. 3. 2a. ed. San Juan, Enciclopedia y Clásicos Cubanos, 1975.

ENTRALGO, Elías. "Los problemas de la esclavitud. Conspiración de Aponte". *Curso de introducción a la historia de Cuba*. La Habana, Cuadernos de Historia Habanera 12, 1937. 217-28.

— *La esclavitud en Cuba*. La Habana, Academia de Ciencias de Cuba/Instituto de Ciencias Históricas/Editorial Academia.

ESTENGER, Rafael. *Sincera historia de Cuba (1492-1973)*. Medellin, Bedout, 1974.

ETTE, Ottmar. *Literatura de viaje. De Humboldt a Baudrillard*. México, Facultad de Filosofía y Letras, Universidad Nacional Autónoma de Mexico, 2001.

ÉVORA, Tony. *Orígenes de la música cubana*. Madrid, Alianza Editorial, 1997.

FEINBERG, Leonard. *Introduction to Satire*. Ames, Iowa State University Press, 1967.

FERNÁNDEZ DE OVIEDO y VALDÉS, Gonzalo. *De la natural historia de las Indias*. Madrid, Summa, 1942.

FERNÁNDEZ DE PINEDO ECHEVARRÍA, Nadia. *Comercio exterior y fiscalidad: Cuba (1794-1860)*. Bilbao: Universidad del País Vasco, 2002.

FERNÁNDEZ ESCOBIO, Fernando. *Raíces de la nacionalidad cubana. 1763-1862*. Miami, Laurenti Publishing, 1988.

FERRER de Couto, José. *Los negros en sus diversos estados y condiciones; tales como son, como se supone que son, y como deben ser*. Nueva York, Hallet, 1864.

FERRERAS, Juan Ignacio. "La prosa en el siglo XIX". *Historia de la literatura española*. Ed. José María Díez Borque. Vol. 3. Madrid, Taurus, 1980.

— "La generación de 1868". *Romanticismo y Realismo*. Ed. Iris M. Zavala. *Historia y crítica de la literatura española*. Vol. 5. Barcelona, Crítica, 1982.

FLITTER, Derek. *Spanish Romantic Literary Theory and Criticism*. Cambridge, Cambridge University Press, 1992.

FONER, Philip S. *A History of Cuba and Its Relations with the United States*. 2 vols. Nueva York, International Publishers, 1962.

FRIEDLAENDER, H. E. *Historia económica de Cuba*. Prólogo de Herminio Portell Vilá. La Habana, Jesús Montero, 1944.

GARCÍA, Luis Manuel. *El restaurador de almas*. Alzira, Algar Editorial, 2001.

GARCÍA-ROMERAL PÉREZ, Carlos. *Bio-bibliografía de viajeros españoles (Siglo XIX)*. Madrid, Ollero & Ramos, 1995.

GONZÁLEZ, Manuel Dionisio. *Memoria histórica de la villa de Santa Clara y su jurisdicción*. Villaclara, Imprenta del Siglo, 1858. [Existe una versión más reciente: Villaclara, Imprenta de Juan López, 1924.]

GONZÁLEZ DEL VALLE, Francisco. *La Habana en 1841*. Obra póstuma revisada por Raquel Catalá. La Habana, Cuadernos de Historia Habanera 38, 1948.

GONZÁLEZ HERRÁN, José Manuel y Ermitas PENAS VARELA. *Cronología de la literatura española siglos XVIII y XIX*. Vol. 3. Madrid, Cátedra, 1992.

GOODWIN, James. *Autobiography. The Self Made Text*. Nueva York, Twayne, 1993.

GOTT, Richard. *Cuba. A New History*. New Haven, Yale University Press, 2004.

GRIFFIN, Dustin. *Satire*. Lexington, University Press of Kentucky, 1994.

GUERRA Y SÁNCHEZ, Ramiro. *Manual de historia de Cuba*. Habana, Cultural, 1938.

Guía de forasteros en la siempre fiel isla de Cuba para el año de 1839. Habana, Imprenta del Gobierno y Capitanía General de la Real Sociedad Patriótica por S. M. , [1839].

GUITERAS, Pedro José. *Historia de la isla de Cuba*. 2ª ed. Introducción de Fernando Ortiz. Vols. 2 y 3. Habana, Cultural, 1928.

HARPHAM, Geoffrey Galt. *On the Grotesque*. Princeton, Princeton University Press, 1982.

HAZARD, Paul. *Pensamiento europeo en el Siglo XVIII*. Trad. de Julián Marías. Madrid, Guadarrama, 1958.

HENDERSON, Heather. *The Victorian Self. Autobiography and Biblical Narrative*. Ithaca, Cornell University Press, 1989.

HENRÍQUEZ UREÑA, Max. *Panorama histórico de la literatura cubana*. Vol. 1. Puerto Rico, Mirador, 1963.

HIDALGO, Dionisio. *Diccionario general de bibliografía española*. Vol. 6. Nueva York, Burt Franklin.

Historia de la nación cubana. Ramiro Guerra y Sánchez, José M. Pérez Cabrera, Juan J. Remos y Emeterio S. Santovenia, eds. Vols. 1-4. La Habana, Editorial Historia de la Nación Cubana, 1952 [obra con diversos colaboradores además de sus editores].

HONOUR, Hugh. *Romanticism*. Nueva York, Harper & Row, 1979.

HOWARD, Philip A. *Changing History. Afro-Cuban Cabildos and Societies of Color in the Nineteenth Century*. Baton Rouge, Louisiana State University Press, 1998.

HUMBOLDT, Alejandro de. *Ensayo político sobre la isla de Cuba*. Trad. D. B. de V.L.M. París, Jules Renovard, 1827. [Edición contemporánea: La Habana, Publicaciones del Archivo Nacional de Cuba, 1960.]

HUNSAKER, Steven V. *Autobiography and National Identity in the Americas*. Charlottesville, University Press of Virginia, 1999.

IZNAGA, Diana. *La burguesía esclavista cubana*. La Habana, Editorial de Ciencias Sociales, 1987.

JECHOVÁ, Hana. "Du voyage au jornal de voyage. Quelques remarques sur la prose de la fin du XVIIIe siècle". *Neohelicon*, 2. 3-4 (1974), 359-71.

JENSEN, Larry R. *Children of Colonial Despotism. Press, Politics, and Culture in Cuba, 1790-1840*. Tampa, University of South Florida Press, 1988.

JOHNSON, Willis Fletcher. *The History of Cuba*. Vol. 2. Nueva York, B. F. Buck, 1920.

KIPLE, Kenneth F. *Blacks in Colonial Cuba, 1774-1889*. Gainesville, University Presses of Florida, 1976.

KNIGHT, Franklin W. *Slave Society in Cuba During the Nineteenth Century*. Madison, University of Wisconsin Press, 1970.

KORTE, Barbara. *English Travel Writing. From Pilgrimages to Postcolonial Explorations*. Trad. Catherine Matthias. Nueva York, St. Martin's Press, 2000.

KOWALEWSKI, Michael. "Introduction: The Modern Literature of Travel". *Temperamental Journeys. Essays on the Modern Literature of Travel*. Athens, University of Georgia Press, 1992.

LA ROSA, Gabino y Mirtha T. González. *Cazadores de esclavos. Diarios*. La Habana, Fundación Fernando Ortiz, 2004.

LABRA, Rafael María de. *La abolición de la esclavitud en el orden económico*. Madrid, Imprenta de J. Noguera a cargo de M. Martínez, 1873.

LAZO, Raimundo. *La literatura cubana*. México, Universidad Nacional Autónoma de México, 1965.

LE RIVEREND, Julio. *Historia económica de Cuba*. La Habana, Editorial de Ciencias Sociales, 1985.

LEAL, Rine. *Breve historia del teatro cubano*. La Habana, Editorial Letras Cubanas, 1980.

LEASK, Nigel. *Curiosity and the Aesthetics of Travel Writing, 1770-1840*. Oxford, Oxford University Press, 2002.

LEBROC, Reynerio. *Cuba. Iglesia y sociedad (1830-1860)*. Madrid, Barrero, 1977.

LEISECA, Juan M. *Historia de Cuba*. La Habana, Montalvo, Cárdenas & Co., 1925.

LEWIS, Reina. *Rethinking Orientalism: Women, Travel and the Ottoman Harem*. New Brunswick, Rutgers University Press, 2004.

LITVAK, Lily. "Cultura obrera en Cuba. La lectura colectiva en los talleres de tabaquería". *BICEL. Boletín Interno del Centro de Estudios Literarios Anselmo Lorenzo*. http://www.cnt.es/fal/BICEL13/18.htm.

LLAVERÍAS, Joaquín. *Contribución a la historia de la prensa periódica*. 2 Vols. La Habana, Publicaciones del Archivo Nacional de Cuba, 1957 y 1959.

LOUREIRO, Ángel G. *The Ethics of Autobiography. Replacing the Subject in Modern Spain*. Nashville, Vanderbilt University Press, 2000.

MACKENZIE, John M. *Orientalism. History, Theory and the Arts*. Manchester, Manchester University Press, 1995.

MÁRQUEZ STERLING, Carlos y Manuel MÁRQUEZ STERLING. *Historia de la isla de Cuba*. Nueva York, Regents Publishing Company, 1975.

MARRAST, Robert. "Otros poetas del Romanticismo español". *Historia de la literatura española. Siglo XIX*. Ed. Guillermo Carnero. Vol. 1. Madrid, Espasa Calpe, 1996.

MARRERO, Leví. *Cuba: Economía y sociedad*. Vols. 3, 9, 10, 11, 13, 14 y 15. Madrid, Playor, 1975, 1983, 1984, 1984, 1986, 1988, y 1992.

MARTÍN, Edgardo. *Panorama histórico de la música cubana*. Habana, Universidad de La Habana, 1971.

MARTÍNEZ CACHERO, José María. *Historia de la literatura española. Siglos XIX y XX*. Ed. Jesús Menéndez Peláez. Vol. 3. Madrid, Everest, 1995.

MASÓ, Calixto C. *Historia de Cuba*. Leonel-Antonio de la Cuesta, ed. Miami, Universal, 1998.

MAZA MIQUEL, Manuel P. "Clero católico y la esclavitud de Cuba. Siglos XVI al XIX". *Esclavos, patriotas y poetas a la sombra de la cruz*. Santo Domingo, Centro de Estudios Sociales Padre Juan Montalvo, S.J., 1999. 77-131.

MEDINA, J. T. *La imprenta en La Habana (1707-1810)*. Santiago de Chile, Imprenta Elzeviriana, 1904.

MENÉNDEZ Y PELAYO, Marcelino. *Historia de la poesía hispanoamericana*. Vol. 1. Madrid, 1911.

MENOCAL Y CUETO, Raimundo. *Origen y desarrollo del pensamiento cubano*. Vol. 1. La Habana, Editorial Lex, 1945.

MESA, Roberto. *El colonialismo en la crisis del XIX español. Esclavitud y trabajo libre en Cuba*. 2a. ed. Madrid, Ediciones de Cultura Hispánica.

MITJANS, Aurelio. *Estudio sobre el movimiento científico y literario de Cuba*. Habana, Imp. de A. Álvarez y Compañía, 1890.

MORALES Y MORALES, Vidal. *Iniciadores y primeros mártires de la revolución cubana*. Vol. 1. Introducción de Fernando Ortiz. Biografía de Rafael Montoro. Habana, Cultural, 1931.

MORELL DE SANTA CRUZ, Pedro Agustín. *La visita eclesiástica* [1757]. Selección e introducción de César García del Pino. La Habana, Editorial de Ciencias Sociales, 1985.

MORENO FRAGINALS, Manuel. *El Ingenio. Complejo económico social cubano del azúcar*. Vol. 1. La Habana, Editorial de Ciencias Sociales, 1978.

MURRAY, David. *Odious Commerce. Britain, Spain and the Abolition of the Cuban Slave Trade*. Cambridge University Press, 1980.

NAVAS-RUIZ, Ricardo. *El Romanticismo español*. Salamanca, Anaya, 1970.

NELSON, Cynthia. "Writing Culture, Writing Lives". *Auto/Biography and the Construction of Identity and Community in the Middle East*. Ed. Mary Ann Fay. Nueva York, PALGRAVE, 2001.

NÚÑEZ DE ARENAS, M. "Figuras románticas: el pobre Salas". *Alfar*, 6. 59 (1926), 27-29.

OCHOA, Eugenio de. *Apuntes para una biblioteca de escritores españoles contemporáneos en prosa y verso*. París, Baudry, 1840.

OLIVERA, Otto. *Viajeros en Cuba (1800-1850)*. Miami, Universal, 1998.

OLNEY, James, ed. *Autobiography. Essays Theoretical and Critical*. Princeton, Princeton University Press, 1980.

ORTIZ, Fernando. *Contrapunteo cubano del tabaco y el azúcar*. Prólogo de Herminio Portell Vilá. Introducción de Bronislaw Malinowski. La Habana, Jesús Montero, Editor, 1940. [Existe una edición reciente de Enrico Mario Santí. Madrid, Cátedra, 2002.]

— *Historia de una pelea cubana contra los demonios*. La Habana, Editorial de Ciencias Sociales, 1975.

PALACIO ATARD, Vicente. *Los españoles de la ilustración*. Madrid, Guadarrama, 1964.

PALAU Y DULCET, Antonio. *Manual del librero hispanoamericano*. Vol. 18. Barcelona, Librería Palau, 1966.

PAQUETTE, Robert L. *Sugar Is Made with Blood. The Conspiracy of La Escalera and the Conflict between Empires over Slavery in Cuba*. Middletown, Wesleyan University Press, 1988.

PATIÑO EIRÍN, Cristina. "Jacinto de Salas y Quiroga". *Galicia. Literatura*. Vol. 35. José Manuel González Herrán, ed. *Escritores gallegos en la literatura española*. A Coruña, Hércules de Ediciones, S.A., 2000.

— "Un romántico que anticipa el canon realista: Salas y Quiroga y *El dios del siglo*". *La elaboración del canon en la literatura española del siglo XIX. Sociedad de la literatura española del siglo XIX*. Eds. Luis F. Larios, Jordi Gracia, José Mª Martínez Cachero, Enrique Rubio Cremades y Virginia Trueba Mira. Barcelona, PPU / Universitat de Barcelona, 2002.

— "*El dios del siglo*, de Salas y Quiroga: encrucijada de folletín y novela". *Ínsula*, 693 (2004), 30-32.

PEDRAZA JIMÉNEZ, Felipe B. y Milagros Rodríguez Cáceres. *Manual de literatura española. VI. Epoca romántica*. Tafalla, Cénlit, 1982.

PEERS, E. Allison. *Historia del movimiento romántico español*. 2 vols. Madrid, Gredos, 1954.

Una pelea cubana contra los demonios. Director: Tomás Gutiérrez Alea. Guión: Tomás Gutiérrez Alea, José Triana, Miguel Barnet, Vicente Revuelta. La Habana, Instituto Cubano del Arte e Industria Cinematográfica, 1971.

PÉREZ, Emma. *Historia de la pedagogía en Cuba*. La Habana, Cultural, 1945.

PÉREZ, Louis A., Jr. *Cuba. Between Reform and Revolution*. Nueva York, Oxford University Press, 1988.

PÉREZ-CISNEROS, Enrique. *La abolición de la esclavitud en Cuba*. Tibás, Litografía e Imprenta LIL, 1987.

PÉREZ-MEJÍA, Ángela. *A Geography of Hard Times. Narratives about Travel to South America, 1780-1849*. Albany, State University of New York Press, 2004.

PEYRE, Henri. *What is Romanticism?* Trad. de Roda P. Roberts. University, University of Alabama Press, 1977.

PICÓN, Jacinto Octavio. *Apuntes para la historia de la caricatura*. Madrid, Revista de España, 1877.

PINO-SANTOS, Oscar. *Historia de Cuba*. 2a. ed. La Habana, Editora del Consejo Nacional de Universidades, 1964.

PORTER, Dennis. *Haunted Journeys. Desire and Transgression in European Travel Writing*. Princeton, Princeton University Press, 1991.

PORTUONDO, José A. "La evolución cultural". *Curso de introducción a la historia de Cuba*. La Habana, Cuadernos de Historia Habanera 12, 1937. 265-76.

PORTUONDO DEL PRADO, Fernando. *Historia de Cuba*. La Habana, Editorial Minerva, 1953.

REMOS, Juan J. *Historia de la literatura cubana*. Vol. 1. Habana, Cárdenas y Compañía, 1945.

— "Historiadores de Cuba". *Revista de la Biblioteca Nacional*, segunda época, 6.1 (1955), 45-92.

REY FARALDOS, Gloria. "Salas y Quiroga, Jacinto de". *Diccionario de literatura española e hispanoamericana*. Ed. Ricardo Gullón. Vol. 2. Madrid, Alianza Editorial, 1993.

RIVERA RIVERA, Eloísa. *La poesía en Puerto Rico antes de 1843*. San Juan, Instituto de Cultura Puertorriqueña, 1965.

RIVERS, Kenneth T. *Transmutations: Understanding Literary and Pictorial Caricature*. Lanham, University Press of America, 1991.

ROBREÑO, Eduardo. *Historia del teatro popular cubano*. La Habana, Cuadernos de Historia Habanera 74, 1961.

ROIG DE LEUCHSENRING, Emilio. *La Habana. Apuntes históricos*. 2a. ed. Vol. 1. Habana: Editora del Consejo Nacional de Cultura, 1963.

ROSA-NIEVES, Cesáreo. *Plumas estelares en las letras de Puerto Rico*. Vol. 1. San Juan, La Torre, Universidad de Puerto Rico, 1967.

ROSE, Phyllis. *Woman of Letters: A Life of Virginia Woolf*. Nueva York, Harcourt Brace Jovanovich, 1978.

Rousseau, Jean-Jacques. *Discours sur l'origine et les foundements de l'inégalité parmie les hommes* [1758]. Nueva York, Penguin Books, 1984.

— *Du contrat social* [1762]. Ginebra, Éditions du Cheval Ailé, 1947.

Saco, José Antonio. *Historia de la esclavitud de la raza africana en el nuevo mundo y en especial en los países americohispanos.* 4 vols. Prólogo de Fernando Ortiz. Habana, Cultural, 1938. [Se incluyen textos de otros escritores: F. Arango y Parreño, Félix Varela, Domingo Del Monte, Felipe Poey, José de la Luz y Caballero, Enrique José Varona, etc.]

Said, Edward W. *Orientalism.* Nueva York, Pantheon Books, 1978.

— "Representations of the Intellectual". *Representations of the Intellectual. The 1993 Reith Lectures.* Nueva York, Pantheon Books, 1994.

Salas y Quiroga, Jacinto de. *El dios del siglo* [1848]. México, Imprenta de Ignacio Cumplido, 1853.

— "Advertencia del traductor". *España bajo el reinado de la Casa de Borbón.* Guillermo Coxe. Vol. 1. Madrid, D. F. de P. Mellado, 1846.

— *Historia de Inglaterra.* Madrid, Est. literario-tipográfico de P. Madoz y L. Sagasti, 1846.

— *Luisa.* Madrid, Imprenta de los hijos de doña Catalina Piñuela, 1838.

— [Editorial.] *No me olvides. Antología del romanticismo español.* Ed. Fernando Díaz-Plaja. Nueva York, McGraw-Hill Book Company, 1968.

— *Poesías.* Madrid, Imprenta de don Eusebio Aguado, 1834.

— "Navegar". *Semanario pintoresco español,* 3 (1838), 581-82.

- "Apuntes de un viajero". *Semanario pintoresco español*, 3 (1838), 592-95.
- "Moreto". *Semanario pintoresco español*, 3 (1838), 610-12.
- "La Habana". *Semanario pintoresco español*, segunda serie, 2 (1840), 258-59.
- "Viajes. La Habana (Conclusión)". *Semanario pintoresco español*, segunda serie, 2 (1840), 269-70.
- "El Marqués de Javalquinto. Cuento". *Semanario pintoresco español*, segunda serie, 2 (1840), 313-16.
- "Poesía. Epigramas". *Semanario pintoresco español* (1845), 262.
- "Palacio de España en El Haya". *Semanario pintoresco español* (1848), 133-35.
- "El suspiro de un ángel. Cuento". *Semanario pintoresco español* (1848), 306-309.
- *El Spagnoleto*. Madrid, Gabinete literario, 1840.
- *Stradella*. Madrid, Imprenta de D. José María Repullés, 1838.
- *Viajes*. "Introducción". [J.L.L.] La Habana: Consejo Nacional de Cultural / Colección Viajeros, 1964.

"Salas y Quiroga, (Jacinto de)". *Enciclopedia universal ilustrada europeo-americana*. Vol. 53. Madrid, Espasa-Calpe, 1927.

"Salas y Quiroga, Jacinto". *Gran Enciclopedia de España*. Vol. 19. [Zaragoza], Valatenea, 2004.

"Salas y Quiroga, Jacinto". *Gran Enciclopedia Gallega*. Vol. 27. Santiago, Silverio Cañada, 1974.

SALES, Hermana María de. "Salas y Quiroga, Jacinto de". *Diccionario de literatura puertorriqueña*. Ed. Josefina Rivera de Álvarez. San Juan, Instituto de Cultura Puertorriqueña, 1974.

SANTIÁÑEZ, Nil. *Modernidad, historia de la literatura y modernismos*. Barcelona, Crítica, 2002.

SANTOVENIA, Emeterio S. y Raul M. SHELTON. *Cuba y su historia*. Vol. 1 Miami, Rema Press, 1965.

SARALEGUI Y MEDINA, Leandro de. *Galicia y sus poetas*. Ferrol, Est. Tipográfico de Ricardo Pita, 1886.

SCHMIDT-NOWARA, Christopher. *Empire and Antislavery. Spain, Cuba, and Puerto Rico.1833-1874*. Pittsburgh, University of Pittsburgh Press, 1999.

SCHWARTZ, Stuart B. "Introduction". *Implicit Understandings: Observing, Reporting and Reflecting on the Encounters between Other Europeans and Other People in the Early Modern Era*. Cambridge, Cambridge University Press, 1994.

SEBOLD, Russell P. *La novela romántica en España*. Salamanca, Ediciones Universidad de Salamanca, 2002.

— "El aliciente de las novelas cursis (Ejercicio sano para críticos hastiados)". *Salina*, 17 (2003), 111-18.

SIMÓN DÍAZ, José. *Manual de bibliografía de la literatura española*. 2a. ed. Barcelona, Gustavo Gili, 1966.

SMITH, Robert. *Derrida and Autobiography*. Cambridge, Cambridge University Press, 1995.

SOSA RODRÍGUEZ, Enrique. *Negreros catalanes y gaditanos en la trata cubana. 1827-1833*. La habana, Fundación Fernando Ortiz / Colección La Fuente Viva, 1997.

SPURR, David. *The Rhetoric of Empire. Colonial Discourse in Journalism, Travel Writing and Imperial Administration*. Durham, Duke University Press, 1993.

SUÁREZ DE TANGIL Y DE ANGULO, Fernando (Conde de Vallellano y Marqués de Covarrubias de Leyla). *Nobiliario Cubano*. Vol. 1. Madrid, Francisco Beltrán, 1929.

TAPIA Y RIVERA, Alejandro. *Mis memorias o Puerto Rico como lo encontré y como lo dejo*. Nueva York, DeLaisne & Rossboro, Inc., [1928].

Temas acerca de la esclavitud. La Habana. Editorial de Ciencias Sociales, 1988.

TESTÉ, Ismael. *Historia eclesiástica de Cuba*. Vol. 1. Burgos, Tipografía de la Editorial "El Monte Carmelo", 1969.

TEURBE TOLÓN, Edwin y Jorge Antonio GONZÁLEZ. *Historia del teatro en La Habana*. Santa Clara, Universidad Central de Las Villas, 1961.

THOMAS, Hugh. *Cuba. La lucha por la libertad. 1762-1970*. Vol. 1. Barcelona, Grijalbo, 1973.

TIZÓN, Manuel. *Prefilatelia Española*. Vol. 3. Madrid, EDIFIL, 2004.

TODOROV, Tzvetan. *On Human Diversity. Nationalism, Racism, and Exoticism in French Thought*. Trad. Catherine Porter. Cambridge, Cambridge University Press, 1993 [1989].

TORNERO TINAJERO, Pablo. *Crecimiento económico y transformaciones sociales. Esclavos, hacendados y comerciantes en la Cuba colonial (1760-1840)*. Madrid, Ministerio de Trabajo y Seguridad Social, 1996.

TORRES-CUEVAS, Eduardo y Eusebio Reyes. *Esclavitud y sociedad. Notas y documentos para la historia de la esclavitud negra en Cuba*. La Habana, Editorial de Ciencias Sociales, 1986.

TORO, Carlos del. *La alta burguesía cubana. 1920-1958*. La Habana, Editorial de Ciencias Sociales, 2003.

TRELLES, Carlos M. *Bibliografía cubana del siglo XIX*. Vol. 2. Matanzas, Imp. Quiros y Estrada, 1912.

TURNBULL, David. *Travels in the West. Cuba; with Notices of Porto Rico, and the Slave Trade*. Londres, Longman, Orme, Brow, Green and Longmans, 1840.

UNAMUNO, Miguel de. *En torno al casticismo. Obras Completas.* Ed. Manuel García Blanco. Vol. 1. Madrid, Escelicer, 1966.

URRUTIA Y MONTOYA, Ignacio José. *Teatro histórico, jurídico y político militar de la isla Fernandina de Cuba y principalmente de su capital La Habana* [1791]. Habana, Imprenta y Librería de Andrés Pego, 1876.

VALLE-INCLÁN, Ramón del. *Tirano Banderas* [1926]. Alonso Zamora Vicente, ed. Madrid, Espasa Calpe / Clásicos Castellanos, 1993.

VAN TIEGHEM, Paul. *Historia de la literatura universal.* Barcelona, Miguel Arimany, 1953.

VARELA JÁCOME, Benito. *Historia de la literatura gallega.* Santiago, Porto y Cía Editores, 1951.

VERHOEVEN, W. M. "Land-Jobbing in the Western Territories: Radicalism, Transatlantic Emigration and the 1790s American Travel Narrative". *Romantic Geographies. Discourses of Travel, 1775-1844.* Manchester, Manchester University Press, 2000.

VILLANUEVA, Darío. "Para una pragmática de la autobiografía". *El polen de ideas.* Barcelona, PPU, 1991.

VITIER, Medardo. *Las ideas en Cuba.* Vol. 1. La Habana, Trópico, 1938.

WHITE, Hayden. *The Content of the Form. Narrative Discourse and Historical Representation.* Baltimore, Johns Hopkins University Press, 1987.

— *Metahistory: Historical Imagination in 19th Century Europe.* Baltimore, Johns Hopkins University Press, 1973.

WRIGHT, Thomas. *A History of Caricature and Grotesque.* Londres, Virtue Brothers, 1865.

ZAVALA, Iris M. *Ideología y política en la novela española del siglo XIX.* Salamanca, Anaya, 1971.

ZORRILLA, José. "A Don Jacinto de Salas y Quiroga". *Obras Completas*. Ed. Narciso Alonso Cortés. Vol. 1. Valladolid, Librería Santarén, 1943.

ADVERTENCIA DE LOS EDITORES

Ha creído el editor literario de esta obra, profesor González del Valle, y los editores hemos secundado esta creencia, que sería para el lector actual muy enriquecedor e ilustrativo –máxime tratándose de un libro de viajes– incluir imágenes de la época, que, pese a no pertenecer a la edición original, son contemporáneas de ésta. La belleza y oportunidad de estos grabados, amén de su absoluta adecuación a la obra, compensan con creces la heterodoxia del procedimiento en una edición facsimilar.

En cuanto a la obra misma, los *Viages. Isla de Cuba*, de don Jacinto de Salas y Quiroga, su reproducción facsimilar se justifica en la escasez de ejemplares conservados conocidos. Nuestra edición reproduce un ejemplar de la primera edición, propiedad del profesor González del Valle.

**EDICIÓN
FACSIMILAR**

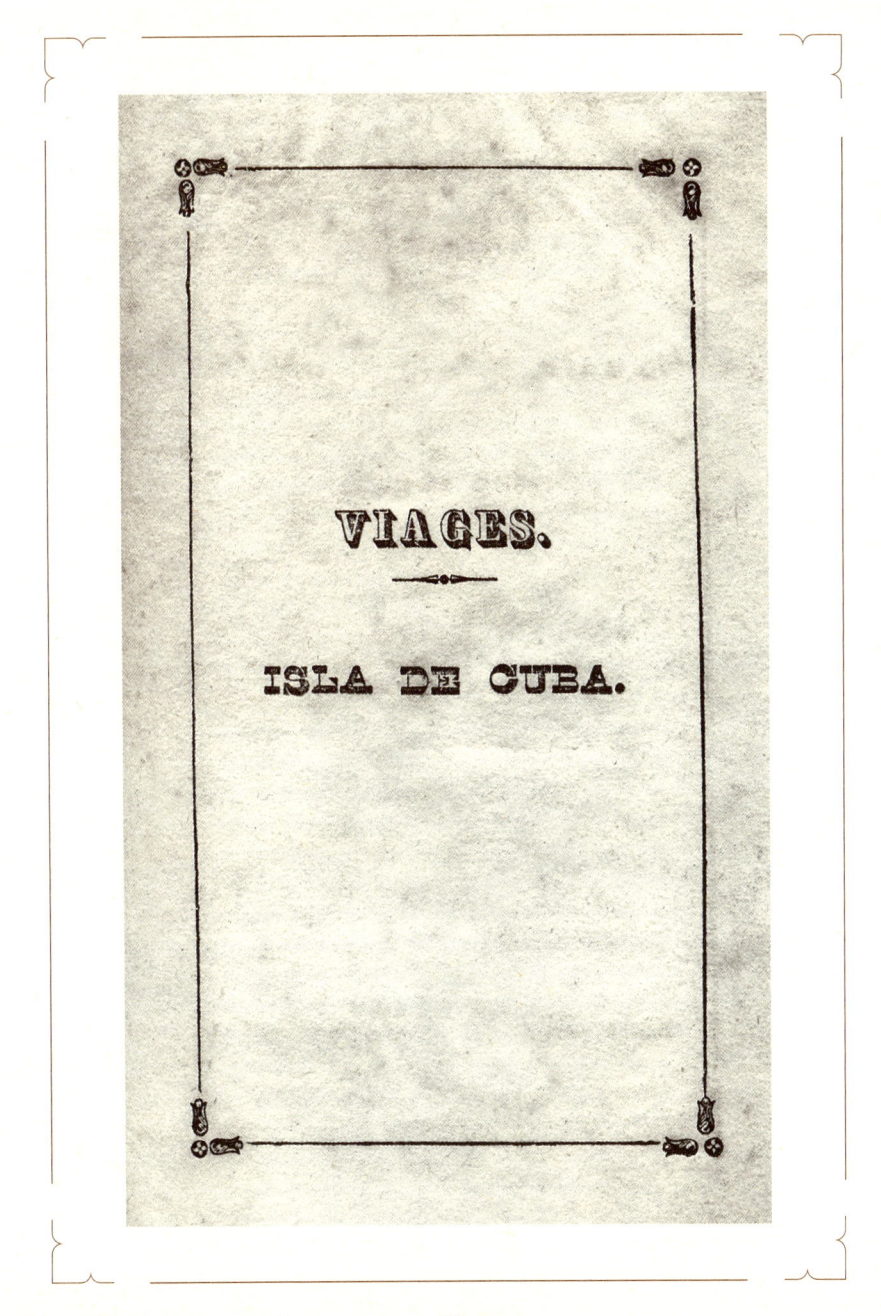

VIAGES.

ISLA DE CUBA.

VIAGES

DE

D. JACINTO DE SALAS Y QUIROGA.

Isla de Cuba.

MADRID.

BOIX, EDITOR.
Impresor y librero, calle de Carretas, núm. 8.

1840.

Esta obra es propiedad
de su editor don Ignacio
Boix, quien perseguirá ante la ley á quien la reim-
prima.

A

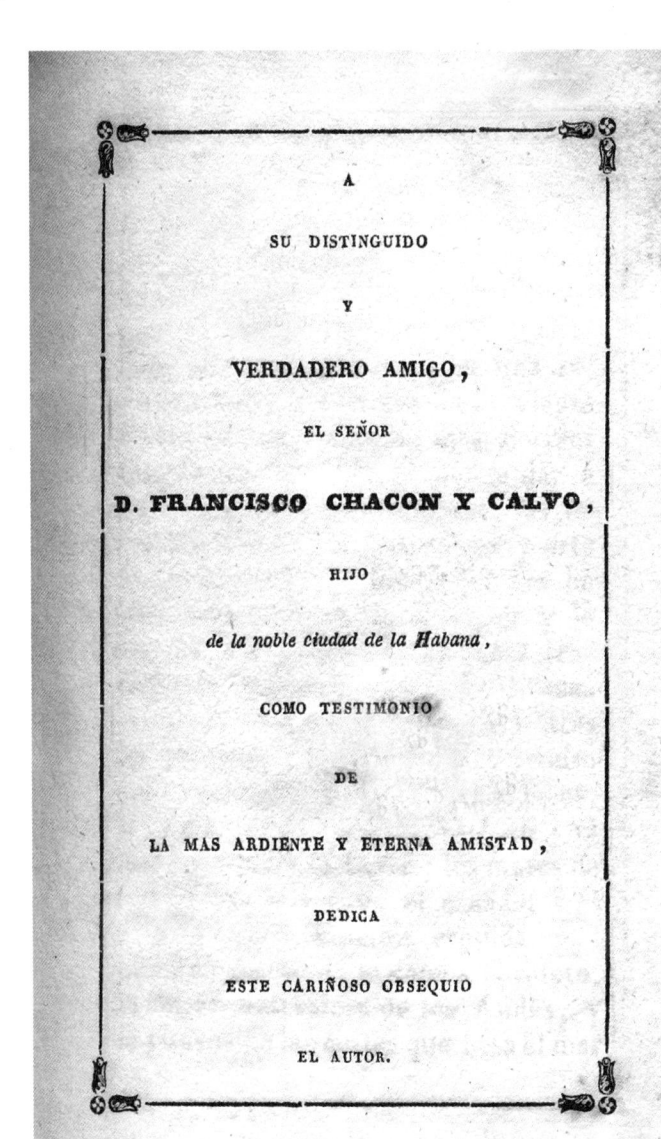

SU DISTINGUIDO

Y

VERDADERO AMIGO,

EL SEÑOR

D. FRANCISCO CHACON Y CALVO,

HIJO

de la noble ciudad de la Habana,

COMO TESTIMONIO

DE

LA MAS ARDIENTE Y ETERNA AMISTAD,

DEDICA

ESTE CARIÑOSO OBSEQUIO

EL AUTOR.

VIAJES.—LA HABANA.

(Vista de la ciudad y puerto de la Habana.)

Vista de la ciudad y puerto de la Habana.
Fuente: Jacinto de Salas y Quiroga, «La Habana», *Semanario pintoresco español*. 2ª. serie, tomo 2 (1840). Esta ilustración acompaña a su artículo.

Me propongo publicar, en una serie de tomos, la relacion de los viages en que llevo gastados los mas floridos años de mi vida. Me propongo dar á conocer los usos y costumbres, las leyes y gobierno, la naturaleza y arte de los diferentes pueblos á que me ha conducido el deseo de aprender y la necesidad de sentir. Unas veces trazaré esas escenas borrascas de los mares que Hornos cruzó el primero; otras las pacíficas y risueñas de ese paraiso que se estiende entre ambos trópicos, la calma y la tempestad, el bien y el mal, el cielo y la tierra, los mares de hielo y los de fuego, el ecuador y el polo. Pintaré la palma erguida y el bastardo cocotero, la caña y el cafeto, la colosal naturaleza de los Andes, y la risueña de las costas que besa el mar

Pacífico. Hablaré de las costumbres en su diferencia inmensa, de la civilizacion en su escala interminable, del hombre de todos los paises y todas las castas, siempre bajo el yugo de dos tiranos: el propio corazon y el egoismo ageno. Bosquejaré el sistema de gobierno y administracion de varios paises; juzgaré, en cuanto pueda, con la frialdad de la razon, pintaré, si me es dable, con el entusiasmo de la fé.

Dolores y placeres me han ocasionado tantos y tan distintos viajes; solo los placeres quisiera trasmitir á mis lectores.

Madrid y julio de 1840.

Jacinto de Salas y Quiroga.

I.

El 25 de noviembre de 1839, al crepúsculo de la mañana, la fragata española Rosa se hallaba, suavemente mecida, por un soplo de viento perfumado, á la vista de la Habana. Sus velas, gallardamente recogidas, su quilla, elegantemente columpiada, su arboladura esveltamente descubierta, mostraban á las miradas menos inteligentes que la hora no era llegada en que la bienhechora brisa acompañase al puerto, benigna amiga, las embarcaciones que cruzaban á la embocadura de aquella bahía. Y delicioso fue ver cómo, al afirmar la bandera española el cañon del Morro, diez buques que, á su vista sulcaban las tranquilas ondas, largaron sus estraños pabellones, encontrándose allí reunidos, como en un lugar comun de cita, el águila rusa, el leon de España y la estrella de Boston! Y dulce aspirar la brisa de tierra que habia inclinado la frente erguida del mango aromático y el caobo, y risueño mirar la roja *Cabaña* reflejar su estraño color en las verdes aguas del *Placer* inmediato! Y voluptuoso escuchar, de vez en cuando, la lejana cadencia de alguna ave cuyo nombre era todavia una duda!...

La fragata Rosa llegaba de Cádiz y Puerto Rico; y, entre los pasageros que de este último punto llevaba, era uno yo, el autor de este libro. Y como mi objeto, al escribirlo, no sea trazar meramente una obra científica, astillerada con palabras exóticas y multiplicados guarismos, ni menos presentar desnudos cuadros, llenos de aridez, en que tender las riquezas de observacion que haya podido acumular, ni siquiera ensartar una á una las mil reflexiones filosóficas á que se haya abandonado mi mente en regiones estrañas; sino igualmente dar cuenta de las impresiones, que mi alma ha esperimentado, de las observaciones que ha hecho mi entendimiento y de las bellézas que mi vista ha descubierto, me será permitido hablar de mí, si bien suele raras veces perdonarse á un autor la osadía de obligar al lector á que se interese en la suerte de sus sucesos. Yo no me nombraría de cierto en esta obra, si intentara, desconocedor de mis fuerzas, escribir una obra de mera comtemplacion, si quisiera erigirme en maestro, y revelar los hechos grandes que haya podido sorprender á la naturaleza; si, apostol de un siglo en que no existe la fe, imaginara predicar un nuevo sistema de creencias.

Pero, como sea mi ánimo no enseñar, no dogmatizar, no predicar, sino decir sencillamente lo que he podido ver y observar en mis viages, en lo físico y moral del mundo, no porque á mi haya acaecido, pero por el entretenimiento que pueda proporcionar su lectura, y la esperiencia que reporten á los demas mis aventuras y observaciones; pienso ser franco y no mentir. Diré lo que he visto y callaré lo demas, y asi, si mi obra no produce bien, no inducirá al menos en los errores que siembran esos hombres que hablan de lo que ni escasamente entienden y quieren en vano adivinar.

La noche que precede al dia en que debemos pisar un suelo desconocido, trae envuelta, en sus sombras, las ideas mas estrañas y caprichosas. Yo contaré lo que por mi pasó la del 24 de noviembre, y aquellos de mis lectores que se hayan hallado en análoga situacion, comprenderán facilmente esos secretos del corazon que escapan al análisis humano, á la impotente palabra, y ocupan en aquellos momentos de ansiedad.

Apoyado, con abandono, en una de las muras de la fragata, dilatábase mi vista por un horizonte vasto. El susurro imperceptible de la noche, el suave y monótono zumbido de los mares, el ligero choque de la proa acerada en las desiguales olas, acompañaba mi pensamiento, y cubria mi meditacion. En aquella hora, las mezquinas cuestiones de la vida habian desaparecido de mi vista moral; la organizacion interior de los pueblos, las leyes de proteccion y justicia, las ridículas divisiones de las ciencias, todo se habia confundido para mí en un pensamiento de mas encumbrado porte. Yo no pensaba en Dios; pensaba solo en el lo nbre. Sulcar, en un frágil leño, millares de leguas de aguas, ya irritadas, ya tranquilas, confiarse á su propio pensamiento, y luchar con los despóticos elementos, es la osadía del hombre que domina todo lo que comprende. Trazarse un sendero, allí donde las señales materiales no pueden existir, es el colmo de la inteligencia. Y sin embargo, hay mas en nuestra ambiciosa mirada. Buscamos el porvenir, y no pocas veces lo vemos.

En aquel momento, contaba yo los minutos que faltaban á mi vista para divisar una luz lejana, guia de los navegantes de aquellos mares. Sabia yo que en breve veria en el horizonte dibujarse una chispa de fuego que por horas crecería, hasta llegar á ser un faro vecino y bienhechor. Sabia que aquel fuego señalaba el puerto á que me dirigia, y lo único que ignoraba era el objeto que me llevaba á aquella isla desconocida.

Así, pues, que distinguieron mis ojos la lejana luz en el horizonte, y que, á su completa inmovilidad en la superficie de los mares, á su radio creciente, conocimos la farola de la Habana, se apoderó de mi corazon una tristeza cuyo solo recuerdo me oprime ahora todavia No ya casi niño, sin esperiencia ni desengaños, iba yo, como otras veces de mi vida, á visitar un pais remoto en que emplear las facultades de una imaginacion ardiente, de una alma no gastada; no iba á estudiar una naturaleza fabulosa, como en otros dias, ni á leer en la frente de otros hombres parte de la felicidad que yo mismo abrigaba, no iba en suma á añadir un recuerdo de ventura á mi porvenir de gloria y esperanza.

Harto ya de una vida de agonía, suspirando al ver, barridas por el huracan, mis mas dulces ilusiones, oprimido bajo el peso de las desgracias de mi patria y de mi familia, yo llevaba otra vez á América un corazon lastimado por el sufrimiento y una imaginacion embotada por el engaño de la realidad. Y entonces, así dolorido y errante, me preguntaba yo á mi mismo: «¿á qué vienes á pais desconocido, aunque de hermanos políticos?... ¿que cariñosas palabras, qué amorosos brazos esperan tu llegada en el vecino puerto?... ¿qué ojos centellearán de júbilo al mirarte? ¿qué lágrimas de ternura se escaparán al verte?... ¿Qué madre, qué hermano, qué amigo te saldrá á dar la bienvenida? Qué monumento, qué choza encontrarás que te recuerde los primeros años de la infancia, los juegos sabrosos de la niñez, el dulce castigo de tu ayo?...» Y á tales preguntas, como no podia contestarme la razon, decaia mi ánimo, y mis ojos, á pesar mio, se volvian hácia el Oriente, donde tuve todo y ya no tengo nada.

Fatigado del dolor del alma, trataba yo de buscar un nuevo alimento á mi imaginacion, y queriéndome huir, un grito interior me preguntó: «¿por qué, interin tus hermanos se desgarran, interin tu patria yace bajo el yugo de una guerra de Caines, por qué llevas tú tu brazo á estraños climas?... No fuera mejor emplear tu pujanza....» «¿en qué, Dios mio? me respondia yo á mi mismo. Por ventura sé yo lo que quieren mis hermanos?... ¿Por ventura sabe alguien por quién lucha?... ¿Combaten divididos los españoles por un rey ó por un principio? ¿Lo saben ellos, lo sabe el mundo?... todos lo ignoran. ¿No llegará el dia tal vez, en que, confundidos unos y otros, lloren entrambos tanta sangre inutilmente derramada? De los principios políticos no deciden jamas las armas; los principios tienen su arena en los libros; las armas combaten siempre por los hombres, y los hombres son siempre pequeños. Las armas combaten por la existencia de un pueblo, y entonces la guerra es siempre sublime. En vano querrá el acero conquistar un pueblo á la libertad; la filosofía puede solo este milagro. España se alzó, y yo me alzára con ella, contra un estraño que la quiso oprimir. Luchó contra un hombre y venció. Las abstracciones políticas no son para el campo, son para la escuela.

Hé aqui con qué reflexiones acallaba yo el remordimiento que tanto tiempo me oprimió. Yo fuera soldado, si creyese en la grandeza de un hombre. Mientras vea bueno y malo en el ser humano, seré filósofo.

Y volviendo la vista á la vecina isla de Cuba, no pude menós de prorrumpir: «felices los pueblos que son todavía demasiado jóvenes para haber luchado» Y esta sola frase me presentó, como en un vasto panorama, la historia y el estado de aquel pais tal cual yo entonces lo conocia, sin mas datos que las escasas noticias verbales de hombres ocupados en la adquisicion de oro y tal cual apunte de crédulo narrador. Aunque, algun tanto conocedor de América, sabia yo que iba á un pais de distinto aspecto físico y moral, que el continente vasto de que conocia yo una estensa parte. Sabia yo que no encontraría los grandes *túmulos* del Norte, los *huacas* ó mausoleos peruanos, las ruinas de la fortaleza de Tumbez ó del castillo de Cannar, ó de la muralla de Huachacache. Ni menos restos del soberbio Palenque de Méjico, ciudad desierta de ocho leguas de estension, con palacios de mármol y granito, y monumentos casi egipcios de escultura, asombro del mundo. Ni siquiera señales de *teócalis* ó altares descubiertos, ni de la soberbia pirámide de *Papantla*, ni de la mas admirable de *Xochicalco*, colocada sobre una colina, caprichosamente, cortada sin escalera esterior y con subterráneos en la roca; ni de algun puente *ciclopeano*, formado por dos piedras curbilíneas que componen un estraño arco; ni de los monumentos casi griegos de Mitla, maravillas todas de la América continental.

Recordaba yo que, cuando Colon llegó por vez primera á la isla *Juana*, hoy de Cuba, mandó soldados tierra adentro para buscar ciudades y reyes, y, despues de tres jornadas, hallaron estos poblaciones todas de madera y paja, con infinita gente y benevolencia estrema.

Y mi dedo señaló en la costa vecina y á barlovento, el punto en que peligró, el año de 1698, la almiranta que mandaba don Bartolomé de Soto Avilés; y á sotavento aquel en que se perdieron, en 1712, la almiranta de don Diego Alarcon y Ocaña, y cinco embarcaciones mercantes á que daba convoy, y de Veracruz pasaban á España. Y señaló asimismo el sitio en que naufragó, en 1622, el galeon Margarita de la escuadra del marques de Cadercita y en 1733 la flota del general don Rodrigo Torres; y tantos y tan estraños sucesos como en esos momentos recuerda la memoria del viagero.

Sin pararme, tal vez tanto cual debiera, en el estado actual que podia tener aquella isla opulenta, que dejaba observaciones tan vastas y profundas para cuando tuviese datos exactos para fundar mis juicios.

Rayó en esto el dia, y el Morro de un lado, y la Punta del otro, se presentaron como centinelas de la espaciosa bahía. Salian infinitos buques, aprovechando la brisa de tierra, y vapores cruzaban al vecino puerto de Matanzas. Encontrábanse los que llegaban con los que salian, y el número de unos y otros era crecido. Entre los que esperaban la brisa para entrar uno entre todos, atraía especialmente las miradas de los hombres de mar. Era este un bergantin de elegante construccion, nuevo, en lastre, tan rápido y altanero que pasaba orgullosamente por la proa de los demas, como para lucir su gallardía y velocidad. Parecia, en el dia del torneo, un rápido corcel que, ufano con llevar al mas diestro caballero, sin marcar apenas las herraduras de plata en la arena, gira circular, señor de la destreza y del valor. Pero, el bagel de que hablaba, tenia otro objeto menos noble; era su destino mas propio de los hijos de la ignorancia y despotismo, que de este en que el mundo proclama principios de libertad y justicia. Un murmullo general se alzó entre los inteligentes todos: *negrero*. Ah! sí, era uno de esos inmundos receptáculos de esclavos arrebatados al Africa; uno de esos sitios en que se trasporta á la América inocente el gérmen de su desventura; una de esas cloacas en que, á costa de la desgracia del género humano, acuñan moneda los codiciosos! E involuntariamente volví la vista á la isla de Santo Domingo que habia contemplado hacia pocos dias, y las sombras de Toussaint Louverture y Juan Francisco me aterrorizaron.

Una hora despues, la fragata Rosa estaba anclada en la espaciosa habia de la Habana.

II.

Entonces las reflexiones y sentimientos que ocupan la mente y embargan el alma, tomaron distinto giro y vuelo vario. Ya de esas regiones elevadas de la abstraccion descendí á examinar, con los ojos del hombre, las obras materiales de mis semejantes, y á considerar cuanto me rodeaba, no como un producto de la creacion, sino tan solo como morada de mis hermanos. Y vi con orgullo el primer puerto español, por su importancia y riqueza, tan concurrido y animado, con esa multitud de naves, de banderas, de botes, y esa confusion de voces, fardos y trabajadores en los espaciosos y cómodos muelles. Y embarcaciones de tres mastiles atracadas á las tablazones del desembarcadero, haciendo asi facilisima la carga y descarga de efectos de mas de cien buques mayores. Aquel continuo rumor, aquel laberinto, aquella animada existencia, esparce orgullo y alegria en el alma, aunque engendra ideas de tristeza, cuando el viagero se dirige á aquel puerto desde el cadavérico y abandonado de Cádiz.

Fue aquella la vez primera que tuve el gozo de ver la bandera nacional, sobre el castillo de popa de un bajel, apoyada por numerosos cañones; aquella la vez primera que vi los restos de esa gloriosa marina española que pereció en Trafalgar. Vi naves escasas en número; pero todavia orgullosas de su antigua reputacion, siendo modelo de buen gusto, de lujo, de disciplina é inteligencia.

La fragata Esperanza de 48 cañones fue el buque de guerra español de mas importancia que entonces vi allí. Su construccion es estremada en gusto y fortaleza, su arboladura y guinda, escasa: pero luce mucho las ricas maderas asiaticas de que está construida toda la fragata. El lujo, buen gusto é inteligencia en el mando que se notaba en este importante buque hacen el elogio de su comandante, el señor Pavía.

Hallábanse allí tambien los bergantines

de 16 cañones, Cubano y Marte; igualmente merecedores sus comandantes de elogio pór la inteligencia en el mando.

Agregando á los anteriores buques, el bergantín Laborde de 14 cañones; el ponton Teresa que está á la boca del Morro, y la flechera Fernandina, en la ensenada de Marimelena, se tendrá una idea exacta de nuestras fuerzas navales por aquella época en la Habana. Pero, es necesario esplicar que se hallaban entonces, pertenecientes á este apostadero, la corbeta Liberal, de 22 cañones, en comision en Puerto Rico, y el Bergantin Jason, de igual porte, en Veracruz, y que son diferentes los buques, de que en otra ocasion hablaré, que se hallan en las estaciones de Santiago de Cuba y de Trinidad.

Apesar de la escasez de nuestras fuerzas marítimas en aquellos mares, yo puedo dificilmente esplicar el júbilo con que las ví. Me tenia angustiado el haber visitado tantos y tan distintos puertos en el mundo, y nunca haber encontrado una sola embarcacion de guerra española, que no parecia sino que era de nuestra antigua marina lo que de la opulencia de Tiro y atrevimiento de Cartago.

Noté, con admiracion, que nuestra marina, aunque no rica, dominaba realmente el puerto, y no ví allí, como estaba acostumbrado á ver, especialmente en los puertos del Pacífico, esas numerosas escuadras de las tres naciones rivales en el Occeano. Tal cual buque de guerra frances ó ingles que conocidamente habia entrado en el puerto á refrescar viveres ú otro objeto de interes tan estraño á la política.

Rodean la bahía, por algunas partes, estensos campos; y si la vista se dilata por ellos, hijos de una naturaleza riquísima y jóven, se ven las delgadas y poéticas palmas, los sombríos cedros, las colosales ceibas, los aromáticos naranjos y los ricos caobos. Se ven los árboles que producen el delicado caimito, el suave mango, los torcidos cocoteros, las doradas cañas, y, tendidas por el suelo, esas frescas y regaladas piñas, reina de las frutas del universo. Se ven los mangles, amorosos de las aguas, y el término de algunos rios, que traen de lejos sus puras cristalinas aguas.

La ciudad ofrece su bullicio y poco elevadas torres; su apacibilidad el campo; su lujo la escuadra inmediata; su agradable vista los pueblos vecinos que rodean la bahía; su fortaleza tantos castillos, y su riqueza las doscientas embarcaciones siempre ancladas en aquel puerto. Por manera que es fuerza confesar que da júbilo al alma y entretenimiento á la vista cuanto me rodeaba, hallándome todavía á bordo.

Pero, deseoso de gozar igualmente con

las observaciones que la ciudad pudiera sugerirme, quise saltar á tierra, y entónces fue cuando empecé á palpar tristes realidades á que apenas habia yo podido dar crédito. Apesar de llevar mi pasaporte en regla, espedido por el capitan general de Puerto Rico, no se me permitió el desembarco, interin no obtuviese un permiso del gobernador de la isla, previa la presentacion de un fiador. Parecióme esto sorprendente, porque crei yo, que entre autoridades, dependientes del mismo gobierno, debia haber cierta confianza tal que la firma de la una bastase por garantía á la otra. Asi yo no comprendia cómo, garantizándome un documento de una autoridad superior, no me permitiese saltar á tierra otra de igual clase, porque si bien entiendo yo que sea conveniente tal vez reparar en la clase de personas que van á aquella importante isla, me parece que debe esto tenerse presente al tiempo de espedir los pasaportes, no al de recibirlos, porque en este último caso es inútil aquel documento.

No obstante tuve que conformarme á la ley vigente y envié un comisionado á buscar la licencia. Sucedió lo que sucede siempre bajo nuestro sistema de administracion. Eran las dos y las oficinas estaban cerradas. Hasta el siguiente dia no se abrian; por manera que, gracias á los vicios de una ley, y al mal régimen de nuestras oficinas, era necesario pasar un dia á bordo, sin que esto reportase ningun género de utilidad pública. Preparábanse ya á escribir al capitan general, el señor Ezpeleta, de cuya bondad tenía buenas noticias, y para quien llevaba una atenta carta de recomendacion de su hermano el general conde de Ezpeleta, suplicándole que, en vista de mi pasaporte y demas documentos que le remitia, se sirviese darme aquel mismo dia licencia para ir á tierra; cuando el capitan de mi fragata, riéndose de mi apuro, con algunas palabras que dijo al guarda, y tal cual moneda que deslizó entre sus dedos, me obtuvo el difícil permiso; que asi se obedecen las leyes, cuando el encargado de cumplirlas no está convencido de su utilidad. Y para terminar de una vez en este negocio, diré, que al dia siguiente, conseguí yo mismo el permiso para ir á tierra, estando ya en ella, prévios los pasos necesarios para obtener *cuatro firmas*, de las cuales una del capitan general, y el pago de *cuatro reales de plata*, habiendo tenido la dicha de ser eximido de la presentacion de fiador. Cuento estas menudas particularidades porque se pintan á veces, mas que pudieran grandes hechos, el estado de un pais. Y es de observar, que desde antes de desembarcar, en nada tiene el habitante de aquellos paises que ver con un funcionario público de cualquier rango y clase que sea, que no tenga que pagarle, por lo menos, derechos de firma.

Guiado por un conocedor imperfecto del pais, me dirigí á la fonda de Aranjuez, fonda española, es decir, posada intermedia entre el *caravanserail* y la taberna inglesa, sitio en que todo está sacrificado á la baratura, y aun eso no siempre, y en que los amos de la casa, de ordinario personas de pobres principios, no conciben cómo sus huéspedes no viven del mismo modo que ellos viven, y obligan á los viageros mas acomodados á vivir con la sencillez y porqueria monástica. Alli pasé la primer noche de mi permanencia en la Habana, noche de tantas confusiones que no se borrará facilmente de mi memoria.

HARBOR OF HAVANA AND MORO CASTLE.

Bahía de la Habana y Castillo del Morro.
Fuente: Cornelia H. Jenks, *The land of the Sun or, What Kate and Willie Saw There*. Boston, Crosby, Nichols, Lee & Company, 1861.

III.

De pocos años á esta parte es tal el incremento y vuelo que ha tomado la isla de Cuba, que es imposible haber vivido, en cierta esfera, sin haber oido hablar de aquellos paises, y especialmente de su rica capital. Recoger y llamar á mi imaginacion todas las esparcidas noticias que tenía de la Habana, fue mi entretenimiento y estudio en la noche primera que pasé en ella. Yo quise darme cuenta á mí mismo de la idea que me habian hecho concebir de aquel pais las poco filósofas personas con quienes de él habia hablado, y meditar sériamente acerca del órden en que debia proceder en mis observaciones.

Desde luego hizo en mí una triste impresion la fonda en que me hallaba, y al ver cuán desprovistos de comodidades vivian allí los viageros, recordando el camino de hierro célebre de la isla, vino naturalmente á la memoria aquel célebre dicho de mi amigo Larra: «en esta casa se sirve el café antes que la sopa.»—Pero tuve la feliz idea de suspender mi juicio, ínterin no adquiriese mas datos, porque recordé los folletinistas franceses viageros por España, que trazan, en la noche primera, una estensa descripcion del pais, en que no conocen á nadie, y en cuya buena sociedad no pueden penetrar por falta de relaciones.

Pero ¿será cierto, me decia yo, que es esta la ciudad de los robos y de los asesinatos? ¿Es esta, como nos lo han repetido siempre, la Sodoma del siglo, la poblacion que abriga en sus entrañas la corrupcion en todas sus formas? ¿Es este el pais en que la vida de los hombres tiene un precio marcado, y hay una tarifa para comprar el asesinato del enemigo?... ¿Es aqui donde la palabra virtud femenina está reñida con la fuerza del temperamento y el ardor del clima? Donde el juego y la prostitucion, la venalidad y el homicidio tienen su mas seguro imperio? Donde el sol quema como las ascuas, y ennegrece el cutis é irrita la sangre? Donde una enfermedad terrible debilita á todos los europeos, y mata al mayor número de ellos? ¿Es esta la terrible ciudad que se alimenta de oro y cadáveres? Será cierto que es un acto de arrojo el venir á esta isla temida, en que son tantos los negros, los blancos tan pocos, y en que un soplo de los primeros destruye á los últimos?

Por exagerada que parezca la pintura de estas reflexiones es, no obstante, fiel. Cualquiera puede preguntarse á sí mismo, si muchas veces de su vida, no ha oido tristes relaciones que confirman sus temores, y si, en conciencia, se contesta, verá que no era aventurada ninguna de mis preguntas. Porque, es cierto, que, ora haya sido con un objeto, ora con otro, siempre ha habido decidido empeño, en especial, por parte de los funcionarios de aquella isla, en pintárnosla con los negros colores de que yo me he servido. Solo se nos ha dicho que hay en ella mucho dinero; pero, yo apelo á la sinceridad de todas las madres, y ellas me dirán el terror que les infunde la idea de que uno solo de sus hijos vaya á aquella region, prefiriendo la lejana Manila ó la distante California?...

Así, pues, yo revolvia en mi mente todas estas estrañas ideas, y á momentos, tenia por empresa árdua, el haber ido á la isla de Cuba, sin mas determinado objeto que estudiarla y revelarla. Momentos habia en que me suponia ya bajo el peso de la enfermedad asesina, y á milagro tenia el salir de ella; por manera, que un viaje de esploracion al polo ártico me pareciera menor empresa que la de arrostrar peligros de enfermedades, asesinatos y robos.

Pero, es fuerza decirlo, parécese esta pintura de males á la que Buffon hace del dragon, animal monstruoso en la imaginación, débil é insignificante en la realidad. La lectura de este libro aclarará, segun espero, estos hechos, y si no da una idea verdadera de aquel pais, al menos la dará mas aproximada que la recibida generalmente, y es deuda, tanto á la gratitud, como á la justicia.

IV.

A las primeras horas del dia, huyó el sueño leve de mis párpados. Una estraña inquietud me agitaba; un devorador deseo carcomia mi pensamiento; una confusion mortificadora envolvia en sus nebulosas ondas mis elevadas ideas. Hay asi momentos en la vida en que, llevado el hombre á climas estraños, nuevo en una situacion rara, parece que empieza una existencia nueva. Las puertas se le abren á un porvenir desconocido, y encuentra leyes los beneficios de la vida anterior. Todos los viageros y aquellos mortales cuya vida ha sido cortada por repentinos y poderosos sucesos, saben bien y entienden cómo la esperiencia de muchos años queda burlada en un solo instante, y es fuerza hacerse la ilusion de que empieza entonces otra vida.

Si, llevados algun tanto de las semejanzas, quisiéramos comparar la existencia de los seres á un drama de caprichoso enredo, paréceme que nos fuera facil, no solo asignar género á obra tal, sino estendernos á clasificarla con arreglo á sus materiales formas. Por manera, que las vidas de aquellos hombres felices á quienes nada sucede, que, herederos de una fortuna limitada y de un genio prosaico, viven en la juventud como en la vejez, sin pasiones, sin ambicion, sin extasis, frios en el cálculo, entendidos en las determinaciones, sosegados en los deseos, las vidas de hombres tales son comedias en solo un acto, y apenas si los sucesos de la infancia y la virilidad merecen el nombre de escenas. Que ni el nombre de colinas debe darse á las elevaciones sobre que la antigua Salamanca está asentada.

Por el contrario, la vida de aquel hombre que, presa de todas las desencadenadas cavilaciones del genio, víctima de un corazon gigantesco, navega en un mar de inquietudes, vuela en una atmósfera de fuego, se arrastra sobre una tierra pantanosa, esa vida turbulenta y varia, sujeta á transiciones violentas, cortada á veces por el hacha de los acontecimientos, esa vida es un drama en muchos actos, estraños, caprichosos y desiguales.

Tal es mi vida; siempre sin viento para volar, llevo inútiles las poderosas alas; subo, y me pierdo en las rejiones vacias; bajo, y me ahoga el emponzoñado aliento del mundo. Entonces, apelo á los recursos de la mente y sueño desvaríos y trazo planes. Este me ofrece los encantos de la novedad, y el alma, deseosa, inquieta, turbulenta, desasosegada, lo acoje, lo ampara. Voy tras él; pero, como el imberbe rapazuelo ve por los aires volar el cometa de papel, sin poderlo seguir, tengo que amainar y recoger el abandonado cordel y poner límites al deseo. Generalmente concluye allí un acto de mi vida.

Afanoso me lanzo en contraria carrera; busco un camino no trillado; quiero pisar allí donde no hay huella, y preparo la fortaleza de mi brazo para apoyarme. Pero, ni una rama en que colocar la mano me ofrece el mundo. ¿De qué sirve la fuerza, si no hay en qué emplearla? Yo derribaré un roble, pero, ¿dónde está el roble?.. Yo volaré al paraiso, pero ¿dónde está el paraiso?

El entendimiento humano, escaso é impotente, no ve mas, y caigo abatido á los bordes del precipicio.

Asi surco mares, visito estraños pueblos, estudio nuevos hombres. Los mares, donde quiera, son procelosos, los pueblos en todas partes, tímidos é impotentes, los hombres, en el universo entero, mezquinos y villanos. Entre estos, el genio es demencia; la nobleza, estupidez; la razon, estravagancia. Tiene el mundo establecidas mezquinas fórmulas, y ellas son la virtud, ellas el poder. Ahogada la razon bajo su fuerza tiránica, en vano grita; el ridículo *frac* es la elegancia, el respeto al poderoso, la ley.

Hé aquí el mundo donde quiera. Vanamente la virginidad del corazon, la infancia de la vida presta á los pueblos occidentales mas fé, mas entusiasmo, mas generosidad. El viejo mundo corrompe al nuevo; y, si no le quita la espléndida hospitalidad, hace nacer en él la suspicacia terrible, el amor á lo mezquino. Así, no hay mundo en que vivir; no hay mas que una reunion de hombres que nacen puros y se dejan corromper por los que vinieron antes.

El sueño de un paraiso es el sueño natural de las almas; pero los hombres mofadores insultan al poeta, y el poeta cambia sus sueños de cielo en sueños de infierno.

V.

La vista general de la Habana es curiosa; desde luego nota el europeo, con estrañeza, que si bien las calles son tiradas á cordel y en divisiones iguales, esta regularidad en el conjunto, no está del mismo modo observada en los detalles. Asi que, al lado de un suntuoso palacio se ve una mezquina y asquerosa casa y la construccion mas moderna y elegante al lado de la mas antiguo é irracional. No se nota en los edificios disparidad tan estrema, aunque nada fuera menos estraño que ver una iglesia antiquisima y un teatro moderno.

Las calles no son muy anchas, cual fuera necesario en un pais de tanta concurrencia y en que no es posible vivir sin el ausilio de la bienhechora brisa. Y en su movible, rara vez seco piso, jamas descansa el pié de las bellas americanas. El forastero, ignorante de los usos del pais, ó poco acomodado para sostener un carruage ó curioso y observador, que discurre por aquellas calles, se ve casi solo, sin encontrar mas que hombres de color, ocupados en sus faenas y muchedumbre infinita de quitrines (carruages del pais) que embaracen su marcha. Tal es el número crecido de estos que necesario se hace la atencion mas cuidadosa para no ser atropellado por alguno, si bien la destreza de los caleseros que los dirigen montados en el caballo que tira de ellos, y su construccion bien entendida dan alguna garantia de seguridad.

Pero, estos carruages llaman la atencion del viagero; sus riquisimos estribos y demas adornos de bruñida plata, el radio inmenso de sus ruedas de durísima ácana; su tapacete de paño finisimo con que se pueden preservar del sol ó de la lluvia los que dentro van, las varas de flexible majagoa, el trage curioso del calesero, el breve pero brioso caballo, todo con remates de blanca plata, ofrece un espectáculo curioso. Cuando, á cierta hora de la tarde, que el sol ha caido y el calor cesado, echado el fuelle y tapacete, se ve discurrir por el hermoso paseo de Tacon, á uno de esos ligerísimos carruages, llevando dos ó tres bellas cubanas, de que ve el observador desde el breve y bien calzado pié hasta el rico y abundante cabello, cree que no es posible inventar carruage mas elegante y lindo en un pais en que abunda la hermosura y es necesario dejar que el viento gire y refresque.

La poblacion está sembrada de edificios y obras públicas ; de unos y otros iré hablando á medida que lo crea conveniente al plan de mi obra, mezclando los párrafos de amenidad con los mas serios de fundacion, administracion y gobierno de la isla. Creo que asi haré menos árida la lectura de algunos guarismos, y menos ligera la descripcion de un baile ó de un paseo.

Mi anhelo principal, al llegar á la Habana, era contemplar aquella nneva catedral, no tanto por el interes que me pudiera ofrecer su pavimento de mármol, como por venerar eu ella los restos del célebre almirante de las Indias, don Cristóbal Colon. Es este, á mi entender, el tesoro mayor que posée la isla, y para cualquiera que ha pasado largas noches admirando el raro genio que concibió aquellas tierras occidentales, y la fortaleza que llevó á cabo el descubrimiento, pocas cosas hay que desee con mas ansia adorar que aquellas frias cenizas que fueron el cuerpo del grande hombre.

Me dirigí pues á la catedral y aunque á hora en que tengo costumbre de verlas todas abiertas, encontré aquella cerrada. Fue grande mi sorpresa y disgusto, y como me costó tanto trabajo el verla, bueno será que el lector tenga alguna paciencia si desea, como yo deseé ver, que le hablen de los venerados restos de Colon.

Uno de los monumentos que mas desea el viagero visitar en la Habana por poco que ame los recuerdos históricos, es el que se conoce con el nombre de *el Templete*. Y aqui empiezan y acaban mis estudios acerca de las antigüedades de la isla. Esta memorable obra, emprendida en 1827, por el capitan general Vives, luego conde de Cuba, está situada en la plaza llamada de Armas, casi enfrente á la casa de Gobierno inmediato á la bahia. Recuerda la primer misa que en este sitio se dijo, y hé aqui su historia y descripcion.

La capital de la isla estuvo en tiempos antiguos en la costa del Sur, inmediata al Batabanó, hasta que, tanto por lo insalubre de este sitio, como por el interes que tomaba el adelantado Diego Velazquez en los asuntos de Nueva-España, determinó este trasladar la silla de su gobierno á la parte Norte, y fundar la ciudad de San Cristoval de la Habana, donde había ya un principio de poblacion. Los hombres religiosos de aquella época nada podian concebir de nuevo y feliz, sin que lo santificase el sacrificio de la misa. Asi que, apenas desembarcados, al pie de una grandiosa ceiba, inmediata á la bahía, elevaron un altar, y un sacerdote, cuyo nombre en vano he intentado averiguar, autorizado por D. fray Julian Garces, obispo de la isla, residente en Baracoa, cantó la primer misa que se celebró en aquella costa.

La misma gigantesca ceiba que vió, bajo su sombra, postrados á los valerosos descubridores y conquistadores de América, fue durante mucho tiempo el testimonio único que hacia recordar aquel acto verdaderamente religioso y poético. Apenas podemos concebir cómo hubo persona tan prosáica y de mal gusto para derribar la vetusta ceiba con el fin de sustituirse monumento mas grande. A mis ojos nada puede decir tanto, ni el granito ni el mármol, como el árbol mismo testigo de aquel raro hecho. Sin embargo, en 1754, época prosáica, mandó levantar el general Cagigal de la Vega, gobernador de la isla, un obelisco que aun existe en el lugar en que existia la segada ceiba. Otro árbol nuevo de esta clase crece muy inmediato á aquel sitio y dentro del enverjado, en memoria del antiguo árbol.

Mas tarde el descuido y abandono fue escureciendo entre malezas el nuevo monumento, hasta que, en noviembre de 1827, se empezó el *Templete* de que he hablado y que voy á describir.

Es este un rectángulo de 32 varas Este Oeste y 12 Norte Sur, cercado con hermosas verjas de hierro sostenidas por 18 pilares de cantería. Las basas y capiteles son del sencillo órden toscano. El obelisco está en el centro del enverjado. El templete está apoyado en seis columnas dóricas con basamento ático. Tiene mas de ocho varas de Este á Oeste. Once de altura desde la solería á la clave del tímpano. Hay en los costados cuatro pilastras con sus tableros, basas y capiteles, igualmente del órden ático y dórico. Entre los triglifos y metópas que guarnecen los alquitraves en el friso, se ven en relieve las cifras F.º 7.º, y los atributos de la órden americana de Isabel la Católica. Sobre el mainel de la puerta las armas de la ciudad con un letrero en el borde del escudo, que dice:

La siempre fidelísima ciudad de la Habana.

Entrando llama la atencion el busto de mármol de Colon, colocado con poco gusto en un nicho, y costeado todo por el obispo Espada, uno de los hombres cuyo nombre no puede pronunciar un cubano sin orgullo y gratitud, modelo de sabios y virtuosos. Tres cuadros adornan el interior del templete, que, si bien escasos en mérito artístico, siempre lo tendrán histórico, por los hechos que recuerdan. Representa el uno la instalacion del primer ayuntamiento de la Habana, presidido por el gefe español Diego Velazquez, que trae á la memoria una época en que las municipalidades hacian la felicidad de España. El segundo cuadro recuerda la misa que se celebró al pié de la frondosa ceiba, con la sencilla fé de aquellos menos infelices tiempos. El tercero conservará la memoria de la funcion de inauguracion del Templete que tuvo efecto el 19 de mayo de 1828.

Preciso era descender á tantos detalles, porque es este el único monumento que recuerde antiguos hechos, en la opulenta ciudad de la Habana. Invadida, hasta cierto punto, por el tráfico y comercio, instable todavia en la forma de administracion, insegura en su riqueza y poderío, es dificil que se ocupe en otra especie de obras que aquellas que le prometen un porvenir feliz. Asi es que el viajero aqui, mas que ruinas, debe buscar gèrmenes.

A la belleza de las noches de noviembre en la Habana, no sé qué pueda compararse. Ni molesta el calor, ní se percibe el frio; ningun género de sensacion desagradable se desprende de la atmósfera. Se vive realmente, gozando interior y esteriormente, con los goces que otras causas puedan ofrecer, sin que esa molestia, general en el mundo, de la temperatura, debilite, en nada, la fuerza ó dulzura de nuestras sensaciones. Es por lo tanto que, apenas el sol ha besado las aguas de los mares, las bellas habaneras, reclinadas muellemente en sus cómodos y elegantes carruages, salen de sus casas sin mas objeto, por lo general, que el de recorrer las calles y gozar de las delicias de la noche. Tienen muchas á costumbre el pasear asi por ciertos sitios, y pocas conversaciones son mas dulces é íntimas que las tenidas á estas horas de templanza y espansion. Allí, las dulces confianzas, allí, los propósitos cariñosos, y allí, en suma, los inocentes planes de la juventud. Sin embargo, las costumbres severísimas y formularias del pais, no toleran que acompañen estraños á las señoras en sus reducidos carruajes, y esto hace mas monótonas las conversaciones de estos nocturnos periódicos paseos. Algunas de esas bellas rondadoras se acercan á las verjas de la plaza de Armas, en donde una numerosa música de regimiento toca varias escojidas piezas tres noches en la semana; pero las señoras que pertenecen á las primeras clases de la sociedad jamás se apean, y las otras no siempre. En sus carruajes toman un soberbete, generalmente mal hecho, de rica piña ó guayaba, y se retiran á gozar del blando y regalado sueño, á la hora en que, en las grandes poblaciones de Europa empiezan las diversiones.

Es, no obstante, delicioso para el viagero el pasar las primeras horas de la noche, cruzando por las calles de árboles de la plaza de armas. Es esta bastante capaz y formada como las de Inglaterra, solo que sus árboles meridionales no pierden jamas sus frescas hojas. Su pavimento es de dura piedra, y de vez en cuando encuentra el viagero una hermosa estátua de mármol de Fernando VII, ó bancos de blanca piedra, ó árboles curiosos que contemplar. Pero, es muy animada y abundante alli la concurrencia en las noches de retreta. Circulan bellas y encantadoras criollas, con su cabellera descubierta, con su brazo desnudo, con sus ojos de fuego, y el contemplarlas, á unas paseando, sentadas á otras, y á las mas, ricamente prendidas, en sus elegantes descubiertos quitrines es una delicia, á pocas comparable.

Cercan la plaza del paseo hermosas verjas de hierro, y vénse, al rededor, la hermosa casa de gobierno de un lado, la del superintendente de hacienda del otro, la del conde de Santovenia, enfrente á la primera, y es lástima que el cuarto costado esté ocupado por casas que no forman simetria con los edificios indicados.

Lit del Gobierno.
VISTA DE UNA PARTE DEL CASTILLO DE LA CABAÑA (HABANA)
(á) Monumento erigido á las víctimas de Cárdenas.

Vista de una parte del Castillo de la Cabaña.
Fuente: José García de Arboleya, *Manual de la isla de Cuba. Compendio de su historia, geografía, estadística y administración*. 2ª ed. Habana, Imprenta del Gobierno y Capitanía General por S.M., 1852.

VI.

Para enterarse debidamente y formar una cabal idea de la situacion y estado actual de la Habana, en el dia, será bueno que el lector nos siga, con la mente, á la muralla esterior de la *Cabaña*, elevada fortaleza desde la cual podremos dominar las bellezas materiales de la poblacion, y darnos algun tanto cuenta de ellas. Desde luego, podremos admirar la fortificacion admirable que defiende esencialmente la ciudad, aunque se halla algun tanto dominada por otra eminencia, sitio en que los cañones y los valientes abundan con crédito y honor de España. A la derecha, está el *Morro*, que tiene el honor de haber sido defendido, contra los ingleses, por el célebre don Luis de Velasco, hèroe llorado por sus enemigos vencedores. A la izquierda, Casa Blanca, y mas distante la ensenada de Marimelena, y el pueblo de Regla.

Descubriremos, á nuestros pies, la bahia interpuesta entre nosotros y la ciudad, y despues de admirar su animacion y concurrencia, cruzando los mástiles de ciento cincuenta buques que por lo regular adornan el puerto, mástiles que se confunden á veces con las delgadas torres de las vecinas iglesias, tan inmediatos á ellas se encuentran, atracadas sus quillas á ese muelle prodigioso, cuya dureza es una maravilla, podremos contar, uno á uno, esos edificios y sitios públicos repartidos por la ciudad, dándole esplendor y prometiéndole un porvenir de gloria y felicidad.

El convento de San Francisco es el monumento de arquitectura mas inmediato, y, por una rara coincidencia, el mas importante de cuantos la Habana tiene; pero, conoceremos fácilmente, por ligeramente que lo examinemos, que el gusto de Herrera no ha presidido á su construccion. Fuera inútil buscar aqui esas delgadas ahujas góticas, esas torres que parecen *poliedros de encage*, y á los rayos del sol, poéticas cristalizaciones; inútil querer tropezar con esas obras sencillas y severas de Herrera; todas las de arquitectura de la Habana son, por lo general, pesadas imitaciones griegas, obras macizas que revelan la escasa imaginacion del que las dirigió. Divisamos la elevada torre de San Francisco, que escede á todas en corpulencia, y tiene 48 varas de altura. Hállase esta torre apoyada en los muros de la fachada, sobre el arco de la puerta principal; es de bella simetría y no desdice del resto del edificio que, aunque no elegante, es rico. La cúpula es espaciosa.

Siguiendo las orillas del mar, encuentra la vista la estensa y bien situada cárcel, obra moderna que reclamaba la civilizacion del siglo y que recuerda desgraciadamente tristes arbitrariedades que manchan el nombre del mismo gefe que mandó edificarla. A mayor distancia y en el mismo nivel, hállanse la casa de Beneficencia, fundada, en 1793, con los donativos del vecindario filántropico de la Habana, y sostenida con la proteccion de la Sociedad Patriótica. Establecimiento suntuoso del cual tendremos mucho que ocuparnos al describir el buen estado en que se encuentra y los beneficios que presta á la humanidad. La casa de mugeres dementes hállase en el mismo establecimiento. La fachada de este es de buen gusto, y revela la limpieza y buen órden que reinan dentro.

Divísase despues, siguiendo el litoral, el

hospital de San Lázaro, la casa de dementes y cementerio general, y es difícil hallar palabras para pintar el buen efecto que hace y las ideas consoladoras que engendran las espaciosas arboledas de este templo de muerte. Cuando descendamos á la ciudad y penetremos en lo interior de estos edificios, tendremos ocasion de admirar el relígioso celo que inspirò la formacion de este triste asilo.

La cantera de la cueva y la batería de Sta. Clara, son los dos últimos objetos que se presentan á nuestras miradas, entre la fortaleza de la Punta y el sitio llamado la Punta brava; y el cementerio de los estrangeros, el término de nuestras miradas; pues que el torreon de la Chorrera se distingue apenas.

Si, por el contrario, llevamos nuestra atencion á la parte interior de la bahia, descubriremos el antiguo teatro, cuya fachada esterior es sorprendentemente estraña, pues que no termina en azotea, segun la costumbre de aquellos paises, sino en la punta que forman dos curvilíneas. Sigue el arsenal, espacioso por cierto, y mas distante el castillo de Atares en la ensenada del mismo nombre. Divisamos, ocupando estenso espacio, la calzada de Jesus del monte, hermosa obra situada en los barrios estramuros de la ciudad. El acueducto de Fernando 7.º hállase tambien á bastante distancia, y esta obra, sobre la que han de pasar tantos siglos, dará á los venideros equivocada idea de las ligeras construcciones de nuestro siglo. Aunque pudiéramos contemplar algunas otras posiciones en el círculo estenso que vamos trazando, terminaremos este en el castillo del Príncipe, para poder estudiar, algun tanto, el interior de esta moderna poblacion.

Es fuerza advertir, que por el incremento grande que la ciudad toma de dia en dia, apenas si puede considerarse la Puerta de tierra mas que como la señal del sitio á que antes llegaba las mal formadas calles de la antigua Habana. Por lo demas, los barrios inmediatos á esta puerta, son poseedores de espaciosas calles, de buenos edificios y de soberbias obras públicas, á tal punto que merecen formar cuerpo, como lo forman, en su administracion y gobierno, con la ciudad primitiva.

Uno de los puntos mas estensos que descubre la vista desde la elevada *Cabaña*, es el inmenso campo de Marte, rodeado de magníficas verjas de hierro y cerrado con cuatro puertas que llevan el nombre de cuatro gefes, mas ó menos merecedores de tal honor. Es una vastísima plaza rasa en que pueden maniobrar varios batallones, quedando espacio suficiente para evoluciones y maniobras. Enfrente á una de las puertas de esta obra pública, termina, de pocos meses á esta parte, el célebre camino de hierro, inequívoco termómetro del estado agrícola y comercial de aquel apartado pais. El despotismo militar de un gefe que ha mandado recientemente la isla, habia paralizado los trabajos del ferro carril tan luego como estos llegaron á Garcini, punto distante media hora de la puerta de tierra. Y fácil será conocer cuanto ha ganado la poblacion y el comercio, con la prolongacion del camino hasta las inmediaciones de la citada puerta. El plan primitivo hacia pasar los carriles por el campo de Marte, y el general Tacon, tan celoso de su autoridad, no quiso consentir jamás en que aquel sitio sagrado fuese invadido, aunque tantas ventajas mayores trajera la nueva obra á la poblacion. Que hay hombres para quienes el propio capricho es mas que la felicidad popular.

No lejos de este punto, hállase el cuartel de dragones, si bien no importante por su arquitectura, al menos sí por los lucidos escuadrones que en su seno encierra. Ni tampoco está distante el suntuoso teatro edificado en tiempo del general Tacon, cuya fachada esterior revela escasamente la riqueza y magnificencia interior. El paseo que tiene tambien el nombre del mismo inevitable general, hállase á alguna mayor distancia. Es lástima que sus hermosas calles de árboles y su hermoso jardin, con bellas cascadas y estrañas plantas, estén siempre desiertos.

Pocos mas son los puntos importantes que ofrece la vista general de la Habana; porque, si bien la Machina, la Alameda de Paula, la plaza del mercado de Tacon, el teatro del Diorama, el de Jesus María, el cementerio del Horcon y algun otro sitio público merecen llamar la atencion, al lado de los sitios de que hemos hablado son imperceptibles monumentos. Las nuevas calzadas por lo contrario, desde cualquier punto, sorprenden por su espaciosidad y grandeza, si bien alguna está construida de un modo raro, privando de la vista á las casas que de uno y otro lado formaban una ancha calle.

Y si alguno encuentra estraño, que ni, de la catedral, ni de la universidad aqui se hable, será bien que sepa que es la primera pequeña y de ningun valor, en su esterior arquitectura, comparada á los sagrados restos de Colon que encierra, y que la otra es igualmente pequeña y mezquina, aun comparada á la pequeñeza y mezquindad de la enseñanza que generalmente se dá en sus aulas.

ISLA DE CUBA PINTORESCA.

MUELLE DE SAN FRANCISCO (HABANA).

Muelle de San Francisco.
Fuente: J. M. de Andueza, *Isla de Cuba pintoresca, histórica, política, literaria, mercantil e industrial.* Madrid, Boix, Editor, 1841.

VII

En una de las primeras páginas de este libro, deseando manifestar el estado de incomodidad que ofrecen al viagero las fondas de la Habana, dije, que guiado por un imperfecto conocedor del pais, descansé en la de Aranjuez, y dí á conocer su triste estado, aunque no con estension. Las molestias que allí sufrí, en las 24 horas que permanecí en aquella casa, son incalculables, no que los amos de ella no fuesen personas dignas, no que el cocinero fuera detestable; pero, cualquiera que haya viajado y haya comparado nuestras posadas á las estrangeras, de cierto conocerá cuan inferiores son aquellas. No sea grave cargo el estado celular de las habitaciones, sus paredes desnudas ó feamente cubiertas con asquerosos cuadros de á cuarta, sus escasas rotas sillas, su reducido espejo, no mayor que la cara de un hombre, su cama de hermitaño; aun, conformándose con esta sencillez primitiva, no podrá tolerar el viajero, en nuestros paises, el desembarazo y franqueza de los criados, impertinentes y groseros, que entablan con él conversaciones curiosas, que le reprenden, que le piden cuenta de sus acciones, y que de vez en cuando le mandan. Sistema vicioso de relaciones domésticas que data de muy antiguo entre nosotros, como lo testifican esas antiguas bellas comedias de nuestro teatro, en que los criados se permiten libertades que no pueden calificarse sino con el nombre de insolencias.

Los servidores de la fonda de Aranjuez eran todos españoles, y participaban del atraso en esto de nuestras costumbres, atraso que, á mi juicio, nace de este espíritu nacional de orgullo y democracia que reina hasta en la última clase de nuestros conciudadanos. Porque es raro encontrar, entre nosotros, quien no tenga marcada en el corazon la señal de la dignidad. Asi, si se ven muchos hombres que obran mal, apenas uno se hallará que se avergüenze de sus acciones. Todos, por lo regular, están satisfechos de sí, y no obran iniquidades hasta que no las adoptan por hechos de honradez, ó al menos en que no hay villanía.

Al dia siguiente de mi llegada á la Habana, uno de mis conocidos me anunció la existencia de una fonda norte-americana, recien instalada, y que gozaba ya de estraordinaria fama. Desde luego conocí que disfrutaria en ella de algunas mas comodidades, y deseé ir á vivir á ella. Hállase situada en la calle del Inquisidor, en una casa hermosa, no construida al efecto, pero bastante espaciosa y cómoda. Desde luego se notaba, solo al cruzar el dintel de la puerta principal, cierto aseo y elegancia propio de semejantes establecimientos. Los patios, las escaleras, los salones de recibimiento, todo ofrecia un aspecto de buen gusto y lujo. El principal salon comun para todos los viageros, hallábase suntuosamente alhajado. Ninguna de cuantas pequeñas ó mayores comodidades puede el transeunte desear, estaban echadas alli en olvido. Comodas butacas, sofaes y sillones elegantes, mesas bien cubiertas, espejos inmensos, colgaduras frescas, arañas y candelabros ricos, periódicos, juegos; en suma, cuanto es posible apetecer en las horas de recreo que puede buscar un hombre no establecido en un pais.

El resultado entonces mismo me lo probaba. Varios eran los grupos que en los salones se hallaban sembrados. Unos de señoras, de hombres otros, y los mas compuestos de personas de ambos sexos. Todos estaban ocupados en razonables distracciones, y daba el aseo y lujo de los trages y la elegancia del salon, cierto aire de buen tono que comprenden fácilmente las personas que han visitado las grandes poblaciones del norte, y sus suntuosos establecimientos de este género.

Desde luego me enteré que, en aquella casa, no vivia español ninguno de cualquiera de ambos mundos, y llevado yo de mi carácter cosmopolita, me decidí á ser el primero. El interior de las habitaciones me dejó menos satisfecho que los sitios públicos de la casa. Observé, desde luego, que, escepto tres ó cuatro habitaciones, las demas eran interiores é incómodas, y que tanto en unas como en otras, por la cantidad de tres duros diarios, no tenia el viagero derecho á mas que á medio cuarto y un asiento á la mesa. Tuve yo la fortuna, gracias á buenas recomendaciones, de vivir en una de las mejores habitaciones de la casa, y estuve asi menos incómodo que otros, en los meses que viví en ella que fueron todos los de mi permanencia en la Habana.

Será bien esplicar cómo una casa de este género en que no se habla español, se puede sostener, con lujo y elegancia, en aquel pais. Creerá cualquiera por de pronto, llevado de la fama que tiene la Habana por su comercio, que las personas todas que viven en esta fonda, serán destinadas á este ramo que van y vienen de aquella plaza á los vecinos Estados unidos. Sin embargo, quien tal crea, vivirá en un grave error.

La Habana es, con relacion á los Estados vecinos de la Union Americana, lo que Italia con respecto á la isla Británica. Del mismo modo que los ingleses, quebrantados en su salud, ó amantes de una naturaleza risueña, pasan la estacion del frio en el mediodia de Europa, asi, y del mismo modo, las personas acomodadas del Norte de América, suelen vivir algunos inviernos en la isla de Cuba. La salubridad del clima en estas estaciones, lo dulce de la temperatura, la quietud y buen órden en que aquel pais se encuentra, llaman mucho á las personas algo débiles ó amantes de un cielo sin nubes á la espléndida Habana. Asi es, que, apenas empieza el mes de noviembre, los vapores de Nueva Orleans y los paquetes de Nueva York, llevan infinitos pasageros de esta clase á la capital de la isla española.

Y es estraño ver el gozo con que en ella viven, ya disfrutando de los encantos del campo, ya de la música italiana en que está mas adelantada la Habana que Nueva York, ya del estudio de las costumbres, si bien estas con inexactos datos, porque no suele ser comun que estos viageros conozcan el idioma español, ni tampoco lo es, que en la sociedad de las Antillas, se conozca el inglés. Pero, repartidos unos en Güines, donde hay una fonda americana, igual á la de la capital, ó en la que he descrito, pasan los ciudadanos de la union seis meses en el Sur, ocupados incesantemente en paseos de campo, en diversiones, en fiestas y mas de una hermosa habitante del Norte ha robado á las manos de la muerte y del fastidio la poética isla española. Pero, es admirable ver cómo al empezar la primavera, todas aquellas golondrinas cruzan los mares y cambian de nido, corrigiendo, con estas precauciones, los vicios de la naturaleza que mata igualmente en el Norte en el invierno, y en el Sur en el verano.

Entre las **personas respetables** que el año último pasaron la estacion de recreo en la Habana, fue una el *Reverendo Abram Hart*, jóven sacerdote episcopal de Nueva York, cuya íntima amistad adquirí en breve, y que se hizo igualmente pronto dueño de la mia. Poeta de fantasia y de alma, fino en su trato, cuanto elegante en sus modales, superior en su instruccion y vivo en su imaginacion, me proporcionó su entusiasmo por las letras, por las artes, por la naturaleza, por todo lo que es grande, noble y bueno, deliciosos instantes que solo tuvieron la falta de ser breves. Acompañado de este distinguido jóven tuve el placer de visitar varios puntos de campo del interior, y mucho fue mi placer de enterarle algun tanto mas de lo que él pudiera solo, de las costumbres y usos del pais. El, por su parte me sirvió, de mucho dándome á conocer con verdad y sencillez el estado de su naciente república y mas naciente poco conocida literatura. Entre los favores literarios que le debo, es uno el haberse tomado la molestia de traducir, en hermosos versos ingleses, algunos de mis humildes cantos poéticos. De este modo los que juzguen mis obras, por sus versiones, les darán mayor mérito del que ellas ciertamente tienen.

A fortuna tengo el haber vívido en la indicada fonda, durante toda mi permanencia en la Habana, y que esta haya sido en la estacion mas ventajosa, porque me ha proporcionado hacer algun estudio de un pais que deseaba vivamente conocer, y no podia por entonces visitar.

A la entrada de la primavera queda la fonda desierta, igualmente que la de Güines; repartiéronse los viajeros entre los diferentes puntos de los Estados Unidos, y yo hago, en esta apartada poblacion, recuerdo de ellos, sin olvidar la blanca tez de las sílfides del Norte.

52

Apesar de que, en el verano, la fonda está casi vacia, es mucho el dinero que con ella gana su dueño, que es un tal *West*, menos felíz, á lo que parece, en el comercio. Y estos detalles servirán para adelantar algo en el conocimiento de aquel pais, que él, y no á mí, quiero pintar.

VIII.

Algunos detalles acerca del descubrimiento, sucesivas fundaciones y aspecto general de la isla, me parece que podrán importar á aquellos de mis lectores que deseen formar una completa idea de la isla de Cuba, sobre cuyo estado agrícola, comercial, administrativo, político, literario y social, pienso estenderme en párrafos sucesivos. Puede suministrar la historia ideas de aclaracion y no menos la cuestion geográfica servirá para rectificar juicios erróneos que tal vez han cundido demasiado. Y si no parece suficientemente lógico haber dado algunas pinceladas al cuadro que de la Habana intento trazar, y dejarlo sin concluir, téngase presente que este libro es compuesto de los apuntes de un viajero, no del analisis de un historiador ó geógrafo, ó filósofo dogmático. A mas, en poblaciones nuevas, regidas bajo un sistema escaso en libertad, la capital debe ocupar estensos límites en el estudio del viajero, porque alli está el centro y foco único de gobierno, y si me engolfo en pintar á la Habana bajo todas sus fases, desde el principio de mi obra, no sabremos esta cabeza qué cuerpo gobierna, y se entenderá escasamente el sistema establecido. Asi que tengo por mas natural, haber dado cuenta de la impresion primera que yo recibí en la Habana, y en seguida conocer la historia y topografía de aquella isla, para poder debidamente hablar de su estado actual y del influjo de su capital. Y si esto no pareciese bien, tómese á error mio, no á falta de celo y buena voluntad.

Quéjanse, y no sin razon, los cubanos de no poseer, hasta el dia, apesar de su estado de prosperidad, una buena historia de su isla, no ya erizada de nombres y fechas, sistema antiguo que solo sirve á la cronología, sino fundada en raciocinios serios y profundos, que, con las lecciones de lo pasado, dicte lecciones de buen gobierno á actuales y venideros gobiernos. Y en efecto esta queja justa es un dolor que no haya hallado eco en esa juventud aislada, pero inteligente, de Cuba, y que uno de esos escritores que tienen elementos para adquirir justa nombradía entre los hombres dedicados al estudio, se tome la agradable molestia de recoger sus apuntes, y engolfándose en ellos y su meditacion, trace el completo filosófico cuadro de la historia de aquella preciosa parte de América. Si bien es fuerza conocer que el estado de censura y vigilancia en que tiene el gobierno el entendimiento en aquella isla favorece poco idea tan noble, pues es inseparable de la historia el analisis del gobierno conveniente al pais, y rara vez toleran esa osadía de pensamiento los gobiernos despóticos y menos coloniales. Pero, si la juventud cubana suministrase algunos datos y patrocinase empresa tan ardua, por el mucho estudio y reflexion que exige, tal vez no faltase algun literato que, libre de trabas, pudiese dar vado á tamaña obra.

Desde luego se nota en el dia una escasez de datos estraordinaria para juzgar de los hechos anteriores en aquel pais, porque si bien son varias las obras que conocen los eruditos con el nombre de historia de Cuba, ninguna pasa de una indijesta relacion de dudosos hechos que inducen en mayor confusion al que de buena fe busca la verdad histórica. Ni la historia manuscrita de Sevilla, ni la de Arrate, ni la de Urrutia ni cuantos apuntes ha dado la celosa Sociedad Patriótica de la Habana en sus interesantes memorias, son guia suficiente en la materia.

Y es estraño y aun inconcebible cómo de época tan reciente cual es la del descubrimiento de América, de hechos que tantos y tan distinguidos escritores han tratado, se sepa tan poco con exactitud. Andan todavía los sábios en averiguaciones acerca de cual fue la isla primera que Colon descubrió, si la del Turco, si la de S. Salvador y si sobre punto de tal tamaño hay dudas ¿qué no sucederá acerca de hechos de cuantía menor?

Un ligero apunte, hallado en la historia de los reyes católicos del cura de los Palacios, amigo de Colon, nos revela que este llegó á la isla Juana ó de Cuba, y mandó gente á tierra á averiguar si existian alli grandes ciudades y reyes, y que los emisarios, despues de caminar tres jornadas y ver numerosas poblaciones de madera y paja, pero, sin riqueza aparente, volvieron á los suyos, quienes costearon 117 leguas hasta la punta Maizi, de donde fueron á Santo Domingo.

Hé aquí toda la noticia que hay del primer viage de españoles á Cuba, el cual debió ser en el otoño de 1492, porque Colon estuvo poco tiempo esta vez en Santo Domingo y hallábase en España de regreso el 23 de marzo de 1493. La parte que por vez primera visitó el admirante en la isla de Cuba, es evidente que fue en la costa del Norte, y por la distancia de la Habana á la punta oriental de la isla, se calcula fácilmente que no fue lejos de aquel puerto, llamado mas tarde de las Carenas. De esta nota resulta que Colon descubrió y visitó esta isla, antes que la de Santo Domingo.

El dia de Pascua de 1494 fué señalado con la segunda llegada de Colon á aquellas costas, donde descansó debajo de erguidas y hermosas palmas; aspirando suavísimos olores, y escuchando el concierto de melodiosas aves. El almirante no abandonó lo literal; pero, en él halló infinitos indios, gente mansa y desviada de malos pensamientos, de mejor condicion que los de las islas comarcanas. Recibió aqui los obsequios á que estaba acostumbrado, y, despues que hubo plantado una cruz en tierra y asistido á una misa, dejó esta isla é hizo vela para su predilecta de Santo Domingo.

Dedúcese de los apuntes, aunque no esactos, minuciosos de los primeros visitadores de la isla, que habia en ella al tiempo de la conquista, no poca abundancia de aves, que la poblacion india era inmensa, y que era crecida asimismo la cantidad de oro que allí se hallaba. Y en punto á las demas fábulas que de aquella remota época se narran: la disputa de *Cemi* y *Santa María*, la historia del cacique *Comendador*, y otras consejas de este jaez, remitimos al lector á la suma de geografia de *Enciso*, á las obras de Bartolomé de las Casas, y á los fragmentos del crédulo *Vargas Machuca*. Merece no obstante, recordarse que en esta isla, como en sus comarcanas, vieron los conquistadores, por vez primera, en la boca de los indios ardiendo una planta seca, cuya importancia posterior estaban bien lejos de conocer entonces. De aquí trae origen el uso del tabaco que es uno de los ramos mas productivos de las Antillas españolas.

Facil es conocer cómo, en un pais habitado por gentes de tan suave carácter, sin un gobierno fuerte, sin mas religion que fanáticas prácticas, y dominadas por la creencia general de que los europeos eran gente bajada del cielo, fácil es conocer que la dominacion de estos se estableciese sin contradiccion.

La época primera de esta dominacion es de todo punto confusa, y solo desde la época de la fundacion de la Habana es que la historia puede presentar interesantes datos; porque, si bien, antes de esta fecha, ya, en 1516, habia en Cuba un obispo, lo cual muestra su importancia, son los hechos de aquellos dias tan diminutos que necesitan cuadro mayor que este para ofrecerse en regular tamaño.

Cuando la buena suerte de Castilla descubrió la indicada isla, incitados por la sed de las riquezas, muchos pobladores de Santo Domingo trasladaron sus hogares à Cuba y rodearon su capital Baracoa. Desde este último punto gobernaba entonces la isla el célebre *Diego Velazquez*, desde 1512, regido en un todo por los consejos del venerable *Bartolomé de las Casas*. Este gobernador fue mirado por el segundo almirante don Diego Colon, hijo primogénito del dichoso descubridor. Difícil es no llenarse de indignacion al enterarse del estado de gobierno que, en aquella época, se observaba en tan remotas regiones, cuando los desgraciados indios eran, á pesar de las órdenes reiteradas de la córte, repartidos entre los conquistadores como manadas de ovejas. Así estos infelices perecieron todos á manos de la codicia, de la ambicion y del egoismo. Ni tiene el mas ardiente español otra defensa que hacer de tales compatricios, plaga de la humanidad, que achacar sus faltas á la ignorancia de su siglo, no á la bajeza de su condicion. Y aconsejamos á los que deseen enterarse mejor de la filosofía de la historia de esta época lean las primeras páginas en que *Quintana* narra la vida del célebre las Casas.

Este venerable varon, á quien tanto debe

la humanidad, que empleó su vida laboriosa en abogar por los oprimidos, fué el primero, ó al menos el mas poderoso en pedir que la miseria de los indios fuese reemplazada y sustituida con la miseria de los inocentes africanos. En vano *Gregoire*, impugnando á *Herrera*, quiso probar lo contrario; por mucho que el celo de Las Casas por la causa americana nos interese á favor suyo, es fuerza convenir que, sin él, Haiti no ecsistiria, con sus formas africanas y las demas Antillas no se hallarian bajo un dominio poderoso, gracias al temor que infunde esa raza oprimida, sumisa sí, pero terrible el dia que levante su mano de hierro.

Cuando todavia la agricultura no podia tomar incremento, por la escasez de negros y disminucion de indios, inhumanamente asesinados, cuando el descubrimiento de Méjico y el Perú no brindaba todavía cosecha abundante de laureles y oro, la isla de Cuba ofrecia un cuadro triste y poco alhagüeño. Entonces fué cuando, en 1519, la capital situada en la costa del Sur, se trasladó á la del Norte, en el antiguo puerto de Carenas, hoy la Habana, y desde alli su primer gobernador Diego Velazquez dominó las 1968 leguas cuadradas de 20 al grado que forman la superficie de la isla de Cuba. Confusa está la indagacion del punto de residencia de los primeros gobernadores, hasta 1538; yo fundo la opinion que emito en datos que creo exactos.

Fué aquel siglo igualmente fecundo en desgracias, en la naciente Antilla. La defensa de fortificar los lugares de Indías tenia indefensas aquellas hermosas costas. Y aun cuando, mas tarde, se levantó esta prohibicion, no por eso dejaron de pagar bien caro su falta de fuerza *Santiago de Cuba* y la *Habana*. Muchos y poderosos eran los piratas que cruzaban por entonces aquellos mares, y ayudados de la fortuna y de su arrojo, lograron estos entrar á saco en la capital el año de 1538, y no contentos con saquearla, redujéronla á cenizas y escombros. Y aunque luego por orden del Adelantado, reedificó la villa el capitan Mateo Aceituno y edificó la fortaleza de la Fuerza, fué esta defensa menor que el arrojo de los Corsarios.

Santiago de Cuba no escapó mejor de esta plaga, pues que su obispo tuvo que refugiarse, mas de una vez, al Bayamo. Y si se agregan á estas desgracias la plaga de hormigas que destruyó los sembrados de la Habana, y los disturbios del ayuntamiento con los gobernadores, y los de estos con los alcaides de la Fuerza, se tendrá una idea exacta del estado de nulidad de aquella isla durante el primer siglo de su descubrimiento. Para evitar la última de las referidas calamidades, Felipe II, tan amante de la unidad de autoridad, a instancias de aquel ayuntamiento, reunió en un solo sugeto en 1589, el mando de guerra, justicia y gobierno. Hé aqui instituida la capitanía general de la isla que desempeñó el primero el maestre de campo D. Juan de Tejada, fundador del Morro, cuyos trabajos dirigió el ingeniero Antonelli.

El siglo siguiente, y aun el 17 fue escaso en adelantos para la isla. A principios del primero no llegaba á 14000 almas la poblacion de toda ella y de estas mas de 5000 componian ó circundaban la Habana. Las abandonadas minas fueron reemplazadas por la agricultura, y como cerca de la capital fuesen los campos mas feraces, la seguridad mayor, este era el punto que los nuevos colonos escogian para su residencia. Entonces empezó el uso de brazos esclavos para esta industria, mal de gran tamaño por mas que la avaricia aconseje lo contrario. Por que, haciendo dificil, sino imposible, los pequeños propietarios, acumula mas los caudales y disminuye el número de personas independientes, interesadas en la mayor prosperidad del Estado.

Los principios del siglo XVII fueron señalados con una medida de gran tamaño. Fue esta la tomada en 1607, de dividir el gobierno de la isla, medida sobre la cual debieran hacerse sérias reflexiones, si se tratase del presente siglo, medida que resolveria tal vez ventajosamente un problema, y que lo resolvió entonces en perjuicio de la causa de los adelantos. Debióse, á mi juicio, semejante desventura, á lo mal deslindadas que por entonces andaban las atribuciones de los brazos eclesiástico y secular. Asi que, menudeaban las escomuniones, y menudeaba asimismo los desmanes á fuerza armada de las autoridades militares. Por lo cual estas triunfaron y conservan en el dia su omnímoda autoridad.

No fue lo restante del siglo marcado sino con la fundacion de Matanzas, con el establecimiento en la isla de la Inquisicion, con la entrada de algunos miles de habitantes de Jamaica, y el abandono total de las minas del cobre.

Fue mas fecundo en sucesos favorables el siglo XIII, en el cual se aumentó considerablemente la poblacion, ganó en sus fortificaciones, ganó en la instruccion pública y mas que nada en las mejores ideas de sus gobernantes. Fundóse, á principios del citado siglo, la univesidad règia y pontificia de la Habana, y aunque por una contradiccion estraña no hubo apenas escuelas, se preparó el camino á que mas tarde las hubiese.

Una série de gobernadores, algun tanto celosos del bien del pais, templaban las severas disposiciones del gobierno metropolitano, y contribuian no poco á la felicidad de la isla. Las mezquinas ideas económicas del siglo que cerraban aquellos puertos á los buques estrangeros, hacian imposible la prosperidad de Cuba. Los gobernadores toleraban algun tanto la entrada de buques, hasta que la poderosa opinion hizo nacer ideas mas adelantadas, y el gobierno dió permiso para comerciar con los estrangeros.

En esta época sucedió el célebre sitio de la Habana, en cuya ciudad entraron en 1762 los ingleses, despues de la mas heróica defensa, escitando los vencidos la admiracion de los vencedores. En este sitio fue donde pereció don Luis Vicente de Velasco, héroe cuya memoria debe ser la admiracion de los venideros siglos.

Firmada la paz, fue grande el vuelo que tomó la isla; la capital especialmente ganó mucho en riqueza y hermosura. El teatro viejo, la alameda interior, el paseo estramuros, los puentes grandes con sus treinta y cuatro arcos, diferentes puentes y cuarteles son de aquella época; pero los abusos que desde entonces se notan introducidos en el foro con grave perjuicio del estado, fueron ligeramente combatidos. Que no siempre los gobernantes buscan aquellas mejoras mas ventajosas al pueblo, si ellos tienen que quedar á oscuras, y mas son los mandarines aficionados á dejar sus nombres inscritos en arcos triunfales y monumentos públicos. Coincidieron, felizmente para la felicidad de esta isla, á fines del siglo XVIII y principios del siguiente, varios sucesos que establecieron la primacía de Cuba sobre todas [las Antillas. La declaracion del libre comercio, fundamento de tanta riqueza, el nombramiento para aquella diócesis del ilustre y admirable obispo Espada, la instalacion de la audiencia de Puerto-Príncipe, la supresion del diezmo en fincas de nueva fundacion, sobre lo cual se darán datos cuando del estado actual de la agricultura de la isla se hable, son mejoras introducidas en el espacio de pocos años. Parece que la Providencia quiso que las cenizas del que fue causa de tantas prosperidades, del ilustre descubridor de América, Cristóbal Colon, fuesen entonces á ser depositadas en la catedral de la Habana, como para presenciar la prosperidad de la reina de las Antillas, que en 1766 se verificó traslacion tan sagrada.

Hasta la pompa y fausto de la Habana empezó en aquella memorable época, pues que el relato del pomposo funeral que se hizo á las cenizas del almirante Colon, es una de las fiestas memorables de la época, comparables tan solo, en su tristeza, á la alegría de las máscaras y diversiones públicas que acompañaron la jura de Cárlos III. A querer detallar, uno por uno, los sucesos que comenzaron en aquellos dias, seria preciso destinar muchos tomos, y formar obra superior á nuestro intento. La emigracion de habitantes blancos de Santo Domingo fué uno de los sucesos que mas engrandecieron á su rival, y la admision de franceses agricultores que se ocuparon en fundar cafetales en la isla, dió un aumento considerable de riqueza á aquellas abandonadas tierras y fué fecunda en resultados prósperos.

Tambien, entonces, fueron erigidos el Consulado y la Sociedad Patriótica, á que debe tan felices hechos la isla de que nos ocupamos. Las diversas alteraciones que, por entonces, se dieron á los derechos de aduana no fueron en resumen totalmente desventajosos á los derechos públicos. Algo ganó la capital en su alumbrado, muelles y empedrado. Ni será bien olvidar aquellas bulliciosas ferias de Guanabacoa, San Rafael y Regla, ni las alegres romerias de San Antonio, la Chorrera, la Cabazar y el Cerro. Ni el opulento tren del conde de Mopox, sus ruidosos viages, sus faustuosos amigos.

Ya, empezando este siglo, se nos presentan, no las numerosas naves construidas, en el anterior, en el arsenal de la Habana; pero prodigiosas fiestas en celebridad del afeminado favorito de María Luisa, de ese almirante de tocador que debió su elevacion á la bajeza de un rey, digno de una rueca. Se nos ofrece el terror que infundió la noticia de la violencia del usurpador Corso; y las simpatias que inspiraban las numerosas suscripciones formadas para sostener la guerra de la independencia española. Y es amargo contemplar cuán á menos ha venido ese interes por los sucesos políticos de la metrópoli. En efecto ¿qué es para un cubano la libertad de España, en el dia?.. El está regido por leyes especiales; no forma cuerpo con nosotros. Nos mira, en nuestro gobierno interior, como á una nacion estrangera.

Ocupan aquellos tiempos igualmente las pretensiones á la isla de Cuba por la infanta Carlota, y las repentinas variaciones que hubo en el gobierno.

Pero, lo que mas merece llamar la atencion es el progreso que, desde entonces, esperimenta la instruccion pública, la introduccion de los buques de vapor, el adelanto gigantesco de los trenes de fabricar azúcar, la construccion de un acueducto, la de varios trozos de camino de hierro, y en suma tantas mejoras que detallaremos en posteriores capítulos, al dar cuenta del estado actual de la isla.

ISLA DE CUBA PINTORESCA.

VISTA DEL TEMPLETE
erigido para perpetuar la memoria de la primera misa que se canto en la Habana en 1519.

Vista del Templete.
Fuente: J. M. de Andueza, *Isla de Cuba pintoresca, histórica, política, literaria, mercantil e industrial*.
Madrid, Boix, Editor, 1841.

IX.

De notar es cuán poderosamente protege la Providencia la causa de los pueblos. Parece que esa sucesion de horas, de dias, de años que forman, con sus eslabones desiguales, la cadena interminable del tiempo, trae invisible el correctivo de todas las locuras humanas. Parece que los vicios, que el egoismo, que la ignorancia, se estrellan contra este modificador de todo lo creado. Quién, pues, puede concebir cómo las naciones realmente, con existir solo, progresan?... Quién puede esplicar porqué, aparte las maldades humanas, cada año trae una idea menos absurda? Pueden empeñarse los hombres en levantar sobre sus frentes al despotismo; pero, el despotismo de este siglo será menos bárbaro que el del siglo XIII. Lo mismo de la libertad; un dia la libertad fué sanguinaria; hoy es reparadora. Y qué hombre ha mejorado las ideas de tantos millones de mortales? El tiempo que todo lo corrije.

El es quien está corrigiendo los vicios de la administracion de Cuba, él quien seguirá su obra desgraciadamente harto imperfecta. Desde el bárbaro conquistador que cazaba con perros á los infelices indios hasta el imprudente que va hoy á Gallinas á comprar negros, no hay mucha diferencia por cierto, y si la hay no es á favor de nuestro contemporáneo; pero, la hay entre el obispo que escomulgaba en Cuba en el siglo XVI y el que huyó en el XIX. Asi las ideas marchan paralelas; porque nótese una diferencia. Los hombres ambiciosos y avaros forman una triste segregacion de la humanidad; aparte estos ¿qué corazon no se indigna al contemplar el tráfico horroroso è *impolitico* de los negros? Y si insisto en la aplicacion de *impolitico*, preguntad á Santo Domingo porqué.

Los partidarios del azote lean en esta leccion. Vean los tiempos en que la opresion tenia borrada, de la carta del mundo comercial, á la Antilla que hoy todos buscan con afan, porque la antorcha de la razon rige, de vez en cuando, aquellas feraces tierras. ¿Por ventura el despotismo la hará prosperar? No, bien cierto que no. Cada eslabon que España rompa de la cadena que oprima á sus hijos, se le convertirá en oro. La bendicion de los hijos es rocio de abundancia sobre la frente de los padres.

España está renaciendo de sus propias cenizas, y si no acompaña al tiempo, el tiempo, violento huracan que es fuerza seguir, la arrastrará en su carrera. Que, á la manera que el corcel indómito que sella sus heraduras en la arena, y vuela como el relámpago, deja en el camino estropeado al ginete que no acompaña su rapidez, asi el tiempo atropella al que quiere andar menos que la marcha marcada por la providencia. Si somos compañeros del siglo, llegaremos á un tiempo; si somos tardios, llegaremos despues; si nos queremos oponer á su velocidad, pereceremos.

A tan amargas reflexiones me lleva el deseo de que el gobierno español, si es compuesto algun dia de hombres que tengan pensamientos mas elevados que los que han abrigado los mandarines de estos últimos tiempos, tenga un sistema de mayor franqueza y conveniencia, que nuestros vicios nos han robado las voluntades en Mégico y el Perú, y tan ricos florones á la corona de España. Y no es esta pérdida la mayor, sino el cambio de infelicidades que aquellos imprudentes habitantes han sufrido. Porque no era llegada la hora todavia, y á ¿qué buscar en las tinieblas de la noche la claridad del dia?. La emancipacion de los pueblos es la idea bienhechora de todo hómbre que tenga nobleza en el corazon; pero, si los pueblos quieren ser felices, es necesario que tenga tino para esperar á poderlo ser. El continente americano quiso la independencia antes de tiempo. Hace años que no es feliz, algunos tardará en serlo. Cambió el despotismo sin ambicion, por el despotismo del ambicioso. Antes mandaba un virey, ahora manda un presidente. Escaso cambio!

La Habana está mas adelantada, y sus hijos son sobrado sensatos para no conocer que serán muchos y muchos los años que necesiten del apoyo de España, y que querer la desunion es querer el suicidio.

Pero, ay! del que abusa! que tarde ó temprano el opresor es víctima!

Mientras Cuba no sea una provincia de España, ínterin no seamos todos hermanos, iguales en premios y castigos, sucederá, lo que en el dia sucede, que nos ligan lazos, menos de simpatía, que de necesidad. Pero ¿á qué anticipar ideas? Llegará la página en que esplicando el gobierno nuestro en Cuba, nazcan espontáneamente estas ideas de conciliacion.

Z.

Estiéndese la isla de Cuba á pocos minutos del trópico de Cáncer, y es su estension mayor desde Punta de Maizi hasta Cabo San Antonio. Hállase situada la primera en la parte oriental, á los 67 grados y minutos de longitud; y el segundo al occidente muy inmediato á los 79. Esta gran estension de oriente á ocaso no está en relacion con la escasez de norte á sur. Del cabo Cruz, que es lo mas meridional de aquel territorio, al puerto de Gibara que es la mayor distancia, hay poco mas de un grado de latitud. La menor es de Mariel á la ensenada de Majana de 14 leguas del pais, de 5000 varas. Un grado es allí el término medio de latitud, algo mas á oriente, algo menos á occidente.

En la parte sur estan situados los importantes puertos de Santiago de Cuba y Trinidad, la isla de Pinos y la interesante colonia de Fernandina de Pagua. Al norte principalmente la Habana, Matanzas y Cárdenas. Al interior Puerto-Príncipe.

Tiene la isla de Cuba de superficie 1968 leguas cuadradas de 20 al grado. Divídese esta en 468,523 caballerías de tierra de 432 varas en cuadro cada una. Pero escasamente la cuarta parte está aprovechada. La mitad de esta en dehesas y potreros, y la otra en cultivo de caña, café y tabaco. Si la poblacion se duplicase, podrian duplicarse fácilmente los productos de la agricultura.

En los últimos 20 años la poblacion se ha aumentado en 300.000 habitantes, guarismo á que algunos suben el número de esclavos y que parece inexacto, pudiéndose aumentar no poco La relacion de los blancos con los hombres de color se calcula de 8 á 9. Pero es fuerza advertir, que aunque personas muy entendidas dan por muy ciertos datos parecidos á estos, es imposible exactitud de noticias estadísticas en un pais en que se comercia fraudulentamente con la importacion de negros.

La produccion puede asegurarse que se ha duplicado en los mismos 20 años.

La grande estension de territorio de la isla exigió, de muy antiguo, la division de jurisdicciones y gobiernos. El de la Habana y el de Cuba han sido los únicos hasta estos últimos tiempos; pero en el dia, á mas de los dos referidos gobiernos, existen los de Matanzas, Trinidad, Puerto Príncipe y Cienfuegos con 8 tenencias, que nombra el capitan general, y todos egercen jurisdiccion contenciosa, tanto en lo militar como en lo politico. El capitan general y los demas gobernadores egercen igual jurisdicion. Pero en lo militar tienen que asesorarse de un auditor de guerra, y en lo politico de los asesores generales, que tambien egercen la magistratura como letrados.

Las apelaciones van á las audiencias de la Habana ó de Puerto Príncipe de que es presidente el capitan general; por manera que esta autoridad es juez de su propia causa.

En la capital y diez y ocho poblaciones mas, hay ayuntamientos; formados de regidores perpétuos y alcaldes; algunos son presididos por una justicia mayor, conservando asi el sistema feudal. De estos últimos hay tres, San Felipe y Santiago, Santa María del Rosario y Jaruco. Los tres estan, en la actualidad, presididos por personas tan dignas que hacen olvidar el vicio de la institucion.

En las demas poblaciones, hay capitanes de partido nombrados por el capitan general y los demas gobernadores. Estos hombres no tienen sueldo y sí grandes atribuciones; por manera, que es facil conocer hasta qué punto es este sistema inmoral y absurdo. A su cargo tienen la policía, y en un pais donde la delacion ha sido un medio de gobierno, se deja conocer hasta qué grado la venalidad será un medio de conservacion. Son cerca de dos cientos cincuenta estos jueces pedaneos, para obtener cuyo destino no se necesita mas que favor; y es fuerza vivan de lo que se agencien, algunos honradamente, otros de modo ilegal. Nada hay mas vicioso, ni trae mas perjuicios que este sistema de gobierno. Estos destinos tienen contra sí, como todos los de policía, el ser odiosos, y asi es que no hay persona delicada que los admita, á no ser algun infeliz acosado de la necesidad, ó un bribon animado de ideas ruines. Mil veces se ha suplicado al gobierno suprima estos empleos y crée en su lugar ayuntamientos; mil veces se ha esperado medida tan benéfica, pero jamás se realiza este deseo general.

El ayuntamiento de la Habana egerce un poder considerable. Es compuesto del capitan general, presidente, de dos alcaldes ordinarios, de nombramiento de la corporacion, los cuales conocen en primera instancia de lo contencioso en lo civil y criminal. Generalmente estos cargos son siempre concedidos á las personas mas ilustres por su clase y célebres por su saber, de la Habana. Su institucion no es buena, y sin embargo está dando resultados muy ventajosos. Tiene el ayuntamiento 23 regidores perpétuos, comprendidos el alguacil mayor y el procurador sindico general.

Esta corporacion nombra 16 comisarios de policía que varia anualmente.

El tribunal de comercio está compuesto de un prior, dos cónsules, un consultor y un escribano; egerce jurisdiccion contenciosa solamente en los negocios mercantiles. Pero es necesario antes de intentar cualquiera accion ante el ocurrir al juez de conciliacion, sin cuyo requisito nada se puede actuar. Medida que se debiera estender á toda especie de litigios. De este tribunal tenemos que hablar estensamente, al ocuparnos de la agricultura, porque tal vez depende la prosperidad ó decaimento de esta, de la buena ó mala organizacion de aquel.

Hay asimismo un tribunal de alzadas para las apelaciones del de comercio. Está presidido por el capitan general. Esta omnipresencia del gobernador de la isla, es facil conocer que es contraria á toda regla de buen gobierno.

El inmenso ramo de la Hacienda, que allí se llama Real, está dirígido por el superintendente general que reside en la Habana y las dos intendencias de Cuba y Puerto Príncipe bajo la inspeccion de la superintendencia. Este gefe preside el Tribunal de Cuentas, la poderosa junta de fomento, las superiores Contenciosa y Directiva de Hacienda, la de Monte Pio, la de diezmos; es juez superior de loterías y de cruzadas.

Entre los superintendentes generales que la isla de Cuba ha tenido, puede España contar, con orgullo, al ilustre D. Alejandro Ramirez que gobernaba la hacienda en 1816. A su bien entendido gobierno, á su inmensa capacidad, á su deseo del bien público, á su integridad probada, debe aquella isla gran suma de su felicidad. Murió en su destino, y Cuba sintió su pérdida como si le hubiese acaecido una calamidad. Murió pobre y ese es su mejor elogio. Dos hombres eminentes, el obispo Espada y el intendente Ramirez! Ambos llorados en el dia, ambos han legado su memoria como un patrimonio á los paises cuya felicidad tanto promovieron. Los pueblos casi siempre son justos, y el de la Habana arrancará un dia de los mármoles y bronces el nombre de recientes gefes para colocar en su lugar el de sus dos bienhechores.

Existe igualmente un tribunal de marina presídido por el comandante general del apostadero. De este importante ramo hablaremos igualmente.

Se conocen á mas los juzgados de artillería, de ingenieros, el Delegado de bienes de difuntos; y el de justicia *para conocer en la absoluta prohibicion de negros* que parece instalado por mofa de la humanidad, como su hermano el de *picapleitos*, raza de hombres conocidos solo en la Habana, que viven promoviendo pleitos y arruinando necios ó cándidos.

La renta de loterías se estableció en la isla en 1812. Tiene su correspondiente tribunal que preside el superintendente. En la actualidad se juegan allí diez y seis sorteos anuales, cada uno con el fondo de cien mil pesos, y uno estraordinario de ciento cuarenta mil. El gobierno, por supuesto, gana la cuarta parte de estas cantidades porque tiene vendidos sus billetes tan luego como los anuncia al público.

Pero, el gobierno persigue una miserable casa de juego y arruina á una infeliz que vive del vicio ageno. Sistema lógico en el mundo, que nos permite obrar inmoralmente, por la ley del leon, y que hace nos horripilemos con la sola idea de tolerar el mas leve desman. La civilizacion del siglo está clamando por la supresion de esta capa de holgazanería y vicio; la lotería es un medio de corrupcion. Mientras no se enseñe al pueblo á vivir con su trabajo, y se le quiten esas esperanzas, casi siempre fallidas, no tiene el gobierno derecho para perseguir el vicio de que él mismo da ejemplo.

El gobierno eclesiástico está dividido en dos mitrados. El arzobispo de Cuba que gobierna la parte oriental, y el obispo de la Habana cuya jurisdiccion se ejerce hasta Puerto Príncipe esclusive.

Hay tambien una junta de diezmos y una comisaría de Cruzada.

Hay asi mismo el tribunal de la Regia pontificia universidad. El rector que es, *forzosamente fraile*, borron que no consiente ya el siglo, tiene jurisdiccion privativa en lo civil y criminal sobre todos los estudiantes. Vicio de organizacion que pide reparacion pronta; asi como todo el ramo de instruccion pública de que nos ocuparemos en capítulo aparte.

El ramo de justicia está repartido entre dos audiencias: la pretorial de la Habana y la de Puerto Príncipe. La primera fué creada en 16 de junio de 1835. Consta, con sus dependencias inmediatas, del capitan general, presidente, de un regente, cuatro magistrados togados, dos fiscales, un canciller, cuatro relatores, dos agentes fiscales, tres escribanos y un procurador de número.

Hay asi mismo en la Habana tres llamados tenientes gobernadores que son, á mas de asesores del gobierno, jueces de primera instancia.

La audiencia de Puerto Príncipe está presidida por el mismo gefe, tiene un regente, cuatro ministros, un fiscal, un canciller, dos relatores, dos agentes fiscales, dos escribanos de cámara y varios procuradores de número.

Hé aqui trazada brevemente, no aun el sistema de gobierno y justicia, pero, al menos la máquina que dirige los negocios del fertil pais cuyo conocimiento deseo dar en este libro. Me parece que, al entender cuales son las corporaciones y cuales las facultades de cada uno, se podrá facilmente comprender la sèrie de reflexiones que sugiere el bien público, como asimismo adivinar, hasta cierto punto, sin necesidad de comentario, las relaciones entre gobernantes y gobernados, relaciones que importan menos, alli donde cada hombre tiene derecho para reclamar justicia en nombre de su dignidad, pero que son esenciales y de gran tamaño, donde la obediencia pasiva es el medio primero y principal con que cuentan los dispensadores de la justicia, los defensores de la ley.

VISTA DE LA CATEDRAL DE LA HABANA.

Vista de la Catedral de la Habana.
Fuente: José García de Arboleya, *Manual de la isla de Cuba. Compendio de su historia, geografía, estadística y administración*. 2ª ed. Habana, Imprenta del Gobierno y Capitanía General por S.M., 1852.

XI.

Importa, pues, ya que va dada, en anteriores articulos, una idea general del aspecto de la isla y su mas importante poblacion, como asímismo del sistema de gobierno que rige, á sus habitantes, dar á conocer el estado de la sociedad en la Habana, y presentar, en sus diferentes y varias clasificaciones, las numerosas divisiones que forman aquel conjunto heterogéneo. Que, si tal estudio, tratándose de otra poblacion, fuera tan solo un mero deseo de satisfacer curiosidades, ó por lo menos un escaso dato para conocer las costumbres; es, hablando de la ciudad de que nos ocupamos, de necesidad absoluta, si queremos entender su existencia y porvenir. Poblacion estraña y única en el mundo, vive en adelanto y felicidad, con los elementos mismos que debieran influir en su ruina. Receptáculo de principios opuestos, recibe su vida de lo que otras recibirian su muerte. La misma serpiente que rodea su cintura la acaricia y protege.

Va ya dicho que la Habana forma cuerpo de gobierno con sus barrios estramuros; desde ahora entendamos que forma igualmente cuerpo de sociedad. Vivir fuera ó dentro, puede ser mayor ó menor objeto de lujo; pero ningun poderoso influjo tiene en las clases de moradores. Distínguense estos, como veremos, en su naturaleza, mas bien que en esos accidentes del capricho. Que el acaso allí suele ser mas fuerte que la voluntad. A no ser que el decreto del cielo haya marcado á los mortales, aun antes de nacer.

La division inmensa de blancos y negros es completa; su separacion sin límites. No viven, como en Constantinopla cristianos y musulmanes, en distintos barrios; pero, consiste esto en que los unos son los servidores de los otros, y donde vive el señor vive, á sus pies, el esclavo. Pero, nada los une sino el corazon; ningun otro lazo tienen sino el cariño; pero, en honor de unos y otros, es preciso confesar que este lazo rara vez se rompe ni relaja. Por opulento, por sábio, por virtuoso que sea el hombre de color, es siempre allí, menos en el estado social, que el blanco. Las leyes son protectoras de ambos; pero, entre el primer negro y el último blanco, hay una barrera que nadie puede jamas saltar. Iguales nunca. El bautismo de la servidumbre puede borrarse en la frente del africano; el de la dependencia y humillacion, jamas. La riqueza, el saber y las virtudes del negro, del mulato, pueden hacer que el hombre de raza europea no lo oprima; pero, que lo iguale á sí, es imposible. Y aunque el incomprensible dé la fuerza muscular y no pocas veces la intelectual el negro, la moral es siempre del blanco. Este le concede proteccion siempre, cariño no pocas veces, amistad nunca. Porque la amistad no puede existir sin la igualdad, y como los reyes no tienen nunca amigos, los esclavos tampoco.

Pero, dominando estas dos marcadas divisiones, se ofrece en la Habana una figura colosal. Superior á todos, por la fuerza de la obediencia, su poder es único, entero, aterrador. No es el del rey moderno, cercenado de dia en dia, combatido por los delegados del pueblo, y por la sabiduria de las leyes. No es el del rey antiguo, sujeto algun tanto por la invencible opinion, y por la sagrada ley de la costumbre, dominado por la terrible responsabilidad mundana. Es mas; es un hombre que, por poco que sea entendido y astuto, manda casi sin odiosidad. Opulento proconsul de una Roma caida, domina sin ser dominado; los tesoros de sus gobernados, la ignorancia de sus gobernantes le da un poder real, omnimodo, despótico; al propio tiempo que la ley del vasallage le favorece en sus desmanes. El bien hace entender que de èl ha nacido; el mal, de su metropoli. Un célebre tirano moderno solia decir que solo dos modos de gobierno despótico conocia en el mundo: ò demasiadas leyes ó ninguna. En la Habana, por un estraño sistema de administracion, hállanse los dos medios de gobierno referidos. Hay la interminable incomprensible legislacion española, que nadie sabe donde empieza, ni conoce donde acaba, y al propio tiempo hay la suprema ley del interes público que las hace callar todas y da poder completo á la voluntad de uno solo.

Tal es el capitan general de la isla de Cuba, tal su autoridad, tal su inmenso poderio.

La distancia abulta los errores y la astucia los engruesa amenudo igualmente. Asi que, la rica presa hace idear al gobernador y da que temer á la metrópoli. Aquel amenaza la pérdida, y esta tiembla, al recordar los millones que cada año recibe de su hija. Este flujo y reflujo de miseria y miedo sostienen el eterno sistema de poderio y altaneria de los supremos gefes españoles de Ultramar.

Antes que ellos, nadie; su brillo eclipsa el de todos; su fuerza destruye la de los demas, y la combinacion de tantas cualidades reunidas los coloca en un lugar especial y único. El prestigio de la autoridad es inmenso, entre los hombres nuevos. El aparato esterior arranca la admiracion de los pueblos nacientes. Así, ¿quién no obedece posternado á aquel que puede destruir su fortuna y bien estar? ¿Dónde está el fuerte y virtuoso que se suicida por huir á la tiranía?.

Sin embargo, descendiendo de estas ideas que no pocos creerán metafísicas y que son, no obstante, de constante aplicacion, diré algo del sistema de vida de un capitan general. Este poderoso magistrado vive en el palacio que el gobierno le destina; retirado y abstraido en los negocios públicos, tan luego como llega á conocer su poder, se reviste de la gravedad cómica de un monarca, sin poder tener aquellos arranques de familiaridad protectora porque no es tan sólido ni afianzado su poderio. No visita á nadie, ni tiene amigos. Recibe con frialdad; habla mesuradamente y cree proteger cuando mira. Sus salones suelen estar casi siempre cerrados, su mesa poco concurrida. Los bailes, banquetes y reuniones en su palacio no son de costumbre, sea economía, sea desden.

Solo en besamanos ve á las personas importantes de la poblacion reunidas, y entonces él representa á las mil maravillas el papel del rey reinante. Circula grave por los salones, saluda graciosamente á los grandes, magestuosamente á los pequeños, mira á unos, dirige á otros una pregunta de que apenas espera la contestacion, y en suma, domina á los cortesanos que le rodean. En aquel momento yo supongo que el mas humilde se cree un rey feudatario, y no sé yo si alguno, nuevo duque de Osuna, teniendo á su lado una corona, no la colocaria en su cabeza y preguntara á los grandes que le rodeasen: ¿qué tal me está, señores? Juego inocente por cierto en la Habana, como lo fué en Nápoles.

En público un capitan general se distingue mas todavía. Su carruage no es igual al de los demás, su sencillez, tampoco. Preceden su coche soberbios batidores; siguele una escolta numerosa. Los transeuntes se detienen, quitanse el sombrero, saludan reverentemente

En el teatro su palco, distinto á los del público, en tamaño y adornos, tiene un sillon único. Nadie lo llena mas que él; tocarlo fuera una profanacion. No paga ni regala en los espectáculos públicos; admite, como en feudo, todos los obsequios y atenciones. Todos le citan y se glorian de un saludo suyo; ser visto á su lado, en un sitio público es inequívoco, signo de favor, es merecer la consideracion de todos.

Y no se entienda que es copiado este cuadro de la vida de tal ó cual gefe; no es el hombre, es la clase. Y asi como es el propio de un ministro español carecer de firmeza en su palabra, ó el de un portero ser insolente y altanero, asi los atributos de un capitan general de la isla de Cuba, atributos que recibe con la posesion del mando sin deliberacion, sin voluntad, son los marcados en las frases que preceden. No es sátira, es pintura; el que cree que hay cualidades inherentes á los destinos me entenderá mejor; el que conozca que es al pez el nadar, al ave el volar, y á tal empleo tal propiedad, conocerá que no hablo del hombre, sino de su posicion. El mismo individuo varia de atributos á medida que varía de destino en el mundo; prueba irrefragable de que por sí no es nada el mortal, sino solo una materia que recibe las formas que le dan.

Despues del capitan general, hay en la actualidad una persona que goza de inmenso influjo, tal vez mas positivo que el de aquel, sino tan brillante. Dúdase, si es debido á su alta posicion, si á su persona, si á la combinacion de ambas cosas. Yo soy de este último dictamen. Es este personage el señor Pinillos, conde de Villanueva, intendente de la Habana y superintendente de la hacienda pública en la isla. Su riqueza es casi fabulosa, su modesto modo de vivir, estraño. Fino en su conversacion, sagaz en su trato, entendido en su camino, la conducta de este ilustre americano es un enigma para el mundo entero. Sus obras llevan el sello de la inmortalidad; donde él pone la mano, el mundo pone la vista. Querer en él es obrar. La opinion está unánime en concederle superioridad, pero en cuanto á sus fines para el porvenir, propios y estraños estan divididos. Los españoles creenle gefe de un partido independiente; los americanos íntimamente unido por siempre á la causa de España. Todos le respetan y obedecen; él no da leyes sino indica su voluntad, y este medio suave le basta para dominar. Es bien de creer que en cualquier division en la isla, el partido á que él se incline tarde ó temprano triunfará Los artistas le deben proteccion, las arcas españolas un aumento considerable de riqueza; es dudoso por lo menos, si su pais le debe gravámen ó alivio en sus cargas. En suma, es el hombre mas importante y estraño de la isla; mereceria un tomo su solo estudio.

Es una escepcion, bien lo sé, el personage descrito en los anteriores periodos; pero una escepcion de gran tamaño, y da la medida de la mejor pasion que puede conquistar un hombre en la isla de Cuba, ayudado del viento de la fortuna, y servido por una capacidad no comun.

Aqui entramos naturalmente en el deslinde de las clases, y este estudio es sobrado importante para que no me detenga yo complacientemente en él, seguro de que materia tal escitará el interes de muchos y la curiosidad de todos.

Una clase numerosa de patricios ocupa el lugar mas distinguido, entre los moradores blancos. Protegidos por el nacimiento, por la fortuna y por la educacion, son estos nobles habaneros los verdaderos dominadores del pais. Su influjo es inmenso en todos aquellos asuntos en que el gobierno no interviene, que su poder suele terminar á las puertas de los altos funcionarios públicos. Sus progenitores, los hidalgos españoles, les dieron, con la sangre, ese orgullo, muchas veces provechoso, no siempre razonable. Acostumbrados, no obstante, á vivir, con escaso influjo, en un pais en que todo pende de la voluntad de los gefes, dominados tal vez por la necesidad de la conservacion de sus familias y fortunas cuantiosas, no tienen quizá toda la dignidad de su antigua raza, y son demasiado flexibles con los que ejecutan la ley, para ser un tanto orgullosos con los que en posicion y fortuna les son inferiores. Fuera de desear que, á la manera de los caballeros de nuestra buena edad, conservarán en igual distancia al que creen mas y al que creen menos, ó estuvieran tal vez mas cerca de este último. Pero, con raras escepciones, no sucede asi.

Los jóvenes de estas familias reciben, por lo general, buena educacion domèstica; pero no siempre igual social. Su entendimiento no está tan cultivado cual debiera; sus bellas disposiciones no tan bien aprovechadas cual fuera de desear. Escasean los medios de lograr tan saludables fines. Los colegios no abundan, y estos no estan al nivel de los adelantos del mundo. La regia universidad está en un atraso incomprensible, y reservo para otro sitio el exámen del vicioso método de enseñanza que en ella se sigue, y del régimen ridículo que se observa. Basta recordar que está gobernada *forzosamente* por frailes!! Así, de ese hermoso plantel de juventud, no se puede sacar sino resultados pobres. La educacíon no utiliza tan feliz naturaleza. Algunos padres envian á sus hijos á recibir enseñanza á los vecinos Estados-Unidos, y es doloroso decirlo, son los que tal vez mas yerran. En efecto, se comprende fácilmente cómo personas destinadas á vivir en un pais regido bajo un poder militar, no deben aprender instituciones democráticas en distintos Estados. Su infelicidad sigue naturalmente á la comparacion. Donde los medios de discutir estan abiertos, debe el jóven viajar, donde ei hombre no es ciudadano, no debe conocer estraños gobiernos.

Las jóvenes de esta clase elevada son generalmente puras en sus costumbres, nobles en su porte, y educadas al igual que las mas adelantadas de España. No suelen tener educacion literaria, ni entender mucho de esas artes de adorar que tanto embellecen la hermosura; pero, se dedican, con sumo ahinco é inteligencia, á las labores delicadas, á primores femeninos. En esto esceden á todas las bellas del mundo, y sus bordados son la admiracion de las personas de gusto. Su inteligencia suele ser muy activa, y sus pasiones vehementes; pero las corrige estraordinariamente la educacion. Algo tímidas, con las personas que conocen escasamente, son francas y leales amigas de aquellos que les han inspirado confianza. En suma, yo conozco pocas personas en el mundo que se puedan comparar en su trato, nobleza y dignidad á las señoras de la buena clase habanera, y por una estraña y feliz casualidad, no es en ella en donde mas escasea la hermosura.

La riqueza de esta clase noble es grande y célebre ya en el mundo; pero, merece la esplicacion mas detenida. La agricultura es el medio de fortuna mas general, y la agricultura es de género tal, que con dificultad la entenderá un propietario europeo. Sin embargo, en los párrafos destinados al estudio de este ramo, procuraré dar una idea detallada de él. Baste por ahora saber que los nobles alli son ricos, y los ricos agricultores, y los agricultores hombres mas que medianamente ocupados. Que la estacion de la cosecha, que es el invierno, viven en sus *ingenios*, y solo de vez en cuando se les ve en aquella estacion en la capital. España renaceria de sus cenizas si nuestros poderosos grandes siguiesen este ejemplo, y se nivelasen á los que creemos indolentes cubanos, y que en verdad son los mas activos de cuantos hablan el idioma español.

La opulencia es otro de los distintivos de esta clase. Su mesa es rica y concurrida; sus carruages son muchos y vistosos, sus criados numerosos, su liberalidad sin límites.

A esta clase pertenecen las distinguidas familias de Calvo, Chacon, Montalvo, O'Reilly, O'farril, Herrera, Cárdenas, Castillo, Pedroso, Peñalver y algunas otras. Generalmente las relaciones de parentesco, entre ellas, son raras é intrincadas. Porque suelen enlazarse demasiado unas con otras, lo cual, si no es en desventaja de los linages, trae los inconvenientes que todo el mundo conoce.

Yo me honro con la amistad de muchos de

los individuos de estas casas, y de algunos hablaré en otros párrafos.

Los demas blancos se dividen en dos clases: rícos y pobres. Hospitalarios en elvado grado aquellos, y poco numerosos estos. En general se puede decir de la Habana que todo el que es pobre merece serlo, porque mil son los medios de hacer fortuna, y numerosos los protectores que encuentra todo jóven honrado que desea un adelanto en su fortuna.

La diferencia entre esta clase rica y la de patricios que hemos descrito, consiste en que una y otra sale poco de su círculo. Nótase esto especialmente entre las mugeres que jamas se rozan, porque existe algun orgullo mal entendido entre las señoras de alto rango, en perjuício de la sociabilidad y trato. Imagino yo que consiste en esto especialmente la falta de reuniones que se advierte en la Habana, porque la rivalidad engendra el lujo, y el lujo engendra la destruccion del trato, poco frecuente entre el sexo femenino.

En los jóvenes hay menos separacion: las aulas públicas los reunen, y los cargos públicos suelen mezclarlos. Se puede asegurar que todo hombre que sobresale, en alguno de los ramos del entendimiento, sale, por decirlo asi, de la esfera de su clase, y pertenece á la masa general de personas inteligentes. Esto, que jamas sucede con el bello sexo, es dicha que suceda con los hombres. El buen abogado, el literato distinguido, es alli, como en todas partes, el festejado de todas las clases.

Los pobres blancos son por lo general comensales de los ricos; y asi rara vez les escasean los medios de vivir, si quieren ocuparse. Pertenecen á esta clase los *guagiros*, ú hombres del campo de que nos ocuparémos con placer.

Aqui concluye la clase blanca en sus grandes divisiones, porque cada una de estas tiene luego otras infinitas, y los comerciantes, y curiales especialmente, ocupan varias divisiones y subdivisiones; pero, fuera interminable no dejarlas para los ramos especiales.

Sin embargo, es este el sitio de apuntar una triste division. Unida y compacta la clase blanca con respecto á la raza africana, separada ligeramente por tres grandes clases, nobles, ricos y pobres, está dividida toda en su total por dos grandes fracciones: peninsulares y americanos. Quien quiera que haya contribuido á fomentar este inmenso mal, maldito sea!.. Y que este mal existe, es fuerza decirlo. Cualquiera que sea la opinion política de un español, liberal ó no, llegando alli, forma causa comun con los suyos, y no pocas veces contraviene á sus principios generales. Una triste prevencion le separa de los americanos, y estos, en dolorosa represalia, de dia en dia, desatan los vínculos de amistad que los unen á España. Los lazos de la obediencia no han sido todavía relajados. ¡Dichosos ambos paises si, sobreponiéndose á mezquinas pasiones, saben de nuevo unirse y borrar odiosas denominaciones, con la generosidad y justicia de España! Unos y otros, los de Ultramar y peninsulares, somos hijos de los mismos padres, y debemos á las cenizas de estos el deponer los resentimientos, y amarnos. Será esto franca y lealmente el dia que reconozca el gobierne de la metrópoli que unos y otros estamos hábiles para obtener los mismos empleos, y no cierre á los cubanos la puerta á los destinos, que, es una ambicion justa en personas dignas de servir á su patria.

Las clases de color son numerosas; pero, la de sangre española y africana mezcladas es la mejor. Por lo regular en estos hombres bullen el genio y la inspiracion. Raro, muy raro, es el mulato torpe. Generalmente la agudeza suya y lo florido de la imaginacion los predispone favorablemente para las bellas artes y las letras. Cuéntanse, entre ellos, muchos improvisadores, muchísimos músicos.

Los negros de la ciudad se dividen entre esclavos y libres. Distintos de los infelices del campo, suelen ser muy propios para las artes y oficios. Leales hasta el estremo, nada hay que temer de ellos. Los libres no obstante causan mucha inquietud, y no faltan personas que vean como un objeto de conveniencia la esclusion de la isla de estos desgraciados. En mi sentimiento no puede caber el que se prive de su patria al hombre laborioso que sabe adquirir su libertad y romper su cadena. Nada me parece mas brutal que esta ley, aunque exista en muchos estados de la república americana del Norte.

Los criados de las buenas casas, esclavos de la ciudad, son casi felices; generalmente son escasas sus faenas, y su recompensa, en cariño, alimentos y ropa, crecida. Pero, ¡ay del infeliz que trabaja sin cesar para vivir y pagar un tributo crecido á su señor!!.. Es esta una especulacion muy esparcida. Muchos blancos compran negros, como pudieran mulas. Les enseñan un oficio y los dejan libres de ejercerlo siempre que diariamente traigan á su amo tal cantidad. El infeliz esclavo no falta jamás á su deber; pero ¡cuánto pierde en comodidades que sus manos le grangearan!! Una sola reflexion consuela; estos negros suelen ser bien tratados, y si desean activamente la libertad, en corto número de años, la rescatan.

Menos felices sus hermanos en los campos, rara vez consiguen tamaño fruto á sus faenas. ¡Triste plaga de la isla opulenta cuyo fin nadie se atreve á preveer, ni casi á desear!!

XII.

Cuando aun escasamente conocia yo lo material del pais, y eran aun tan solo conocidos mios los que tuve luego la fortuna de que fuesen mis amigos, una mañana temprano, llegó uno á buscarme y me propuso un paseo á un *ingenio*, ó finca de azucar. Ya conocia yo sobrado, por esperiencia, la hospitalidad americana, para titubear un instante en aceptar semejante ofrecimiento, pues, sé que para los corazones nuevos de nuestros hermanos, la hospitalidad no es todavia un deber, sino una satisfaccion. Acepté por lo tanto, y antes de las ocho de la mañana, mi amable amigo y yo, estábamos á media hora de la Habana, en Garsini, en el establecimiento de los carros de vapor. Allí supe, con dolor cuanto en otro párrafo he dicho con respecto á los inconvenientes opuestos á que el camino de hierro se estendiese hasta las puertas de la Habana, inconveniente que dichosamente ha desaparecido.

Es uno solo el carril construido y uno solo el tren que diariamente sale de la Habana para Güines. El cual sale ahora del primer punto á las siete, descansa algo en el segundo, y está de regreso antes de las dos de la tarde. La distancia es de 44 millas. Los carruages que componen el tren son pesadísimos coches ingleses, forrados de mullidos almohadones, lo cual no solo es inconveniente, sino que es contrario al clima para que se quieren adoptar. Me parecieron en muy mal estado, y el hermoso camino no muy cuidado. Consistia aquello, a lo que luego entendí, en que por entonces se trataba de la venta del ferro carril por la junta de fomento, su constructora, y bien conocido es cuanto entibia el celo la seguridad de la ganancia y el tèrmino de un bien.

Nuestra escursion por entonces no se estendia mas que á la mitad del camino. Ibamos á San Felipe para, de allí, dirigírnos á la Sonora.

Emprendimos la marcha á las ocho en punto. Desde luego noté menor velocidad que la que otras veces habia esperimentado en Inglaterra. Apenas andábamos cuatro leguas españolas por hora; pero, se me esplicó que las máquinas eran susceptibles de dar velocidad mayor. Al salir de la Habana, admiré desde luego, sus magníficas cercanías. Las magníficas quintas que por aquellos campos se ven, escitaban la curiosidad del viagero. La del Conde de Villanueva, que es en el dia superintendente general de Hacienda, y la persona mas influyente y poderosa de su pais, llama la atencion. Una elegantísima casa, construida bajo un sistema correcto y rico, estensos jardines, con estraños árboles, con flores, fuentes y estatuas soberbias, verjas de hierro y bronce, todo está ordenado para aumentar el recreo. No lejos de esta hállase situada la del conde de la Fernandina, de la cual se pueden hacer los mismos elogios. La del conde de Santovenia, cuya casa es todavía con su pórtico griego, mas suntuosa y elegante. A la izquierda ofrécese á la vista la del conde de Casa Lombillo, y de todas maravilla y encanta la blancura de las casas, lo verde de los campos. A pesar mio me asaltó un recuerdo entonces de mi patria, y á mi imaginacion vinieron los prosaicos alrededores de Madrid, esos mis ricos compatriotas que

gastan en toros y caballos sus caudales, sin
que apenas uno de ellos tenga inmediato á
la capital un sitio de recreo, para bañarse
en los ardores del verano. Recordé la opulencia antigua de nuestra grandeza, y la oscuridad en que vive, cerrados sus estensos
salones, empolvados sus antiguos cuadros
y empañados sus anchos cristales. Y no
pude menos de tener por entonces lástima
de los pueblos viejos, como tan amenudo
la tengo de los pueblos nuevos!

Vi entonces una riquísima vegetacion,
campos sembrados de hermosas piñas, que
con sus doradas hojas, estendidas, simétri-
cas, como las del *Sagú*, forman una reducida, pero elegante taza. Ví los plátanos aban-
donados, sin simetria, con sus anchas hojas tendidas al acaso, ciertos de dominar por
la riqueza de su esquisito y útil fruto. Vi los
bastardos cocoteros, que son el camello de
los vegetales, torcidos, encorbados, pero
útiles por su pesada y dura fruta. Vi los campos cubiertos de esa bienhechora verde caña
que cuando la brisa suavemente la abate, in-
clina su frente murmurando dulcemente. Vi
por fin la erguida altanera palma, tan rica en
hermosura, como en utilidad. Y en suma,
cuanto vi por aquellos sitios sobre la tierra, todo llevaba en sí el germen de una felicidad y abundancia regalada. Todo cuanto
nace sin cuidado, como la palma silvestre

que mano ninguna plantó, hasta la delicada planta del tabaco, todo allí es útil, todo casi necesario.

Busqué en vano ese clima ardiente en el cual suponemos los europeos que llueve fuego; una brisa benigna y consoladora refrescaba mi frente y recordé, apesar mio, ese cielo risueño y bienhechor de Lima, bajo el que siempre reina una eterna primavera. Entonces conocí cuán torpemente calumniamos los pueblos, unos á otros, y perdoné á Montesquieu y á Dickens, el haber calumniado á un pueblo que no les era conocido. Entonces me cercioré de que los viages deben entrar en la educacion de los hombres destinados á las carreras del gobierno, porque á menudo son absurdas las leyes, cuando es ignorante del pueblo para que las dicta el legislador. Y me lastimé de ver cuán absurda idea tiene Europa de esa rica y jóven América que un dia ha de dominar al mundo. Porque, si el sol luce en el antiguo continente, cuando el nuevo, aun no ha despertado; el sol hace todavia en el nuevo, cuando el viejo duerme ya. Asi el crepúsculo de la mañana es nuestro, el de la tarde, suyo.

Engolfado en estas y otras ilusiones que llevan el sello del cosmopolitismo, detúvose el tren conducido por el vapor, en el sitio llamado de San Felipe. Esperábamos alli un ligero carruage, y quince minutos despues, estábamos ya en el ingenio de la Sonora.

Mucho interés ofreció para mí el estudio de aquella posesion, lo uno por ser la primera que en aquel pais veía yo, lo otro por ser naciente, y lo otro por la actividad de su poseedor, el señor Mantilla, mi amigo.

La casa no es grande, pero es còmoda; el sistema de fabricacion no es moderno, no se hace por medio del vapor, pero es rico y bien entendido, y la laboriosidad y celo, es sin igual. Rompíase aquel dia la molienda, y presencié, por lo tanto, aquella sencilla, pero solemne operacion. A la primer caña colocada en el cilindro, los negritos conductores y acompañantes de los bueyes, empezaron un monotono, pero tan continuado canto, que no cesa sino cuando cesa la molienda que es algunas horas cada semana.

En este capítulo no relato yo el sistema de moler, ni describo todavia el ingenio, sino que doy cuenta de mis primeras impresiones.

Eramos á lo mas diez blancos, en aquel establecimiento que tenia mas de doscientos negros, y sin duda era yo el único de aquellos que me consideraba como navegando en piélago proceloso. Tantas y tan terribles consejas nos han contado de ese odio de los africanos, tanto nos han asustado con los horrores de Haiti, que, entre ellos, el hombre nuevo, cree un favor del cielo su conservacion. Mas tarde cuando conoce la sencillez y aislamiento de los esclavos, el blanco vive entre ellos, mas seguro que entre blancos de igual escasa educacion. Pero, la primera noche que un europeo pasa en un ingenio de Cuba no duerme; sea el canto no interrumpido de los negros, sea el recuerdo de la desnudez de estos infelices, sea la compasion á los trabajos ciertos y supuestos que sufren, sea en fin cualquier otra circunstancia, es lo cierto que el sueño huye de todos los párpados, como huyó de los mios.

En esta finca empecé á conocer la fabricacion del azucar y el sistema de agricultura del pais, cuyos conocimientos perfeccioné, no poco, mas tarde, y de los cuales me valdré en este libro. Alli ví igualmente un cuadrante colocado por el célebre Humbold sobre el cual medité mucho, y mucho meditarán los venideros visitadores del bello ingenio.

Me retiré al siguiente dia muy satisfecho de la hospitalidad del señor Mantilla, y admirado de los adelantos en su fortuna, debidos á una laboriosidad y á un amor á sus hijos que no tiene límites.

ISLA DE CUBA PINTORESCA.

YGLESIA Y CONVENTO DE BELEN (HABANA).

Iglesia y convento de Belén (Habana).
Fuente: J. M. de Andueza, *Isla de Cuba pintoresca, histórica, política, literaria, mercantil e industrial*. Madrid, Boix, Editor, 1841.

XIII

Tristemente sorprendido me llevaba una observacion hecha en la finca que acababa de visitar. Era esta el haber visto bordadas en los jardines con el mayor esmero, las insignias de las órdenes militares; el saber igualmente que el dueño de todo aquello habia gastado no pocos miles de pesos en obtener honores y condecoraciones de España. Pareciame esto estraño en un sugeto tan recomendable que podia fundar su orgullo mayor en haber hecho de las ruinas de una fortuna, una fortuna nueva para sus numerosos hijos. Que se sacrificaba á vivir largas temporadas en el campo para velar por sus intereses y los de su familia. Que presidia y dirijia los trabajos de la agricultura y fabricacion, y en suma que razonaba con despejo sobre los hechos constantes del mundo. No podia yo conciliar el despilfarro de varios miles de pesos gastados en llamarse *escelencia*, llevar una llave de oro en la cartera del frac, una cruz encarnada en el paño que cubre el corazon, y la bien entendida economia de un padre de familia. No me esplicaba por qué aquel digno cubano no era ó un loco gastador, ó un hombre celoso de la fortuna de sus hijos. En suma, habia alli algo oculto que deseaba yo descubrir. ¿Cómo podia yo entender que un hombre de razon sacrificase su existencia al trabajo, para dividir su fruto entre sus hijos, lo mas sagrado de la vida, y las venales cintas, lo mas estúpido de lo imaginado por los pueriles hombres?= Si el señor Mantilla fuese un loco mozalvete, disipador y ambicioso de las glorias mundanas, y viviese en un pais desconocido, y quisiera abrirse las puertas de la sociedad!... Pero ¿quién vive en su pais y pertenece á su mejor clase, quién se afana por el cultivo de sus tierras, por el aumento de su valor, quién se priva de casi todo trato de gentes por el bienestar de su descendencia!... En fin, yo me confundia en equivocados cálculos, y me perdia conocidamente en el laberinto de mis congeturas.

Deseoso de que esta circunstancia no entibiase el aprecio que me inspiraba el señor Mantilla, me atreví á pedir la esplicacion de todo aquello á mi complaciente compañero, hombre ilustrado, y de ideas generosas y nobles.=El cual hé aqui lo que me contestó.

-Si es debilidad americana ò necesidad el amor á las cintas, Dios lo sabe.—Pero, el que vive en un pais cuyas autoridades hablan á sus gobernados con mas altanería que un señor á su esclavo, quien, á pesar de su posicion, de su riqueza, de su honradez, necesita una distincion para que sea escuchado de un hombre nuevo que á nadie conoce, y que, sin embargo, á todos manda, si lo solicita, si gasta dinero en obtenerlo, y lo obtiene por la corrupcion de la corte, yo no sé si merece elogio ó vituperio.

Nada mas me dijo, pero me aconsejó estudiase la organizacion del país, y fallase en mi concíencia tan ardua causa, que examinare las antesalas de los generales y gefes que mandan la isla, y viese si eran atendidas ó no las distinciones.

Pocos dias despues visité al capitan general, y noté que, desde las escaleras de su palacio, los centinelas me mandaron quitar el sombrero, que solo en el templo se entra con tanto respeto, como en el sitio donde estan aquellos elevados funcionarios; y, desde entonces, disculpo algun tanto á los que, como el señor Mantilla, gastan la fortuna de una familia en adquirir condecoraciones, dadas ya al dinero, no al mèrito.

XIV.

Una de las tardes del pasado invierno, suaves, misteriosas, como todas las de esta estacion, en la Habana, uno de mis amigos, el distinguido general marques de San Felipe y Santiago, me invitó á visitar algunos de los establecimientos públicos de su opulenta capital. Era esto mi deseo, y aproveché tal ocasion para poder dar mas facilmente datos interesantes acerca de los sitios que visitase.

Salimos por la puerta de la Punta, y á nuestra derecha las verdes olas del mar llevaban, en su líquido lomo, las frágiles embarcaciones que de vecinos lugares venian.

A distancia, divisábase el denegrido torreon de San Lázaro, no lejano á la costa, que se elevaba sombrío, en risueños lugares. Cercano vimos el hospital de Lazarinos, la casa de dementes, y el carruage se detuvo á la puerta esterior del campo santo.

Haré gracia al lector de las mil reflexiones filosóficas que acuden, en tropel, á la mente menos exaltada, en tan tristes y aterradores sítios. Me sobrecogieron las ideas que á todos oprimen al acercarse á la mansion de la muerte, pero, templadas algun tanto, por la hermosura de los árboles y monumentos que me rodeaban.

Examinada, desde dentro, es la portada abierta totalmente, formando tres luces divididas por dos pilastras sencillas, con su pritel y cornisa, y cúbrela una regular azotea. Consta el frente esterior de cuatro pilastras de orden toscano con ático encima; es la puerta un arco de medio punto elevado en el atrio, y acompañado de dos arcos rectos balaustrados. Contiene la imposta del arco central, tres lápidas unidas; en la parte superior de la que ocupa el centro, está grabada y dorada esta inscripcion sencilla y noble: *A la religion. A la salud pública* MDCCCV. En la parte inferior colateral de la derecha: *el marques de Someruelos, gobernador*; y en el mismo parage de la otra: *Juan Espada, obispo*.

En la luz del arco superior hállase colocado un grupo bronceado que representa el Tiempo y la Eternidad; tiene esta en la mano una serpiente enroscada. La otra figura está apagando una antorcha. En medio de entrambas figuras hay un vaso de perfumes.

A la derecha de la puerta se ve pintada la Religion con sus atributos respectivos; y á la izquierda la Medicina, de igual modo. Remata el átrio con dos macetas de San Miguel, colocadas en las estremidades de su cornisa. Tiene la portada diez varas.

En efecto, el distinguidísimo prelado Espada, fué el que, aun antes de que el gobierno tomase mano en la construccion de cementerios, despreocupado y verdaderamente filántropo, ideó la construccion del campo santo de la Habana. Dióse principio á la obra en 1804, y en enero de 1806 estaba ya acabada y útil. El nombre del capitan general de la época se puso allí, sin duda porque no presentó ostáculos á tan útil construccion, que bajo cierta forma de gobierno, es hacer bien el no hacer mal. La total obra del cementerio tuvo de costo 46 868 pesos fuertes; de ellos 22.220, fueron ofrenda del bolsillo particular del obispo; los restantes fondos se suministraron, con calidad de reintegro, de los de fábrica de la catedral. Por manera, que esta utilísima obra, tan conforme al espíritu cristiano y tan conveniente á la salubridad pública, fué ideada y construida por ministros del altar. Honor á ellos cuando se ocuparon en dar egemplo á un gobierno mezquino!

El cementerio es un cuadrilongo de ciento y cincuenta varas norte sur y ciento de Oriente á Occidente. Su superficie total es de 22.000 varas planas, inclusos los átrios con capacidad dentro para 4,600 sepulturas. Está cercado de una pared de mampostería mista, con caballete de sillería labrada. Obsérvase en lo interior pintado un feston de cipreses sobre fondo amarillo jaspeado.

Ocupa el átrio todo lo ancho del cementerio y cuarenta varas de largo. Adornan su entrada y ángulos seis pequeñas columnas. En él hay plantados naranjos, cipreses y hiervas aromáticas, como asi mismo en el terreno interior inmediato á la cerca. Una huerta y jardin con su paseo, formado al frente del cementerio, dádiva del escelente obispo, hermosean aquel lugar de muerte.

Forman este dos calles enlosadas que dividen el terreno en cuatro cuadros iguales, rodeados de enrejados de hierro, con perillas y barrotes de bronce dorado. Están enlosadas con una piedra color de pizarra, sólida y tersa, conocida con el nombre de San Miguel por el sitio de donde se saca. Una de ellas se dirige desde la puerta principal á la capilla, y la otra tiene en sus estremidades dos pirámides del mismo color que los obeliscos.

En los cuatro ángulos se eleva igual número de obeliscos imitando el jaspe negro con esta inscripcion: *Exultabunt ossa humiliata.* Corresponde esta á los osarios construidos en los mismos ángulos en forma de pozos.

La capilla está colocada en el centro, tiene un pórtico de cuatro columnas aisladas y el frontispicio abierto de un arco de medio punto, adornado con estas inscripciones: *Ecce nunc in pulvere dormiam. Job VI. Et ego resuscitabo eum in novissimo die. Joan VII.* Las letras de estas inscripciones son de bronce dorado. Una cruz de sillería se eleva encima. El pórtico y toda la parte esterior del edificio está pintada de amarillo bajo, jaspeado de negro.

El altar único está aislado, y es de una sola losa de San Miguel; tiene la forma de un túmulo; su grada es de la misma piedra, y sobre ella hay un crucifijo de marfil en una cruz de ébano colocada en una peña. En el centro del frontal tiene grabada y dorada una cruz de aureola y á los lados dos pilastras tambien doradas.

La tarima y solería de la capilla y pórtico son de la misma piedra; la puerta es de balaustres y encima de ella se ve esta inscripcion: *Beati mortui qui in domino moriuntur; opera eum illorum sequuntur illos. Apoc.*

Dia y noche está encendida una lámpara frente al altar.

Detras de este, está pintada al fresco la resurreccion de los muertos, y encima un ángel con una trompeta diciéndoles: *surgite mortui et venite in judicium*. Del lado derecho salen varios predestinados alegres de su sepulcro, y del izquierdo los réprobos horrorizados como queriendo volver á sus tumbas; en el fondo divísanse otros muchos cadáveres, reanimándose y saliendo de los sepulcros del mismo cementerio figurado en la pintura. Encima de la puerta y de las dos ventanas de los costados, están pintadas las virtudes teologales: fe, esperanza y caridad.

Lo restante de la capilla ocúpanlo diez y seis pilares blancos con adornos dorados. Entre estos vénse ocho matronas aflijidas con los ojos vendados y un vaso en las manos. Estas figuras son todas blancas sobre un fondo negro.

Siguiendo nuestras estrañas costumbres, no se ven en el cementerio, soberbios mausoleos ni monumentos que perpetúen la memoria de los poderosos del mundo. Una sencillez, verdaderamente cristiana si bien no muy amorosa, se nota en aquellas humildes sepulturas. Ninguna se levanta del suelo, y consisten todas en lápidas de mármol, con escudos de armas y nombres. Cada lápida encubre los cadáveres de toda una familia.

Admira que, siendo tal el orgullo de los gefes de la isla, permitan que exista alli una lápida, con una inscripcion tan noble y sencilla como esta. *Para los presidentes gobernadores.* Otras hay no tan hermosas en su sencillez. *Para los generales de las reales armas. Para los beneméritos del Estado. Para los magistrados. Para los obispos. Para las dignidades eclesiásticas.*

Realmente una idea sublime pudo solo inspirar tanta sencillez Es verdaderamente cristiana la idea del señor Espada. Recordar servicios, virtudes y no nombres es un pensamiento grande. No es dichosamente el único que ha tenido este prelado insigne.

Los cadáveres enterrados en este cementerio, desde su establecimiento en 2 de febrero de 1806, hasta 31 de diciembre de 1832, asciende á 104,870. En el año de 1833, época fatal del cólera, se enterraron 11,596. Los tres años siguientes algo mas de cinco mil cada uno, y los de 37 y 38, poco mas de cuatro mil, notándose que disminuye todos los años considerablemente la mortandad. El total de cadáveres enterrados hasta el dia se calcula en ciento cincuenta mil, en los veinte y cuatro años que lleva de fundacion. No asciende alli á tanto la poblacion de los vivos.

De este sitio lúgubre, nos dirigimos á la casa de Beneficencia, en donde el alma descansa dulcemente, considerando los beneficios que á los desgraciados presta una bien entendida filantropía.

El marques de San Felipe y Santiago á quien yo acompañaba, es uno de los individuos de la junta que dirige este establecimiento, y como tal bienhechor de la casa por muchos miles de pesos, le fué permitido el enseñarme el edificio, y enterarme de los pormenores de su gobierno interior y hacienda.

El local es espacioso y cómodo. Está situado en el sitio mas sano de la ciudad. Está dividido en dos cuerpos; ocupan el inferior los niños, y las niñas viven en el superior. Estas estan bajo la direccion de una maestra francesa que me pareció inteligente y celosa de la felicidad de sus *hijas*, pues que ella se considera, en los cuidados, como madre de todas.

Admítense en aquella casa niñas infelices menores de diez años, las cuales reciben hasta los diez y seis, enseñanza en los ramos de leer, escribir y contar, costuras y bordados. Desde aquella edad hasta la de 21 en que deben salir, se ocupan en las faenas de la casa. Al salir ya para casa de sus parientes, ya para las de sus maridos, reciben en dote quinientos duros.

El número de niñas es de 80 generalmente; el año de 1838 han entrado seis, salido noventa, y quedaron existentes ochenta.

Los niños son educados en las primeras letras, y en varios artes y oficios. Está calculado todo de modo tal, que un niño que entre en el establecimiento con disposiciones medianas, puede adquirir conocimientos tales que á la edad de 21 años que queda en libertad completa, sepa bien un oficio y posea un capital en dinero de mil pesos fuertes. Y es preciso decir que, á pesar de tantas ventajas, el número de infelices no escede de sesenta. La junta se alegra por cierto de que escaseen tanto los desgraciados; pero daria con gusto instruccion á mayor número.

A cargo de esta misma corporacion, corren dos establecimientos de dementes, uno para hombres, otro para mugeres. El primero está en distinto local, y está bien ventilado y arreglado.

El otro está en el mismo local de los niños; pero da lástima hasta hablar de él. Inmundas celdas peores que las destinadas en cualquier parte á las fieras, encierran á estas tristes estraviadas. El número de estas escederia poco de treinta. El de los hombres dementes es infinitamente mas considerable, y es doloroso advertir que se nota de año en año un aumento considerable en esta clase.

Todos estos establecimientos, incluso el de pobres, estan sostenidos por los fondos generales de la casa. Suelen estos ascender á sesenta mil pesos anuales, consistiendo en censos de capitales impuestos, alquileres de casas, de una asignacion sobre las hárinas y villares, de dietas que paga el ayuntamiento por los dementes, y finalmente de limosnas. Hay siempre un sobrante considerable, de algunos años á esta parte.

En la caja de dotes suelen existir siempre de doce á catorce mil duros.

Hay que añadir á las cantidades indicadas mas de sesenta mil duros de créditos.

El número total de personas que sostenia este establecimiento, á fines del año último, asciende á 400.

Pero, seria de desear que aquellas infelices niñas estuviesen mas atendidas en la ropa; aunque en los estados aparecen depósitos de todo en los almacenes, sea descuido ó falta de celo es el caso que aquellas desgraciadas carecen amenudo de las prendas mas necesarias para su uso diario. Tampoco fuera malo que se estendiese algo mas la enseñanza, y que se construyese un local decente para las dementes. La riqueza del establecimiento debe servir á la comodidad de las personas que ampara, no á figurar en lucidos estados.

Triste fué aquella tarde para mí, porque me recordó tantas aflicciones; pero, tuvo alguna dulzura, mostrándome que hay alguna escasa chispa de generosidad en los mortales.

VISTA DEL PALACIO DE GOBIERNO Y PARTE DE LA PLAZA DE ARMAS (HABANA.)

Vista del Palacio de Gobierno y parte
de la Plaza de Armas (Habana).
Fuente: José García de Arboleya, *Manual de la isla de Cuba.
Compendio de su historia, geografía, estadística y administración*. 2ª ed.
Habana, Imprenta del Gobierno y Capitanía General por S.M., 1852.

XV

Una de aquellas tardes dichosas en que no punzan el ánimo apacible los impetuosos y estraños deseos, en que la sangre circula dulce y sosegadamente por las venas; y por fin en que las inspiraciones, sino brillantes, son por lo menos agradables, paseábame yo, solo y meditabundo, bajo los jóvenes hermosos árboles que de un lado y otro adornan el paseo de Tacon. La profunda cavilacion no lograba apoderarse de mí, por mas que luchase en aquel momento con la alegría y apacibilidad de mi alma. La juventud, la virginidad de cuanto me cercaba, tierra, hombres y costumbres, todo daba un alimento suave á mi imaginacion, y es uno de los momentos que recuerdo menos infelíces de mi vida azarosa.

En este agradable estado dí uno y varios paseos por aquellas calles de árboles tan solitarios y melancólicos, sin que mi vista ni mi paso tropezase con esa infinita turba de desconocidos que acuden en la vieja Europa á todos los sitios públicos. Y aquella soledad que otras veces habia yo encontrado contraria á la civilizacion de un pueblo, pareciome entonces acomodada al carácter de hombres felices. Porque, en efecto, dichosos los seres que, en lo mas profundo del hogar doméstico, tienen los elementos todos de placer, y que no han menester salir á criticar agenas faltas para templar su tedio!

En aquel momento, divisé á un hombre estraño, sentado á bastante distancia, en un banco de piedra. Su trage era pobre, pero limpio; su rostro no era hermoso, pero su frente revelaba inspiracion. Su cabello desordenado, sus ojos brillantes, y sus labios cárdenos. Dudábase, á su color, si corria por sus venas alguna gota de sangre africana; pero, lo que no revelaba su color, revelábalo el corte de su cara, marcadamente oriental. Parecia jóven. En el momento aquel tenia un libro abierto en las manos; sus ojos clavados en sus páginas, parecian querer absorver los pensamientos alli encerrados. En suma, era un jóven entusiasta embebido en una lectura misteriosa.

Un pensamiento de estrema curiosidad é interes detuvo mi paso enfrente del desconocido. Este ni reparó en mí. Yo, no obstante, seguí el giro profundo y violento de sus miradas; pero, en vano intenté leer en aquella frente el pensamiento que detras se encerraba. Solo si me pareció descubrir que algo místerioso, sobrenatural, entretenia aquella imaginacion volcánica.

Pocos minutos pasé en esta contemplacion y estudio, cuando el jóven cubriéndose los ojos con el libro, lanzó un ligero grito, y esclamó: *horror, horror!* Yo no sé qué estraño poder tiene esta palabra sobre mí. Sea un recuerdo de Shakspeare, sea otro motivo que yo ignore, es lo cierto que no puedo oir á uno decir: *horror*, sin que una sensacion fuerte y desagradable se apodere de mí. En aquella situacion, ya prevenido yo á inspiraciones fuertes, ya ocupado del estudio de una frente de genio, mayor agitacion me oprimió. Sentéme en el banco de piedra inmediato á aquel jóven, y con tono, algun tanto familiar, le pregunté:

¿Qué lee V., amigo?

La respuesta fue: escuche V., caballero, y verá las maldades de los hombres. Y sin mas preámbulo leyó en su viejo libro lo que sigue:

Certifico, doy fe y verdadero testimonio para donde convenga, como estando yo, Bartolomé del Castillo, notario público del juzgado eclesiástico de la villa de San Juan de los Remedios del Cayo, hoy que se contaron 4 de setiembre á las 9 ó las 10 del dia, en la santa iglesia parroquial, de esta dicha villa, estando el beneficiado José Gonzalez de la Cruz, cura rector de la parroquial de esta dicha villa, vicario juez eclesiástico, comisario del santo oficio de la inquisicion, y comisario de la santa cruzada en ella, exorcizando un demonio de los muchos que dijo tenia una negra criolla de esta dicha villa, llamada Leonarda, vecina de esta villa; el cual demonio dijo que se llamaba Lucifer, y que estaba él y 35 legiones apoderadas del cuerpo de la dicha negra, á quien el señor beneficiado hizo hacer un juramento que es del tenor siguiente:

Yo, Lucifer, juro á Dios Todopoderoso y la Santísima Virgen María, á San Miguel y á todos los santos del cielo y á vos que obedeceré en todo lo que me han de mandar los ministros de Dios en su nombre, para honra suya y libertad de esta criatura; y si por ventura quebrantase este juramento, quiero que Satanás sea mi mayor contrario, y que se me acrecienten mas mis penas, 70 veces mas de lo que deseo, amen. San Juan de los Remedios á 4 de setiembre de 1682. Testigos los alcaldes Rojas, Monteagudo y otros.

Y el jóven al concluir este párrafo, brotando fuego por los ojos, y poniéndose en pié esclamó:

La religion que no ha fulminado sus rayos celestiales contra los infames que asi han abusado de la sencillez de nuestros mayores es invencion humana, no hay que dudarlo. Los ministros de Dios son la conciencia.

Y cayó como abatido por el peso de su pensamiento. Entonces tomé yo en mis manos el libro aquel que era: *la relacion de la visita eclesiástica del ilustrísimo Morel.*

Hé aqui lo que se trasluce del contesto de la relacion del obispo, acerca del certificado que tanto furor causó al noble mulato.

El cura de S. Juan de los Remedios, José Gonzalez de la Cruz era por lo visto un bribon ó un pillo. Viendo que su villa era acosada por los piratas, quiso fundar la de Santa Clara, y para atraerse sus feligreses se valió de mil truanes medios. Sin embargo, viendo que la verdad de nada le valia, acudió á la mentira. Hizo creer, opinan algunos que por sencillez, y yo que por maldad, que muchos de sus feligreses estaban poseidos de espíritus malignos, y exorcizaba, persuadiendo al pueblo que hablaban los demonios y aseguraban que aquella villa debia hundirse. Asi logró que muchos le siguiesen. Esta superchería fácilmente comprendida por el jóven mulato, fue el motivo de su indignacion, y lo será ciertamente para todo aquel que no se burle de las miserias humanas.

XVI.

Háblase mucho en Europa, tanto de la insalubridad de la Habana, cuanto del escesivo calor que allí se esperimenta. Una y otra creencia tienen justo y razonable fundamento; pero, ambas necesitan ser fundadas en datos, y creo que no será mal darlos, para que haya menos error en la opinion vulgar.

La Habana está situada en una estensa llanura, construida en mas de trescientas mil varas cuadradas de terreno, tiene una inclinacion, mas ó menos sensible, desde el estremo interior de la poblacion hasta la bahía, si bien el nuevo género de construccion ha modificado mucho las escabrosidades. Es el terreno en que está edificada la ciudad un banco calcareo grueso, de una dureza generalmente estrema. Hay parages, no obstante, en que es desmoronable. Esta superposicion es perfecta, sin vacios, de manera tal, que, en algunos sitios, estos restos calcareos han comenzado la formacion de una piedra nueva de que habrá con el tiempo gruesas masas.

La mala corriente que se da á las aguas en esta ciudad hace su insalubridad, á juicio de algunos. Personas hay que opinan que pocas ciudades existen cuyo suelo sea mas susceptible de salubridad y comodidad. Otras por el contrario, imaginan que, sin el ausilio de cloacas, nada se podrá jamas conseguir en este asunto. Lo cierto es que, á pesar de ser tan conocidos los estragos del vómito, el gobierno no toma parte, ni se ocupa en buscar los medios de que esta plaga disminuya. Conviene que se tenga presente un hecho práctico de suma importancia en este negocio.

Una de las poblaciones de un estado meriodional de la república norte americana era diezmada anualmente por la plaga del vómito; un celoso magistrado cuidó de que las aguas mal repartidas sirviesen á la limpieza pública, y, con este sencillo remedio, prudentemente aplicado, ha desaparecido del todo aquella enfermedad, sin que se haya repetido un solo caso de vómito.

En el mes de octubre del año último han

muerto en la Habana 381 personas, de las cuales 108 de color.

En el mes de abril 362, de los cuales 132 de color.

En junio 456, de ellos 138 de color.

En julio 520, de los cuales 204 de color.

De estos cálculos y teniendo presente el total de la poblacion, es facil formar una idea exacta de la salubridad ó insalubridad del pais.

Ahora bien, si se desea entender algo de los calores escesivos de la Habana, examínense los datos siguientes tomados de buen lugar.

El 7 de febrero á las seis de la mañana el termómetro marcaba 18 1|2 grados; á las doce 20. Asi permaneció hasta el 10: este á las 6 de la mañana estuvo á 20 grados, y á las doce del dia 22 1|2. Refrió por la tarde, y á las seis de ella estaba el termómetro en 17 grados. Entiéndese esto colocando el termómetro en una pieza abierta, donde reciba las impresiones del aire, sin que le hiera el resplandor del sol, pues cuando se coloca en parage donde participe de él, hay tres ó cuatro grados de diferencia.

Empieza alli el verano en mayo; en este mes á las cinco de la mañana el termómetro señala de 22 á 23 grados; á las doce del dia de 25 à 26, y á las once de la noche 22. En junio suele subir á las doce del dia á 26 ó 27. En agosto y setiembre generalmente continúa lo mismo.

Del invierno al verano no hay por lo regular mayor diferencia que la de tres grados.

Distínguense empero estas dos estaciones marcadamente por la lluvia copiosa que en el verano abunda, y escasea en el invierno. Son tan repentinos allí los aguaceros que empiezan á menudo sin ser previstos, y tan fuertes que hace inútiles los paraguas. Suelen los hombres del campo en sus viages, cuando el aguacero es fuerte, recibir en los hombros desnudos la lluvia, porque es menos nocivo que conservar despues la ropa húmeda.

XVII.

Desde mis primeros pasos en la Habana tuve la fortuna de encontrarme con distinguidas personas, que, llenas de bondad acompañaron al errante viagero, y lo guiaron en el estudio de la isla y la capital. Una de las que mas acreedoras se han hecho, en este punto, á mi gratitud, es el señor don Francisco Chacon y Calvo, á quien dedico este libro, no pudiendo, en memoria de la mucha amistad que le profeso, enviarle un pedazo del corazon. Con él he tenido la dicha de vivir algunas temporadas en el campo; á él debo la entrada en las casas mas principales de la Habana, y en suma, debo á su amena conversacion y recursos de su prodigiosa memoria el haber adquirido cierta exactitud, en mi juicio, acerca de aquel pais.

Recuérdolo ahora, porque fue este amigo quien me anunció la existencia de tres sociedades semi-públicas de baile en la Habana. El amor escesivo al lujo, el deseo de no ceder á nadie en ostentacion, y la natural desidia de las bellas cubanas, son causa de que escaseen las diversiones en las casas particulares, y para suplir este vacío, se ha ideado la formacion de varias asociaciones, las cuales, en locales destinados al efecto, dan bailes periódicamente. Sistema, en verdad, merecedor de aplauso, porque proporciona una razonable distraccion, sin gravar mas que levísimamente el bolsillo de un número de personas. Pero, como en la Habana nada se puede hacer sin que se tropiece con la division de clases, hasta en la formacion de estas asociaciones se nota esa diferencia que contribuye á alejar á las señoras unas de otras. Las que pertenecen á la aristocracia, no concurren sino á la *sociedad filarmónica*; á la *habanera* y de *Santa Cecilia* no van mas que señoras de la segunda y tercera clase. Los hombres concurren á las tres, y finalmente las tres estan muy bien compuestas; en las tres se nota demasiado lujo, y en las tres se pasa un par de horas deliciosas. Por lo general estas reuniones no son frecuentes, pero, en tiempos regulares, se calcula una cada semana.

Los billetes son gratuitos y distribuidos por los socios.

La vida de un jóven europeo en la Habana al principio es un tanto fria. Acostumbrado al bullicio social de nuestras inmensas capitales, á las cuestiones políticas en que toma parte, á los sucesos de los hombres notables, al movimiento literario y artístico del mundo, por poco que algun ramo de los conocimientos universales halague su mente, es de cierto que pasa la vida en una contínua distraccion y aletargamiento. La rapidez de los sucesos lo lleva del uno al otro estremo de la vida.

En la Habana varia: la política práctica, inmediata está vedada; las cuestiones de administracion ligeramente permitidas; las bellas artes no han nacido todavía; apenas si su sol muestra un largo y débil crepúsculo; la literatura es un campo árido, porque en él no se permiten sembrar las hermosas plantas de la filosofia y la política; la sociedad escasea por el clima, por las costumbres, por el amor al lujo; en suma crecido número de puertas estan cerradas todavía. Asi es que hay pocas ocupaciones en que escoja el gusto. Aquel á quien la necesidad de una obligacion no le entretiene en las horas de la mañana, tan luego como ha concluido el estudio de la poblacion, se ve perdido. Los libros abundan poco, y adquiérense á precios exhorbitantes. Bibliotecas no existe mas que la parodia de una. Circulos y gabinetes tampoco, porque es lo natural que se ocupe cada uno de sus negocios. El puerto y el foro estan concurridos.; es fuerza amar alguna de estas cosas en la primera mitad del dia. La segunda termina pronto. Hay menos diferencia en los dias que en Europa. Anochece siempre de seis á siete.

La hospitalidad es sin límites, como lo publica la fama; nunca se cierran las puertas de aquellas casas, y raras veces los corazones de aquellos habitantes. Por escasas que sean las relaciones con una familia, tiene el forastero aquella mesa mas. Es fuerza convenir que el lujo en esta parte es hasta escesivo. Casas hay y numerosas, en que á diario se sirve la mesa como si debiera servir para un eterno festin. Llegada la hora de comer, es seguro que un jóven medianamente relacionado en el pais, se halla confuso acerca de la eleccion de amigos que debe buscar para pasar aquella alegre hora. En ella es cuando se logra ver á toda una familia reunida; es cuando una agradable y numerosa reunion deleita el espíritu y ensancha el corazon. Esta es la hora que escogen los verdaderos inteligentes para gozar de los encantos de una familia.

Por la tarde los paseos estan desiertos; á pesar de las bellezas de la naturaleza, nadie se anima á pasear á pie, y si abundan por las calles los *quitrines* y *volantes*, van á indeterminados sitios. Sin embargo, hay paseos magníficos; el de Tacon no tiene otro defecto que su distancia á la ciudad; por lo demas, sus hermosas y estensas calles de árboles, sus columnas y estatuas, el reducido pero poético jardin que en su estremidad se encuentra, con cascadas y estrañas plantas, merecen por cierto ser visitadas. Lo son escasamente empero. Creo yo que algun tanto deba influir la cortedad de las tardes.

En cuanto anochece la poblacion toma un aspecto mas risueño; ilumínanse las habitaciones bajas, y por sus abiertas ventanas se ven lindas jóvenes reclinadas en sus cómodos sillones, meciéndose á veces, y á veces escuchando los requiebros de sus apasionados. Los frescos y elegantes muebles de estas salas bajas entretienen dulcemente la vista de los nocturnos rondadores; y si estos echan de menos los poéticos y elegantes patios de Sevilla, olvidan por cierto los inmundos zaguanes de Madrid.

A esta hora decídense no pocas bellas á salir á pié, ya sea gusto, ya falta de carruage, y se ven discurrir por las calles grupos de señoras, acompañadas de sus hermanos, maridos ó galanes, dirigiéndose á la plaza de

Armas, para asistir á la retreta, ó para gozar de las delicias de la noche.

Disfruta un rato de este espectáculo el europeo, y luego generalmente se dirige á uno de los teatros. Son estos á diario dos; uno dentro de la ciudad, llamado principal, por haberlo sido, y el otro fuera, conocido con el nombre de Tacon, por haber sido construido bajo el mando de este gefe y con su proteccion. El primero es sumamente hermoso y capaz; pero tiene todo el carácter de teatro español: poco gusto en construccion y adornos. En el tiempo á que yo me refiero era poco concurrido. Estaba destinado á la ópera, y la compañía italiana, aunque buena y numerosa, era antigua en el pais. Lo subido de las escrituras hacia perder dinero al empresario, si bien era mucho el alivio que le proporcionaban los numerosos abonos.—La Albini habia ido escriturada en mil duros mensuales, y un abono que se puede calcular de dos á tres mil duros libres. Y habia otra primera donna, la Rossi, casi con las mismas condiciones.

Una vez en la semana trabajaba en este teatro la compañía dramática. Esta tenia su natural asiento en el de Tacon. Este hermoso edificio no revela, por su esterior, ni entrada la belleza de sus formas; pero, es en verdad sorprendente. Cuatro órdenes de palcos corridos, con antepechos, estos de enrejados, formados de barras bronceadas, presentan un aspecto verdaderamente admirable. Asi desde su luneta, nota el espectador desde el pié reducido hasta el abundante cabello de la bella que concurre á aquel sitio. Que si para esta es tal vez molesto no poder jamas presentarse en público sin esponerse totalmente á las miradas de los curiosos, es para estos una delicia gozar siempre de tan halagüeña vista.

La compañía dramática era escasa en medios y facultades; pero es tal la aficion á esta clase de espectáculo que, por poco que llame la atencion la funcion del dia, está el inmenso teatro lleno.—Es este propiedad del empresario de los dos, y aunque hombre de ningunos principios y educacion literaria, prospera en este dificil negocio; pero, en otra parte daré una idea del estado de la literatura dramática en aquel pais.

Concluida la funcion de los teatros, que suele terminar á las once, lo mas tarde, no tiene el forastero mas recurso que retirarse á la cama. Es costumbre general. En ninguna casa se recibe á hora tan avanzada de la noche. Los bailes ordinarios, escepto en tiempo de máscaras, no acaban mucho mas tarde.

Recuerdo la sorpresa que me causó la vez primera que fuí á la sociedad filarmónica el ver que, aun antes de las doce, ya todo el mundo se habia retirado. Hora en que apenas un elegante se atreve á entrar en un baile en nuestra vieja Europa.

Pero los bailes de la Habana son muy animados. Para mí nada hay preferible á una muelle, lánguida, voluptuosa contradanza española. Herencia de nuestros padres, yo la desconocia; la primera vez que la ví bailar fue en las Antillas; confieso que me pareció mas poética que nuestros frios, sosos è insípidos rigodones.

Y no solo opino yo de este modo; apenas va europeo á aquellas apartadas regiones, que, aunque por rendir culto á sus dioses penates, murmure al principio contra el baile americano, no lo adopte luego è insensiblemente vaya amándolo. Hay algo de dulce, de suave, de parecido al carácter del pais; la música parece un continuado suspiro amoroso; los compases, movimientos de una sílfide que se columpia en los aires, y su interminable repeticion se asemeja al cansancio del placer, al círculo que traza el que no puede arrancarse de un sitio. En suma, yo creo sin dificultad que un hombre de genio podria idear un magnífico poema aereo, fantástico, inspirador, escuchando los apagados compases de la orquesta, y viendo los pausados muelles movimientos de una bella cubana, danzando una antigua contradanza española, traducida algun tanto al sistema de su naturaleza tropical.

XVIII

Ni el celo ni el estudio escasean en la formacion de este libro; yo quisiera que su lectura, á la par que amena, fuese útil á aquellas personas de quienes tal vez depende el término de muchos abusos. Para eso se requiere quizá una exactitud minuciosa de datos, no porque influya realmente en los medios necesarios de reforma, sino porque su averiguacion puede influir en el crédito ó poca fé que se dé á las palabras del escritor. Pero, es necesario con tiempo salir al encuentro de algunas observaciones que puedan en lo venidero hacerse.

Creo haber estudiado con la mas escrupulosa atencion el sistema del país; paréceme que tendré la fortuna de retratar su fisonomía moral; imagino que ese carácter profundamente increstado en las costumbres de un pueblo no se escapará á mis miradas observadoras. Desgraciadamente la parte material no siempre corresponderá á mis indagaciones. Y demostraré ahora cuán natural é invencible es tamaña falta.

Está ya probado, y el adelanto del siglo lo ha exigido en axioma, que los datos estadísticos son uno de los mas activos medios de mejora en los pueblos. La esperiencia nos demuestra que ese barómetro de civilizacion puede, no reducidas veces, contribuir á preparar las ventajas del porvenir. Porque saber qué se ha obtenido con tales medios, es presumir qué se podrá conseguir con otros, y ese cálculo sucesivo puede dar un resultado feliz en los adelantos de un pueblo.

Pero, la adquisicion de esos datos estadísticos está fuera del alcance de un viagero. Es fuerza que el gobierno, si conoce su importante deber, llene este vacío, y que escritos de acreditados publicistas rectifiquen desapasionadamente sus noticias. El viagero debe tan solo indagar el modo de practicar este censo, para presumir cuál es el grado de fe que merece; pero, fuera un trabajo imposible, y un arrojo temerario el querer usurpar este estudio á quien la sociedad y la naturaleza lo han confiado.

Es, pues, el caso que, poniendo en práctica mis propios principios, he indagado, con la escrupulosidad mas nimia, el método seguido para la formacion de los cuadros estadísticos de la isla de Cuba, y despues de un examen muy maduro, tengo que asegurar á mis lectores que no tomen ningun guarismo por el valor real que representa, sino tan solo como una aproximacion.

En efecto, basta considerar que la ocultacion de la verdad en los datos estadísticos es un medio de gobierno en la isla de Cuba.— La publicidad, la discusion, son medios alli vedados, como nocivos al bien de la dominacion. Asi, nada hay mas contrario á la escasa tolerancia alli observada, que el calcular el número de negros existentes en la isla; comparar este guarismo al de los blancos y manifestar la proporcion de unos á otros, en los diferentes departamentos. Fuera esto tal vez de una necesidad absoluta, si ambas razas fueren rivales; pero, en la isla de Cuba estan muy distantes de serlo. Los blancos dominan por la union, por el gobierno, por la instruccion, por la costumbre y por la fuerza iutelectual. Su dominio todavía no tiene asomo de correr el mas pequeño riesgo.

No obstante, es preciso hablar una vez siquiera con valor. Abandonar mezquinos temores, y mostrar toda la llaga, para que los médicos del estado, ó se declaren empíricos, ó la curen. Ese silencio en que vivimos acerca de una cuestion importante, vital, trae consigo un gérmen de desventura para el porvenir, y es necesario corregir ahora que todavia es tiempo, para no llorar cuando ya no lo sea.

La poblacion de la isla de Cuba es calculada en el dia en 900,000 habitantes. Dícese que la relacion de blancos á hombres de colores de 8 á 9. Este dato, por mas que sea apoyado por escritores recomendables y conocedores del pais, no puede menos de ser de todo punto inexacto. Pero, aun concediendo que no lo sea, lo cual importa aun menos á nuestro propósito, examinemos el porvenir de la isla.

El año pasado de 1839, segun el cálculo de la celosa Sociedad Patriótica de la Habana, la poblacion blanca se ha aumentado en la capital en 4855 personas, guarismo que elevaré gustoso á 7,000 en toda la isla, y cierto estoy de escederme demasiado.—Es estraño y doloroso, sea dicho de paso, que no corresponda este aumento al de años anteriores, pues que en 1836 fué en la Habana de 6114 individuos, y en 1837 de 5934. Esta disminucion anual no se comprende, ni menos la escesiva de 1838, pues aquel año solo aumentó la poblacion blanca en 4547 personas. Va naturalmente embebido en las anteriores sumas el crecido número de forasteros que, llevados de la fama de riqueza que tiene aquel fertil pais, van á establecerse á él. ¿No tendrá alguna parte en la indicada disminucion el sistema de gobierno seguido de pocos años á esta parte en aquella region apartada, sistema tan contrario á los adelantos del siglo?

Sabido es, y el mundo lo oye con escándalo, que, llevados de la costumbre antigua y de la mas sórdida avaricia, varios traficantes ocupan sus bajeles en arrebatar al Africa sus pobladores para arrastrarlos como vil objeto de tráfico á los mercados occidentales. Sabido es que el gobierno español ha patrocinado este abuso á la par que otros gobiernos de Europa, escarmentados con los desastres de Santo Domingo, menos por humanidad que por conveniencia, han cortado de raiz este inmoral é impolitico comercio. Míopes, sin embargo, no han sabido esos gobiernos sustituir riqueza á riqueza, y España no vió el bien presente, sino el mal venidero. Asi, mas miope todavia, no vé cómo de dia en dia se introduce en sus entrañas el gusano que puede corroerlas.

En años inmediatos el gobierno español ha celebrado un tratado con otras potencias de Europa para suprimir totalmente y perseguir el tráfico de negros, y ha llevado su aparente celo hasta crear en la Habana una junta que vigile acerca de la observancia de este convenio. Sin embargo, es de notoriedad lo que sucede en tan delicado asunto. El gobierno británico tiene cerca de cincuenta buques de guerra cruzando en las costas de Africa, y de ellos algunos vapores, á fin de perseguir á los negreros. El barco de esta clase que logra apresar, es aserrado inmediatamente y hecha prisionera su tripulacion. Tiene del mismo modo el gobierno aquel diferentes embarcaciones cruzando por las costas de la isla de Cuba y Puerto Rico y no perdona ocasion de mostrar su actividad. Asi cumple el gabinete británico, ya sea como unos quieren, por destruir nuestras Antillas, ya, como ellos aseguran, por amor á la humanidad.

Diré ahora como cumple el español. Cuando el comandante de uno de nuestros buques de guerra, dispuesto y preparado á salir á cruzar, se presenta á recibir las órdenes postreras de sus gefes, recibe una copia del tratado acerca de los negros con Inglaterra; pero, al propio tiempo, se le advierte que la conveniencia pública, las necesidades de la agricultura y las disposiciones del gobierno supremo, ponen en desuso semejante convenio. Y el oficial de marina, cuando en alta mar divisa en el horizonte un buque negrero, fácilmente conocido de sus miradas inteligentes, lejos de darle caza, hace rumbo á distintos mares. Que asi evita el compromiso en que lo ponen las contradictorias órdenes que tiene.

Este pretesto del bien público que es preciso analizar, es causa de que se introduzcan en la sola isla de Cuba, lo menos *diez y seis mil esclavos* anualmente. Y una circunstancia de abuso hace conocer que no todo es celo lo que mueve á los gefes de la isla á tolerar tan perjudicial abuso. Es esta la de percibir un crecido derecho por via de regalo, al permitir la introduccion de negros. La autoridad militar cobra en unos tiempos diez duros, ocho en otros y diez y siete en algunos. Sin contar con otras gavelas de este jaez, á cargo del agricultor que es en resultado el que todo lo paga.

Y aqui nace una reflexion sin esfuerzo alguno. O es necesaria esta introduccion para el bien de la agricultura ó no. Si lo es ¿por qué gravar esta con un crecido aumento en la compra de brazos, sobre todo cuando este no es para el estado, sino para las autoridades sobradamente recompensadas por sus afanes? Si no lo es, ¿por qué tolerarla á beneficio de una retribucion inmoral?

Entiéndase de mi esplicacion que, conocedor algun tanto de la escasa virtud de nuestro siglo, no echo mano para defender esta causa, de los principios sagrados humanitarios. Los invoco solamente para que algun tanto sirvan á las almas desapasionadas y noblemente generosas, que aman la libertad y felicidad de los seres sin relacion á la suya propia. Las personas á quienes el cielo enriqueció con tales dotes rara vez se hallan en el caso de dirijir los negocios de un pais, y por eso ahora apoyaré mis principios en la causa de la conveniencia pública, que por una ley generosa de la naturaleza, rara vez deja de coincidir con lo que es estrictamente justo.

He mostrado que el aumento de blancos en toda la isla puede ascender anualmente á 7000; y he dicho igualmente que el número de negros esclavos importados cada año es de diez y seis mil. Facil es de comprender cómo en un número breve de años, la poblacion negra tiene que esceder horrorosamente á la de blancos, y, siguiendo tan pernicioso sistema, llegará el dia en que habrá mil hombres de color por cada uno de raza europea. Fijaré un periodo de 20 años. Suponiendo que continúe el estado actual, lo que Dios y nuestras leyes no permitan, en él se aumentará la poblacion en 140.000 habitantes blancos á lo sumo; y la negra en 320,000 individuos; resultado á favor de esta la pequeñez de ciento ochenta mil personas.

Apelo á la buena fé de todos los hombres

sensatos para que me digan si un sistema que da tan fatales resultados es ó no contrario á la felicidad venidera de un pueblo. Me atrevo á asegurarlo, la opulencia y prosperidad actual de la isla de Cuba, está comprada á precio de su venidera desgracia, si las leyes no corrigen los vicios introducidos.

Examinemos ahora otra cuestion que naturalmente nace de esta. ¿Puede ó no puede realmente existir la agricultura cubana sin el ausilio de los brazos esclavos? Merece un detenido examen esta cuestion, y es necesario permitir al escritor cierta libertad para tratarla, y perdonarle la osadia de reconvencion que vaya envuelta en sus esplicaciones. ¿Será cierto, continuemos preguntando, que el ardor abrasador de aquel clima calcina la frente de un europeo, y que es solo dado al robusto brazo africano trabajar en tan ardientes climas?

Error, error, error; si la práctica no lo desmintiera, lo desmentiria la sola observacion. Existen en otros paises propiedades de caña sin solo un negro, y aunque no existieran bastara examinar el trabajo diario de un labrador europeo y de un africano, para conocer lo que ciega la avaricia. Cualquiera que haya visto á un trabajador de mi provincia, y cítolo como modelo por la dureza de las faenas, cualquiera, repito, que haya visto á un labrador gallego, se reirá por cierto de la supuesta laboriosidad de un negro. Y es natural que el esclavo sin interès ninguno sea mas tibio que aquel que espera un premio proporcionado á su esfuerzo.

¿De dónde, pues, esa utilidad decantada de los negros? ¿De dónde ese afan por servirse de ellos, y no proteger mas el aumento de blancos? De la avaricia. Calcúlese quinientos duros cada negro; es un capital que existe, y aunque los años algo lo cercenen, siempre es un valor existente. Despues de este desembolso hecho, el propietario apenas invierte *doce ó catorce duros* anuales en cada negro. Por manera, que á tan ligera costa puede tener muchos brazos.

Pero, aparte todavía la cuestion de la humanidad, trae este sistema los vicios siguientes. En primer lugar, hace imposible la pequeña propiedad, porque la inversion de un capital crecido para establecer una finca, es un inmenso obstáculo. En seguida, facilita la desidia de los trabajadores no interesándoles el jornal que pueden adquirir. Favorece la ignorancia, porque naturalmente el señor quiere que el esclavo no sepa mas que obedecer. Y en suma y principalmente, aumenta terriblemente la poblacion negra, alimentando asi en su seno la raza blanca el gérmen de males que es de esperar las mejores leyes sucesivas corrijan.

Me es fuerza advertir, que sé sobrado serán muchos los opositores que tendrán las observaciones mias de este párrafo. Los propietarios del pais creerán que es un insulto á su carácter, y contestaré á este cargo, que cierta inveterada costumbre, como asi mismo el deseo de prosperar en su naciente fortuna, obceca sobrado y no deja ver las cuestiones con toda claridad.

Los europeos creerán que el aumento de poblacion blanca puede tener una tendencia marcada á la independencia, y á esto replicaré que mas temo á la raza africana.

¿Cuánta suma de felicidad se proporcionaria al mundo, si el suelo vírgen é inculto de la fecunda isla de Cuba, se repartiese entre europeos laboriosos que no caben ya en su pais, y que podrian engrosar tanto aquella masa de poblacion? ¿Qué venero de ventura no seria que hubiese brazos no solo para el cultivo ó fabricacion del azúcar, del café, del tabaco, del aguardiente y la cera, sino igualmente para el añil, el arroz, el cacao, el algodon, la seda y tal vez el trigo, tan útil, tan necesario, y tan costoso en el dia en aquel pais? ¿Cuántas bendiciones se atraeria el que con sábias medidas, sin atacar en nada al sistema actual de agricultura, pero, haciéndolo innecesario, proporcionase á la hermosa isla de Cuba tres millones de habitantes blancos, de los cuales considerable número fuese propietario ya en grandes, ya en pequeñas porciones de terreno? ¿Hay nada mas absurdo que los reparos puestos en aquel pais para la admision de un blanco? Con los brazos abiertos se debieran recibir todos los que se presentasen; porque un pais en que la autoridad tiene toda la entereza de su poder, comete esta un crímen cuando teme.—¡Y cuántos se presentarian si supiesen que su trabajo les adquiriria un pedazo de tierra que labrar y que buenas leyes protegerian su hogar y la libertad de su conciencia! Pero, en el dia, con un régimen tan poco protector, con la institucion de los capitanes de partido, pequeños bajaes de los campos, ¿quién se arriesga?

Recuerdo una conversacion tenida con el actual capitan general de la isla, príncipe de Anglona, el cual me anunció que su ánimo era proteger y facilitar el aumento de poblacion blanca. Las bellas disposiciones de este gefe me encantaron; pero, tengo el dolor de no haberlas visto seguidas de resultado.

Quiera el cielo que lo tengan, por bien del mundo!

XIX.

La dificultad en que se tropieza, al querer clasificar la poblacion, reina, con no menor poder, tratándose de reducir á exámen la instruccion pública. Sirve de obstáculo á la indagacion, de aquellos datos una mal entendida politica, y á la de estos una desidia de mal gobierno con que lastimosamente tenemos que luchar en nuestras provincias de uno y otro hemisferio. Sin embargo, nadie lleva el ignorante descaro hasta el punto de negar que uno de los fundamentos de la ventura social es la mejor educacion del pueblo. Pero, este adelanto reconocido y proclamado en principio, lejos está de ser seguido en la práctica. Que los hombres públicos de nuestra moderna España atienden mas á la conservacion de su poder y grandeza, que al bien futuro de una nacion oprimida.

Por mucho que me aflija la necesidad en que me veo de trazar el cuadro de la instruccion pública en la isla de Cuba, procuraré emplear en él los mas naturales colores; y ojalá me depare la suerte el bien consolador de influir algun tanto en su mejora y adelanto!

A principios del síglo XVIII, cuando todavía Cuba habia recibido un escaso incremento en poblacion é importancia, los religiosos del órden de Santo Domingo de aquellos dominios tenian no pequeño influjo en los negocios públicos. Este era sobre todo estenso en materias de letras é instruccion. La fama de su escolástica sabiduría, el bien real que hicieron en la época de la conquista, y tal vez mas que todo la supersticion de la época les dieron un poderío sin límites en ciertas materias.

Ellos, no obstante, escasos merecedores de tan elevada posicion, no supieron valerse de ella en bien y provecho de los adelantos de su siglo. Rutineros mezquinos, vieron, desconocedores del pais que habitaron, la necesidad de una universidadad, sin notar la escasez de escuelas, y cuán necesaria es la educacion primaria para entrar debidamente en el estudio de árduas materias. Impetraron licencia y autorizacion del supremo gobierno para tamaño establecimiento, y fácilmente lo obtuvieron. Pero, venia envuelto en el permiso que la universidad se crease bajo la proteccion de la comunidad de San Juan de Letran de la Habana, del órden de padres predicadores. Que el rector y varios de los individuos empleados en la direccion de los estudios y en el tribunal académico fuesen religiosos de aquella casa. Estableciéronse diferentes cátedras de teología, pocas y malas de derecho civil y real, de medicina y cirugía, filosofía y gramática.

Empecé este órden de cosas en 1729, y no es estraño que haya seguido rigiendo durante lo restante de aquel siglo. Hombres eminentes hubo en alguna época en el poder; pero, la opinion pública, siempre mas fuerte y poderosa que los gobiernos, se oponia á que se quitase á los frailes el prestigio de saber qué ganaron y merecieron en tiempos muy remotos. No estraño tampoco que á principios del siglo en que vivímos, haya conservado aquella universidad sus formas monásticas; hubo, durante años, en España dudas acerca del valor de esos defensores de la teocracia. Pero, es sorprendente, maravillosamente sorprendente que en la última década, tan útil al progreso de las luces, que en el año de 1840 rija el sistema mísmo de educacion de 1729. Nótese qué estravio de raciocinio sostiene tan absurdo sistema. ¿Es posible que en un siglo no adelanten nada las ciencias?... ¿Es razonable que España haya permanecido inmovil, con respecto á la universidad de la Habana, siendo asi que apesar de su tendencia á la quietud no ha podido en nada vivir estacional?...

Es mengua de nuestro gobierno que tolere en un pais sujeto á su mando, un establecimiento de accion destinado á formar abogados, magistrados y médicos, regido sola y esclusivamente por frailes. Toda persona verdaderamente ilustrada conoce hasta qué punto estos hombres han sido útiles en los siglos medios; ellos salvaron los preciosos restos de la antigüedad; ellos templaron las costumbres bárbaras de nuestros progenitores, y ellos, en suma, esparcieron en el mundo las semillas de la ciencia. Pero, nadie desconoce tampoco que, mas tarde, mientras el mundo anduvo, ellos permanecieron quietos. Asi que los dejó el siglo tan atrás que ya ni la vista mas atenta los ve. Se han perdido para siempre, como clase. ¿Y será bien que la tradicion se respete en sus ignorantes representantes? ¿Por ventura pasa de una veneracion pasiva la que tiene el mundo á los desiertos campos en que estuvo Ninive?..

En buen hora que alguno de estos seres que han vivido en el claustro haya aprovechado sus soledades en el estudio de los progresos de los conocimientos humanos. Tal vez, separado de las faenas y torbellino del mundo, habrá podido sacar mejor partido que el resto de los hombres de estudio ; pero, entonces entre en la masa general de hombres útiles é inteligentes, y valga lo que su saber le merezca.

Yo no me opongo á que, si se encuentra un fraile merecedor de tal honor, sea rector de una universidad; lo único á que me opongo es á que las demas clases de hombres hábiles sean escluidas. Eso es una calamidad que rechaza la ilustracion del siglo.

Ni tampoco se concebirá apenas cómo en la época de los adelantos se forman abogados en la universidad de la Habana, no solo con las rutinas españolas, sino igualmente sin dar entrada á las mejoras introducidas recientemente en nuestros estudios. Alli el derecho natural y de gentes, la economía política y el derecho público son ramos escluidos de la enseñanza. Y es lo mas maravilloso que el gobierno ni siquiera tolere el establecimiento de cátedras particulares de tales ramos. Por manera que no solo no da instruccion, sino que se opone á que la juventud la adquiera con maestros que ella escoja.

He dicho que varios funcionarios son forzosamente frailes; algunos, sin embargo, no lo son. Uno, entre ellos, es el fiscal, cargo importante que suele tener algun influjo en lo menos absurdo de la enseñanza. En la actualidad hállase desempeñando tan útil comision el celoso doctor don Ramon de Armas, merecedor de la mas alta dignidad en la gerarquía escolástica. Este digno funcionario es incansable en promover todas las ideas que pueden servir á mejorar la educacion pública. Desgraciadamente halla siempre barreras insuperables, y es lastimoso que el gobierno no se valga mas útilmente de los conocimientos de este funcionario.

El claustro de esta universidad se compone de 157 doctores. Es único en la isla y en nuestras posesiones de las Antillas.

Aparte alguno que otro seminario conciliar ó escuela de determinado ramo, no queda mas que examinar sino las escuelas, costeadas unas por la junta ilustrada de fomento, otras por los pueblos, y otras sostenidas por los alumnos. El cálculo mas reciente que he podido tener á la vista, y de que se valen, en modernos escritos literatos, acreditados de la Habana, da un resultado lastimoso. Hay en el departamento occidental ó de la Habana de la isla una escuela por cada 274 niños varones blancos; una por cada 312 niñas blancas; una por cada 790 varones de color y una por las 4504 niñas libres de color. Los esclavos no reciben género ninguno de enseñanza.

En el departamento central, de que es capital Puerto-Príncipe, hay una escuela por cada 490 niños blancos varones; por cada 1051 niñas blancas una, y ni una sola para los 3877 niños libres de color, ni para las 3309 niñas de igual clase.

En el departamento oriental de que es cabeza Santiago de Cuba, hay una escuela por cada 242 niños blancos, una por cada 316 niñas blancas, una por cada 589 niñas de color, siendo solo 153 varones de color los que reciben alguna educacion, en varias escuelas mistas.

Si este cálculo es exacto y lo es igualmente el número de niños y escuelas de la isla, resulta que apenas pasan de nueve mil los niños que reciben educacion en la isla de Cuba, siendo el total de los aptos para recibirla, superior á cuarenta y seis mil.

Este solo dato es un terrible cargo contra los que hacen consistir la riqueza de la isla de Cuba en un mezquino número de millones que Dios sabe en qué se invierten, debiéndolo saber el mundo. Aquí, como en cada párrafo de esta obra, el corazon me grita para que pida reparacion, para que escite el celo de esos hombres apáticos, que no ven la miseria que están sembrando con sistema tal de ignorancia; pero la razon me dice que los solos datos hablan bien fuerte y poderosamente en favor de la santa causa de la ilustracion que defiendo.

Y no será malo, al propio tiempo, manifestar el sistema de enseñanza que se sigue en la isla, lo cual impondrá del celo por promover los adelantos públicos.

Los métodos de enseñanza seguidos en aquellos paises, son tan varios que apenas si se parecen no ya los de un departamento à los de otro, sino que son distintos en un mismo partido. Prueba mas de lo desatendido que ha estado este ramo por parte del gobierno.

La provincia de la Habana es la mas adelantada en punto a métodos de enseñanza; algunas escuelas hay en que se pone un esmero particular en corregir la pronunciacion viciosa provincial, heredada de los pobladores meridionales de España. Sin embargo, no se nota en esta el mayor adelanto, y es doloroso ver hasta en las personas de mejor clase, vicios de lenguage y pronunciacion que prueba lo atrasado que alli está el estudio del idioma español.

En el arte de escribir se nota un adelanto prodigioso. La introduccion de los sistemas ingleses favorece mucho tales progresos. No hay tanto cuidado desgraciadamente con la ortografía.

Los demas ramos de enseñanza estan reducidos á principios sumamente elementales.

Asi que no hay fundada esperanza de creer que los actuales niños, cuando lleguen á mejor edad, aventajen en instruccion á sus padres, y es triste esta consideracion y muy digna de ser notada por las personas que puedan influir en el bien de aquel pais.

Hay algun correctivo en los buenos deseos de los padres de familias. Estos buscan por cuantos medios estan á su alcance maestros particulares para sus hijos, y no desperdician las ocasiones de mejorar la educacion de estos. Pero, es fuerza confesar, que escasean estraordinariamente alli los buenos maestros, y una de las razones que para eso hay es la mezquinidad con que son retribuidos. Todavia no está conocida alli la dignidad del magisterio, ni bastante conocido el estudio inmenso y afan que cuestan adquirir conocimientos serios en los diferentes ramos del saber humano. Y asi lo que parece escasa retribucion para un hombre que presta su trabajo corporal es tenido por demasiado para un maestro. De esto depende, por lo general, que el mayor número de los que se dedican á la enseñanza son charlatanes que saben menos que sus discípulos.

Pero, si alli se penetrasen de las indispensables condiciones que necesita el encargado de la educacion de un niño, si se persuadiesen de los frutos inmensos que trae consigo la buena educacion literaria y universal, estoy seguro que los celosos acomodados cubanos llamarian á sí jóvenes de verdaderos profundos conocimientos, para que difundiesen en la isla esa masa inmensa de saber que tiene por fin que envolver al mundo todo. Eso no lo conseguirán jamás sino dispensando comodidades y consideraciones, que de una cosa y otra há menester y es merecedor el hombre que envejece en el estudio y la meditacion.

Y es vergonzoso, lo repito una y mil veces, que un pais tan adelantado en la industria, esté en tan considerable atraso, en punto á instruccion; bien de lastimar es que no siga en esto los adelantos lentos de la metrópoli. Y si bien el gobierno es culpable en esta parte de la falta de buena, alta instruccion, como asimismo de la instruccion de las clases generales, no lo es de la que esos ricos propietarios no dan á sus hijos, con lo cual aumentarian no poco el valor de las riquezas que les legan.

Recientemente se ha establecido un colegio en Matanzas, digno de llamar la atencion por lo estensa y bien entendida que en él está la enseñanza.

El ramo de bibliotecas está dolorosamente descuidado. Solo hay una en el local mismo de la universidad, tan indecentemente establecida que da vergüenza entrar en ella.

Pertenece á la Sociedad Patriótica y está

compuesta de tres mil volúmenes, el mayor número indigno de ocupar una hora al hombre aficionado á las letras.

Y despues de penetrarse del estado de la instruccion pública en la isla de Cuba; ¿no es vergonzoso saber que producen las rentas de esa provincia nueve millones de duros anuales, y que cerca de tres vienen cada año á las arcas de la Península? ¿Y no fuera mejor, y no es un deber gastar algo de estas crecidas sumas en instruir al pueblo mismo que las dá? Se indigna el filósofo al contemplar esta ingratitud y falta de humanidad! Es un asesinato continuo!

ISLA DE CUBA PINTORESCA.

ENTRADA DEL PASEO MILITAR (HABANA).

Entrada del Paseo Militar (Habana).
Fuente: J. M. de Andueza, *Isla de Cuba pintoresca, histórica, política, literaria, mercantil e industrial.*
Madrid, Boix, Editor, 1841.

XX.

La noche del 24 de diciembre es destinada como todo el mundo sabe, en las iglesias cristianas, á celebrar el aniversario del nacimiento de Cristo. Hallábame yo en la Habana, tal dia del último año, y aproveché aquella ocasion para visitar la catedral, y contemplar el sitio en que descansan los restos del admirable Colon. Despues de recorrer crecido número de iglesias, concurridas todas, todas brillantes con el inmenso número de hachas encendidas; me dirigí á la catedral que ya sabe el lector quise en vano visitar otras veces, y cuyo aspecto es de valor escaso.

Varios escalones vulgares conducen á las

principales puertas, y, cruzando el dintel de estas, divísase la iglesia toda, y especialmente su altar principal. El número de luces era inmenso, y á esto, asi como á la estrechez de los edificios, atribuyo yo lo desagradable que es pasar media hora en una iglesia americana. Nada se puede comparar á ese calor de calma, sin brisa, sin espacio para respirar. La pesadez de la atmósfera oprime y molesta, hasta el punto de que escasamente deja gozar de los deleites de las orquestas y de las bellezas del adorno.

Asi me habia sucedido á mí diferentes veces, y en aquella lo noté mas marcadamente. El edificio es pequeño, comparado á nuestras antiguas magestuosas iglesias; su construccion, sin ser fea, es impropia. Consta la catedral de una sola nave; en el centro elévase un altar de marmol aíslado, parecido algun tanto al de la catedral de Jaen, único templo con el cual le he notado yo semejanza. Las bellas columnas de mármol agradan; pero, causa alguna soledad no divisar el coro que está detras del altar mayor, al estilo de muchos monasterios, ni ver crucero ninguno, tan propio de catedral.

Sin embargo, la sola idea de que, en aquel parage, estan los restos de Colon, hacia que se dilatase dulcemente mi alma. Esperábame yo, recordando la bien entendida distincion en que los habia tenido el gobierno español,

167

como asi mismo los espléndidos honores fúnebres que recibieron á su traslacion de Santo Domingo y reciben cada año el dia de San Cristobal, esperábame yo, repito, á encontrar aquellas frias cenizas en algun magnífico mausoleo, elegante, aislado, que pudiera el viagero contemplar por todos lados y por todos admirar. Empero, fué burlada mi esperanza. En uno de los costados del templo, ví, en la pared una lápida enclavada, cerrando, al parecer, un nicho, y tras de él se conservan los restos del descubridor de América. Asi, hasta estos últimos días, estuvieron guardados en Madrid los del ilustre Calderon de la Barca.

Ojalá, que, asi como estos, gracias á la ilustracion del siglo y á la nobleza de nuestra clase artistica, han sido trasladados con pompa en lugar mas conveniente, lo sean igualmente los del sublíme Colon, á sitio en que pueda lucir mas la gratitud de ambos mundos. Es un borron, á mi juicio, para la Habana, el no mandar edificar un soberbio mausoleo, tan solo para encerrar los frios restos del hombre inmortal que si no usurpò á Dios la creacion, tuvo el don de la revelacion en un grado, nunca antes ni despues visto. Seria de desear que los distinguidos habitantes de la isla de Cuba, reparasen esta terrible falta.

Sin embargo, yo gocé en aquellos sagrados lugares. No hay duda que los restos de un grande hombre egercen un influjo magnético en los ánimos de los mortales. ¿Quién hay tan frio é insensible que no se haya sobrecogido de respeto al penetrar en los sitios destinados á guardar las cenizas de los hombres ilustres? ¿Quien que no recuerde aquel momento como si en él hubiese sido dominado por un poder oculto é invencible?... Y es cierto que apesar de la mezquindad del mundo, de la oposicion de los seres vulgares, los hombres sublimes y verdaderamente grandes reinan hasta en la tumba. Dió el cielo el genio á un reducido número de criaturas, y si el vulgo no respeta y acata á estas, las obedece, á pesar suyo. El genio será siempre el rey del mundo; por mas que se revele la materia, dominará eternamente el espíritu; puede el hombre mezquino burlarse del que le es superior en saber; pero sin conocerlo vivirá bajo el influjo de su poderío. Si el genio no es el amo esclusivo del mundo, consiste en que suele estar templada su fuerza con la dulzura del alma.

XXI.

El desarrollo que las ideas de instruccion literaria van de dia en dia recibiendo, hará, sin duda alguna desear á infinitos un razonado exámen del estado actual de la literatura cubana. Materia es esta que la verdadera aficion me ha hecho estudiar, con el detenimiento mayor, y solo lamento que la estrechez de los límites de este libro no me permita estenderme cual yo deseara. Porque, á mi juicio, y en vano lo impugnan materialistas vulgares, el verdadero termómetro de la civilizacion actual é inmediata es el estado de sus letras. La industria puede ser importada y desarrollada entre un pequeño número, fascinando asi á los estraños; el comercio puede recibir vida de la naturaleza; pero, el estado de literatura no tiene mas dependencia que la invencible de las masas. Alli donde la literatura es brillante, hay esperanzas de verdadera instruccion; alli donde es numerosa, inmensa la literatura, el saber es popular, y la virtud en las masas sigue siempre al saber.

En efecto, Homero anunció el porvenir de Grecia, y los numerosos escritores del siglo de Pericles su esplendor y ventura.

Los esclavos desnaturalizan sus felices facultades con la afectacion y pueril adulacion. Solo los seres que abrigan almas nobles son verdaderamente elocuentes. El crepúsculo es siempre escaso, la luz abundante. Hè aqui por qué, faltando á la creencia vulgar, pienso yo que el estado de la literatura es el estado próximo á llegar á un pueblo. Termómetro á la vez de lo presente y del porvenir. El pueblo ejercerá siempre influjo sobre las letras. Porque hay un respeto público que no se atreven los mas á romper.

El exámen de la literatura de la isla de Cuba es doloroso. Los dos polos, el gobierno y el pueblo, son iliteratos alli. Ambos se oponen al adelanto de este divino ramo del saber. El gobierno teme los libros, el pueblo no los entiende. Asi que, como arte, como medio, no existe la literatura. Algunos escriben, con felicidad pocos; pero la escasez de poblacion, de hombres dados al estudio, hace inútiles los esfuerzos de todos. Las travas de la censura no tiene límites; si quisiera enfangarme en el detalle de las penalidades que sufre el escritor por la ignorancia de los encargados del gobierno y los censores, podria fácilmente entretener un rato á mis lectores. Pero, me dá verguenza rocordar las humillaciones que alli sufre el hombre dotado por el cielo del don de trasladar felizmente sus bellos pensamientos al papel. Es mengua del siglo, mengua de la civilizacion humana, mengua de la humanidad. Tan trivial, tan bajo, tan pobre es cuando alli se practica para encadenar el pensamiento, que lastima el pensar que España sea responsable al mundo del estado de ignorancia en que vivirán todavía años y años los moradores de aquellos paises.

De este principio nace una clara consecuencia; el pueblo no enseñado, no lee. Y los pocos libros que, mutilados é incompletos, permiten publicar los censores, son insípidos y frios, á pesar del deseo del escritor, y no tienen lectores suficientes.

El pueblo debe aprender á leer en aquellos escritos, cuyas doctrinas afectan su existencia y bienestar. Los periódicos han sido y son escelentes maestros de escuela. De esta lectura egoista nace naturalmente la necesidad de ocupar el entendimiento, y hè aqui como lee el pueblo obras de doctrina. Insensiblemente medita, aprende, y entonces empieza el triunfo del escritor.

Los dos periódicos de la Habana nada pueden contener que digno sea de merecer el empleo del pensamiento. Está alli vedada toda discusion sobre principios; asi que las cuestiones vitales para el pais pasan sin examen, sin el voto de la prensa. En suma, la prensa es solo un medio miserablemente mercantil.

Y á tal punto es el temor que tiene el gobierno á los periódicos que no permite el establecimiento de nuevos, pareciéndole poca garantía su propia censura. El escritor le pide permiso para *escribir aquello que el gobierno le permita escribir*; y el gobierno le contesta: *yo no te permito ni una línea, buena ó mala.* Tal es el miedo que ni de si propio confia.

Asi, pues, escritores políticos no existen en Cuba, de cualquiera de los ramos que tienen tendencia con las ideas de progreso intelectual, tampoco. Queda todo reducido á la poesía, al cuento, á la estadística y á la historia. La poesía sin libertad, es un dia sin sol; la historia sin discusion y razonamiento es un faro apagado. La estadística sin datos, sin permiso para examinar la poblacion, y el cuento sin filosofia, ¿qué son? Yo lo pregunto al hombre mas imparcial.

Sin embargo, como el mas vigilante suele

dormir, de vez en cuando aparecen destellos de genio que los señores censores no ven, y á su ceguedad por lo regular se deben felices inspiraciones. Entre este número cuento yo muy particularmente las poesias de *Plácido*, impresas recientemente en Matanzas.

En verdad, en verdad, nunca he lamentado mas la falta de instruccion que se da generalmente á las clases humildes de la isla de Cuba, que al leer las producciones de *Plácido*. ¿Y quién es Plácido? me preguntarán mis lectores. A los cuales contestaré: Plácido es un hombre de genio por cuyas venas corre mezclada sangre europea y sangre africana, un peinetero de Matanzas, un ser humilde por el pecado de su color, que habla á un blanco, por miserable y estúpido que sea con el sombrero en la mano. Sin embargo, este hombre asi humillado, en sus cantos medio salvages, tiene los arranques mas sublimes y generosos, que hombre ninguno puede comprender. Al traves de la incorreccion de su lenguage, hay chispas que deslumbran, y no conozco poeta ninguno americano, incluso Heredia, que pueda acercársele en genio, en inspiracion, en hidalguía y en dignidad.

Causa admiracion oir á un poeta que la sociedad en que vive tiene humillado, dirigiéndose á la Reina Gobernadora de España:

Alguno habrá que con dorada lira,
Mas digna de tu oido soberano,
Cuando sus cuerdas diamantinas vibre,
Cante mas grato, pero no mas libre.

O estos igualmente atrevidos y osados:
«El corazon no os late? pues en tanto
            Que adorna el firmamento
El alba pura con nevado manto,
Himnos de gozo sobre el leve viento
A la región olímpica levanto;
Calle el que tema, yo no temo y canto.

=

Júrote ser, si en tus doradas alas,
Al trono de Johová mi acento elevas,
Homero en Ilion, Pindaro en Tebas.

=

Alzo á las nubes atrevido el vuelo,
Y encumbrando mi gloria hasta el Olimpo,
Bajo recinto me parece el Cielo.

=

Si gratos me escuhcais, con raudo vuelo
Plegue al Eterno que mi noble canto
Al alto Empíreo resonante suba
Y en perlas torne convertido á Cuba.

=

Pero, nada dará una idea de la osadía del pensamiento con los siguientes versos con que dá principio á una oda, titulada la sombra de Pelayo.

Cuando los altos montes se estremecen
De los airados vientos al silvido,
Y las aves y fieras se guarecen
En cóncavas cavernas, ó perecen
De la centella al súbito estampido,
Mientras ni el ruiseñor ni el cisne canta,
Y todo es susto confusion y duelo,
Altiva entonces la *condor* levanta,
Ceñida de relámpagos, el vuelo.
     A su brillante lumbre
Desdeña de los Alpes la alta cumbre,
Impávida y tremenda como Palas,
     Y con mirar sereno
Por la region horrísona del trueno
Bate atrevida sus potentes alas.

Tal yo, en mitad del general espanto
Que incertidumbre por do quier respira,
Pulso risueño la sonante lira,
Vuelo á la cumbre del Olimpo y canto.

 Me importaba pintar el carácter poético de Plácido, para hacer resaltar mas y mas su prodigioso mérito. Temo, no obstante, que no se penetren bastante mis lectores de la verdadera condicion de un mulato peinetero en la isla de Cuba, porque solo penetrándose de la abyeccion en que los demas lo tienen, por su clase, sea cual sea su mérito literario, podrán comprender el inmenso valor de los versos citados. Su clase lo tiene en oscuridad tal, que estoy seguro que ni su existencia será conocida á muchos de sus paisanos ilustrados. Yo me glorío en revelársela. Y tengo orgullo en hacer conocer á España este poeta, totalmente en ella desconocido, como, en otro tiempo, dí igualmente á conocer á Heredia.

La robustez de la versificacion de Plácido corresponde á la de su pensamiento. ¿Qué poeta, por elevado que lo tengan las glorias del mundo, no se gloriaría de ser autor de los cuatro siguientes versos, tan redondos y llenos, cual pocos habrá mas en nuestra lengua.

De gozo enagenados mis sentidos,
Fijé mi vista en las serenas ondas,
Y ví las ninfas revolver gallardas
Las rubias hebras de sus trenzas blondas.

Casi toda la versificacion de este poeta es de este género varonil. Sus sonetos á Napoleon, á Jesucristo y Guillermo Tell son tres joyas de nuestra literatura. La conclusion del último es un grito de indignacion que hechiza:

Que hasta los insensibles elementos
Lanzan de sí los restos de un tirano.

Pero, á mi juicio, su mas acabada obra es un romance titulado *Gicontecal*; argumento, distribucion y ejecucion, todo es hermoso.

Puede el lector juzgar por sí mismo, que, á pesar de la economía que necesito observar en las materias de este demasiado breve tomo, no puedo resistir al deseo de estamparlo. Dice asi:

GICONTECAL.

Dispersas van por los campos
Las tropas de Moctezuma,
De sus dioses lamentaado
El poco favor y ayuda.
Mientras ceñida la frente
De azules y blancas plumas,
Sobre un palanquin de oro,
Que finas perlas dibujan;
Tan brillantes que la vista,
Heridas del sol, deslumbran,
Entra glorioso en Tlascala
El jóven que de ellas triunfa.
Himnos le dan de victoria,
Y de aromas le perfuman
Guerreros que le rodean,
Y el pueblo que le circunda,
A que contestan alegres
Trescientas virgenes puras:
«Baldon y afrenta al vencido,
«Loor y gloria al que triunfa."
Hasta la espaciosa plaza
Llega, donde le saludan
Los ancianos senadores,
Y gracias mil le tributan.

Mas, ¿por qué veloz el héroe,
Atropellando la turba,
Del palanquin salta y vuela,
Cual rayo que el Eter sulca?
Es que ya del caracol,
Que por los valles retumba,
A los prisioneros muerte
En eco sonante anuncia.
Suspende á lo lejos hórrida
La hoguera su llama fúlgida,
De humanas víctimas ávida
Que bajan sus frentes mustias.
Llega, los suyos al verle,
Cambian en placer la furia,
Y de las enhiestas picas
Vuelven al suelo las puntas.
Perdon, esclama, y arroja
Su collar; los brazos cruzan
Aquellos miseros séres
Que vida por él disfrutan.
«Tornad a Méjico, esclavos;
Nadie vuestra marcha turba;
Decid á vuestro señor,
vendido ya veces muchas,
Que el jóven Gicontecal
Crueldades como él no usa,
Ni con sangre de cautivos
Asesino el suelo inunda;
Que el cacique de Tlascala
Ni batir ni quemar gusta
Tropas dispersas è inermes,

Sino con armas y juntas.
Que arme flecheros mas bravos
Y me encontrará en la lucha
Con sola una pica mia
Por cada trescientas suyas;
Que tema el funesto dia,
Que mi enojo á punto suba;
Entonces, ni sobre el trono
Su vida estará segura;
Y que si los puentes corta
Porque no vaya en su busca,
Con cráneos de sus guerreros,
Calzada haré en la laguna."
Dijo, y marchóse al banquete
Do está la nobleza junta,
Y el nectar de las palmeras
Entre víctores apura.
Siempre vencedor despues
Vivió lleno de fortuna;
Mas, como sobre la tierra
No hay dicha estable y segura,
Vinieron atras los tiempos
Que eclipsaron su ventura,
Y fue tan triste su muerte
Que aun hoy se ignora la tumba
De aquel ante cuya clava,
Barreada de áureas puntas,
Huyeron despavoridas
Las tropas de Moctezuma.

Igualmente sorprende el ver la facilidad

con que maneja los asuntos tiernos, y alguna
de sus composiciones conmueve dulcemente
el alma. Pocas ideas son mas suaves y poéticas que la que es objeto de un ligero canto
suyo á su rival, despues de muerta su amada. No cabe espresar mejor mejores sentimientos.

Ya los pájaros cantores,
No darán músicas bellas,
Ni danzarán los pastores,
Ni el cielo vestirá estrellas,
Ni la primavera flores.

=

Ni los simples tomegines
Vendrán por verla en la fuente,
Ni ella al verme en los jardines,
Orlará grata mi frente,
De claveles y jazmines.

—

Aquella frente agraciada,
En cuya forma hechicera
Tuvo el placer su morada,
Tornó á lo mismo que era
Antes de ser engendrada.

—

Yo sé, Pilar, cuanto hacias
En obsequio de mi amada,
Y que amistad le tenias,
Y algo mas; pero, asi en nada
Mi honor ni el suyo ofendias.

Por ser cosa natural
Que unánimes dos esten,
Y no por que en caso tal
Quisieras tú á *** bien,
Debo yo quererte mal.

Nuestra situacion retrata
Dos cazadores que en vano
Corren para ver quien mata
La paloma, y un milano
A la vista la arrebata.

Solo una pluma dejó;
Córtola y mójala en hiel etc. etc. etc.
Conozco pocos trozos que tenga un sabor mas primitivo, mas original que este, á pesar de la debilidad de alguna estrofa.

Fuera interminable intentar el traslado de todas las bellezas de estos cantos, porque, si bien son muy pocas las composiciones que pueden citarse enteras, ni una hay en que no bulla el genio. La incorreccion es falta de instruccion; la inspiracion es celestial:

El examen de estas *poesías* me muestra una de esas anomalías inesplicables. En un pais en que no se permite emitir ninguna idea que tenga tendencia liberal, en que no se permite *cantar en italiano libertá* y es preciso sostituirla con *fideltá*, en la ópera se ha tolerado imprimir versos como los siguientes de *Plácido*:

Salud, ¡Libertad! salud mil veces,
Pues derramas propicia,
Do quier que vas, con plácida influencia,
E benéfico gérmen de la ciencia,
La abundancia, la paz y la justicia.

Murmullo incomprensible, misterioso,
Agitaba el alcazar de los reyes,
Nietos de San Fernando. Artificioso
Recurso antiguo de infringir las leyes.

Imprimióse esto en Matanzas en 1838; tal vez en la Habana no se hubiera impreso, y se puede asegurar que lo mismo, dicho en prosa, hubiera costado caro á su autor. ¡Dichoso privilegio el del antusiasmo! ¡Que hasta los hombres menos generosos lo respetan!

Entre los jóvenes que actualmente se dedican en la Habana al culto de la poesía se debe citar á don Ramon Velez, jóven de esperanzas y de talento. Su facilidad para versificar es grande, y como todas las personas dotadas de este raro privilegio, abusa con frecuencia de él. Maravilla ver el prodigioso número de sus versos, y bien claro es que suele perjudicar en poesía á la perfeccion la abundancia.

El caracter de los cantos del señor Velez es la suavidad y dulzura; hay una regularidad hermosa en sus composiciones. Gustan por lo general todas, sin que ninguna arrebate. Los arranques de genio no son comunes en ellas; pero, los defectos escasean igualmente. Si cuidase algo mas la diccion, y emplease algun tiempo en la correccion de sus obras, puede asegurarse que merecerian estas citarse todas. Pero, no conoce bastante los límites que debe guardar en sus escritos, ni el esmero con que debe retocar sus versos el poeta lírico, y en una persona de talento como el señor Velez, es esto falta de gran tamaño. Por lo demas sus cantos son muy leidos y merecen serlo; hay verdadero sentimiento y delicadeza en todos ellos. Debiera aqui hacerse mencion de los señores Anduera y Ferrer que en las páginas del PLANTEL, han trazado hermosos versos, de vez en cuando; pero, estos jóvenes son españoles y escriben ya en la capital del reino.

Entre los poetas líricos de la Habana no tengo muchos mas que citar; porque si bien es cierto que á millares se cuentan las personas que componen versos, suelen estos pertenecer al llamado *de circunstancias*, y sabido es el mérito y defectos de estas producciones. Alli como en todas partes, tienen las del género.

Todos los pueblos meridionales son dados á la poesia, pero, cuando no estan muy adelantados en instruccion, reparan mas en la armonía de la cadencia que en la felicidad del pensamiento. El lenguage es mas descuidado de lo que debiera. Esto mismo sucede en la Habana; es incalculable el número de versos que allí se hacen los dias de santos que tienen numerosa clientela. No hay José ni Juan que no reciba de sus amigos un *soneto*, una *décima* en felicitacion de sus natales. Pero, se escribe mal en estas circunstancias, como en todas partes del mundo. Son casi improvisaciones en lo incorrectas y vulgares. Generalmente, en semejantes dias, los periódicos estan llenos de estos pequeños trozos de versificacion, al frente de los cuales nunca falta el nombre de la persona á quien va dedicado.

Fácilmente se conocerá que, abundando este género de *poetas*, no faltan en las mesas improvisadores. Es una aficion grande la del pais á este género de goces. Pero se comprenderá sin dificultad que apenas si, en estos juguetes del entendimiento, hay mas que un pensamiento alambicado, espresado de un modo cadencioso. Se perdona mucho á la rapidez de la composicion.

El teatro no cuenta con escritores de perfeccion, como entre nosotros. Y es claro un autor dramático está allí peor tratado por el empresario que el miserable escribiente de un procurador. La casualidad ha colmado de riquezas á un hombre oscuro, y este, el Sr. Marti, sin instruccion, ni principios de ningun género, sabiendo apenas firmar, es dueño del teatro de Tacon y empresario de ambos. Se deja fácilmente conocer que su escaso entendimiento é instruccion no le permiten dar valor á las obras del ingenio. A mas está acostumbrado á que cada obra dramática le cueste tan solo cuatro ó seis reales, precio de un egemplar impreso. Y hasta ahora no ha habido para él mas escritor dramático que un librero, ni mas derecho de autor que el importe de la obra impresa. Asi es que, teniendo obras nuevas en la librería á tan poca costa, nunca ha comprendido las exigencias en dinero y respeto que desea un autor.

Recientemente se obtuvo en Madrid una real órden del gobierno para que aquel empresario pague los derechos de representacion como los demas de España. Nadie puede concebir hasta dónde esta órden pareció tiránica al Sr. Martí. Pagar al tramoyista, al farolero, al barrendero, ya se concibe, está claro. Pero, ¡pagar á un poeta que no tiene mas mérito que llenarse el teatro con su obra, eso es un absurdo! eso es atacar la propiedad.

En el primer momento de su estúpida cólera, el Sr. Marti resolvió no representar mas que que obras antiguas, anteriores á la declaracion del derecho de propiedad. Todavía sigue en este sistema, pero, fácil es conocer cuánto se resienten sus intereses de este sistema, y cuán pronto la necesidad le hará sucumbir. Quiere destruír el elemento del teatro que es la novedad, y tendrá que ceder ò perecer en la demanda; porque ¿quién hará retroceder el curso del Danubio?

Sin embargo, ha habido en época anterior algunos ensayos dramáticos en la Habana. El mas notable de cuantos conozco yo es el conde Alarcos del señor Milanés. El argumento es detestable, como sabe todo el mundo. Tan horroroso que solo le falta un paso para asemejarse al del conde Ugolino. Hay, no obstante, mucha felicidad de diccion, y algunas escenas verdaderamente admirables. El mérito del diálogo dramático lo tiene en un grado eminente el señor Milanés, y, ó me engaña mucho mi examen, ò este jóven, con mucho estudio y detenimiento, pudiera llegar á ser escelente poeta dramático. Asi como no lo creo dotado de las mas felices disposiciones para la poesía lírica.

La prosa está en un estado poco próspero, si bien los elementos le sobran para competir con su hermana la poesía. Hay mucha instruccion y sabiduría en algunas personas; conocimientos en el arte de escribir en varias; pero, faltan objetos de egercicio, atendido el estado de la censura. Esto desnaturaliza las mas felices disposiciones.

El señor D. José de la Luz Caballero es

el literato de mas prestigio en la Habana;
pero, creo yo que le conviene mas el nombre de sabio que el de literato. Sus escritos suelen ser profundos; pero demasiado escolásticos. Al traves de sus vastos conocimientos, especialmente filosóficos, se trasluce un mal gusto de diccion, que quita parte del valor al conjunto. Algunos artículos de filosofía insertos en el diario de la Habana, revelan un profundo saber; pero, la controversia es de aula, y la personalidad del impugnado un medio de defensa, poco lógico. Nos parece que el señor de la Luz es demasiado buen maestro para ser grande escritor.

Síguele en órden de prestigio el señor D. Domingo del Monte. Este jóven goza de inmensa popularidad. Es el oráculo de la juventud. Sin embargo el público goza poco de su despejado entendimiento. Son escasos los trozos literarios de mano del señor Delmonte que me he podido proporcionar. En todos ellos se nota facilidad, estudio y detencion. Lo creo merecedor de su reputacion.

El jóven cuyos méritos me han parecido mas cuidados, mas llenos de gusto y buen tono, es el señor D. José Antonio Echevaria. He notado en ellos un sabor tan puro y ático, que dificulto le esceda ningun prosador de su época. Me parece que si este jóven escribiera con toda la libertad que necesita, y el detenimiento que se nota en sus producciones, llegaria á ser citado entre los castizos escritores de nuestro idioma, y entre los mas aprovechados españoles de ambos mundos.

Pero, causa dolor ver cuán aislados viven entre sí, los jóvenes que, en aquellos paises, se dedican al estudio de las letras. Hay una esplicacion dolorosa, pero sencilla que dar á esta conducta. El gobierno no quiere reuniones, y menos reuniones de juventud. En España estan acostumbrados á verse, á conocerse, á estimarse, cuantos se dedican á las letras. Hay un poder tan fuerte que llama á esta union, que las divisiones políticas, tan poderosas en nuestros dias, no bastan á relajar los lazos literarios.

Esto sucede, no solo en Madrid, sino en todas las provincias. Cualquiera de nuestros literatos que viaja por España, sabe que, de pueblo en pueblo, lo van recibiendo los jóvenes que desean conocerlo y tratarlo. Si un motivo particular no se opone á ello, está el escritor español cierto de no hallarse aislado en ningun pueblo de su pais.

En la Habana son inmensas las atenciones que de todas las clases recibe el forastero; pero, literarias, ninguna. Y conociendo la nobleza de sentimientos de aquellos jóvenes no se puede atribuir aquel aislamiento, aquella falta de reuniones literarias sino al temor que tienen de escitar la atencion de un gobierno sombrío.

Desgraciadamente nada tengo que decir de bellas artes. Los pueblos nuevos, y esto es parte de su naturaleza, no comprenden cómo en Europa se dan cien mil duros por un lienzo de Murillo. No comprenden este encanto, pero tampoco sienten otros dolores. Hay sobrada compensacion.

ISLA DE CUBA PINTORESCA.

VISTA DEL TEATRO DE TACON DE LA HABANA.

Vista del Teatro Tacón de la Habana.
Fuente: J. M. de Andueza, *Isla de Cuba pintoresca, histórica, política, literaria, mercantil e industrial*. Madrid, Boix, Editor, 1841.

XXII.

Grande era mi afan por recorrer los campos de Cuba, que lo poco que de ellos habia disfrutado, me hacia desear recrearme en las vastas soledades, à las orillas de sus virgenes rios y al pie de sus antiguos cedros. El aspecto material de un pais influye poderosamente en el cálculo que el observador puede hacer de sus adelantos y porvenir. Porque, en efecto, ¿quién no adivina facilmente que alli donde el campo está inculto, no cruzado por caminos, ni canales, donde los rios no están cubiertos de puentes, allí la poblacion es escasa, y el porvenir, todo? ¿Quién, en la naturaleza de la agricultura, no ve las necesidades del pueblo, y los recursos que ha menester pedir á estraños paises para tan solo vivir?...

Paréceme haber ya manifestado que los moradores opulentos de la Habana, establecidos en el pais, son todos propietarios territoriales. Indiqué igualmente que, no imitando en esto felizmente, a los ricos europeos los propietarios, son agricultores, y merecen las pingües rentas de que disfrutan, siquiera por el afan que les cuentan. Es asi totalmente. La nobleza habanera gasta en verdad escesivo lujo. La economía no parece ciertamente virtud del pais, y sobre todo cuando sus gastos deben tener publicidad, hay pocos hombres en el mundo mas opulentos que aquellos habitantes. Su proteccion á los que han menester de ella, es igualmente mucha, y sus obsequios á los forasteros no tienen límites.

Yo he tenido la fortuna de participar infinito de este último beneficio, y jamas se borrará de mi corazon la gratitud que semejante circunstancia ha hecho nacer en mí, como el respeto que inspiran las virtudes de aquellos habitantes. Calumniados estos en Europa y especialmente en España, es deber mio, observador imparcial de aquellos seres, decir francamente la verdad, y esponerme á la animadversion de los interesados en perpetuar los abusos, mas bien que permitir triunfe con descaro la vil mentira. Es causa de humanidad el defender al oprimido, y cuando levanco yo mi debil voz para hacerlo, satisfago un deseo de mi alma, que harto conozco la ingratitud de los hombres para esperar agradecimiento.

Las estaciones en la isla de Cuba son marcadamente dos. Una que suele empezar en mayo ó junio y se conoce por las continuas y fuertes lluvias, y otra de octubre en adelante; es la de la seca. Eu la primera viven los propietarios en la ciudad; los trabajos del campo son poco importantes y los caminos suelen ponerse intransitables. Acontece á veces que el infeliz á quien sorprende la estacion de las lluvias en una posesion, está reducido á permanecer alli meses, porque no hay caballos que puedan cruzar aquellos mares inmensos de lodo. En el invierno, por el contrario, los trabajos de las fincas empiezan con terrible ahinco, y los caminos, aunque por lo general malos, son transitables, no solo yendo á caballo, pero igualmente en quitrin. Es verdad que, á menudo, todo el vigor de tres robustos caballos no basta para arrancar el ligero carruage de los lodazales y escabrosidades del camino, pero rara vez sucede desgracia ninguna, tal es la destreza de los caleseros y la maestría de los caballos.

En esta estacion, que es la de la cosecha, por lo regular, viven los propietarios en las fincas de caña ó *ingenio*, siendo dos los objetos que á ellas los llevan. Es uno la necesidad en que estan de hacer economías para vivir el resto del año con mayor decoro en la capital; es el otro, el aumento considerable que reciben sus intereses de la vigilancia con que atienden á las mejoras de sus posesiones. Por manera, que este bien entendido sistema, les proporciona marcado progreso en sus fortunas, y goces mayores en los meses que pasan en la Habana. Repito, en este sitio, lo dicho ya en otro; muy de desear fuera que los propietarios de nuestra caduca España siguiesen tan saludable método, y ciertamente mucho ganarian los campos y el bienestar de tanto arruinado grande. Esa vida continua de corte, á mas de influir desventajosamente en las costumbres, disminuye las rentas que tibia ó malamente administran hombres no siempre cuidadosos del bien de su señor.

Los ingenios de la Habana, por la razon indicada, reciben de dia en dia un incremento considerable, y es de notar que se va estableciendo el proverbio saludable que aquel que no adelanta, atrasa. Así cada año trae consigo una mejora. Uno un aumento de terreno, otro un refuerzo de brazos, y finalmente otro una máquina de vapor y nuevos trenes. Este bien entendido órden produce los mas saludables resultados. El es causa de que, á vista de los progresos de tantos propietarios, pequeños y grandes capitalistas se dediquen á la agricultura, desmonten y cultiven terrenos vírgenes y aumenten considerablemente la produccion.

Asi es como asombra el comtemplar que, en 20 años, la produccion se ha duplicado. Y que si algun suceso estraño é infeliz no se opone á este desarrollo, por poco que las leyes se mejoren, llegará en breve el dia en que este aumento sea en escala todavía mas crecida. Pero, es necesario, desde luego, reparar mucho en el sistema de administracion y agricultura que debe regir en aquella isla, porque es fuerza confesar que actualmente su riqueza está prendida por un cabello. Nada de lo que existe alli en el dia promete estabilidad, ni la marcha del sistema actual puede conducir mas que á una miseria cierta.

En efecto, tres son los productos principales del pais: azucar, café y tabaco. El primer renglon es el único realmente productivo, y con el cual se hacen esas inmensas inconcebibles fortunas. Los otros dos suelen ser fincas de recreo ó grangería de pequeños propietarios. Las vegas de tabaco sobre todo exigen cuidado tan minucioso que no suelen ser por lo regular estensas

Por ahora, repito, el azucar es el renglon mas importante; suelen ser seiscientas mil cajas las estraidas en solo un año por la Habana y Matanzas. Cada caja suele tener diez y seis arrobas.

Asi que no es estraño que las solas aduanas marítima y terrestre de la capital den cerca de seis millones de duros de producto anual.

Pero, la naturaleza de los *ingenios*, los crecidos gustos necesarios para su establecimiento, el género de vida del pais y las necesidades del hombre acomodado, exijen que los productos sean inmensos. Asi que una ganancia que en Europa se juzgaria moderada se tiene alli por mezquina, y hay sobrada razon para que asi sea. En cualquier industria en que se empleén capitales se encuentra un resultado hermoso y asi parece que el ramo primero de agricultura no debe ceder á los demas, y hé aqui un cálculo que no se hace. En los primeros tiempos en que la isla estaba menos floreciente, el número de cajas de azucar que se podian estraer era considerablemente menor. Por otra parte, en aquella época ni el Brasil, ni la Luisiana, ni los estados de Colombia, cultivaban en grandes terrenos la caña; los franceses no conocian ó escasamente aprovechaban el jugo de la beterava. Asi es que, siendo igual el consumo de azucar que en el dia, y la producción infinitamente menor, tenia esta un valor mucho mas subido. Por eso admiraba ver la rapidez con que un ingenio labraba una fortuna crecida Este cebo tentó á cuantos poseian algun capital, y el número de cañaverales creció en la relacion que hemos examinado. Los adelantos de la industria fueron causa de que disminuyesen los gastos de fabricacion, pero, los tratados sobre trafico de negros hicieron aumentar el valor de los brazos necesarios al cultivo.

Asi es que, no habiendo aumentado sino escasamente el consumo, y habiendo crecido infinito la produccion, esta ha debido bajar de precio. Asi ha sucedido, y esta circunstancia unida á las quiebras numerosas de los Estados Unidos, ha producido la crisis terrible que aflige este año á la isla de Cuba.

Veamos ahora qué medios se ofrecen para que cesen tamaños males. Desde luego los propietarios, naturalmente deseosos de enriquecerse en breves años con la menor molestia y costo posible, se valen de un medio que muestra la riqueza inmensa territorial del pais. La caña, por sus hondas raices, cansa pronto el terreno en que está sembrada; y en vez de beneficiar este como debiera hacerse, ó de dejar descansar la tierra sembrando otros productos, tan luego como nota el propietario que envejecen las plantaciones de su ingenio, lo abandona, compra un terreno virgen y se traslada á él. Asi de dia en dia, se van haciendo escursiones por el litoral, alejándose mas y mas de la capital. A esta circunstancia debe su incremento la nueva ciudad de Matanzas, Cardenas, Sagua y otros puntos menos importantes.

Pero, este remedio, lejos de preparar mas feliz porvenir á la agricultura, si hace muchos bienes, en otro sentido, causa en este males sin número. La produccion seguirá en considerable aumento; pero, el consumo no podrá acompañar su marcha. Y cuando la India, el Brasil, toda la América desde Magallanes hasta el Missisipi y Francia, presenten en los mercados de Europa inmensas cantidades de azucar, ¿qué sucederá? Sucederá, fácilmente se adivina, que bajará tanto el valor de este producto, que no dará para cubrir sus gastos. Cualquiera conoce que no es la ísla de Cuba quien podrá vender á menor precio.

Estas consideraciones son de mucho peso, y merecen ocupar sèriamente, no solo á los habitantes de aquellos paises, sino igualmente á los gobernantes de España. Es cierto que el gobierno, en materias de industria, no es mas, como dice un entendido escritor, que el aceite que facilita el movimiento de la máquina. Pero, es necesario que no entorpezca.

Es indispensable que en Cuba se adopte el método, vulgar por cierto, de variar las producciones. En terrenos tan feraces, bajo un cielo benigno que derrama el sol que vivifica, y el agua que baña las entrañas de la tierra, innumerables son estos medios de variacion. El añil, la cochinilla, la goma, el arroz, son productos todos que pudieran servir para tal objeto, y este equilibrio saludable haria que todos conserváran en los mercados de Europa precios regulares.

Para obtener este objeto, se hace principalmente preciso que el gobierno tolere alli periódicos, aunque bajo esa establecida censura, pero moderada é inteligente. Es preciso que se permita á los amantes del pais escribir con sinceridad y candor, el estado del pais, y descorrer ese velo brillante que encubre tantos vicios y miseria. Es preciso que hombres de buena fe anuncien los medios de remediar los males que en el dia amenazan á la isla, y hablen con la la energía que da la justicia. Esto asusta á muchos, lo sé; pero, me parece que mas les asustará cuando, en años sucesivos, si no se toman eficaces medidas desde ahora, vean una disminucion terrible de riqueza, y un principio marcado de males que tal vez no será ya posible evitar.

Apesar de su opulento estado aparente, Cuba está en una crisis terrible. Este año empieza á resentirse de él; las quiebras de la Habana, la estancacion de frutos, y la baja inmensa de precios son datos poderosos. Lo repito una y mil veces, sí España quiere asegurar la riqueza venidera de aquel pais, debe, al momento, empezar la obra razonable de mejoras, y desengañarse que allí está todo por hacer.

XXIII.

Una de las mañanas del pasado invierno, mi amigo el Sr. Hart y yo, emprendimos un largo paseo por los campos de Cuba. Salimos en los carruages de vapor con el fin de dirigirnos á Güines, y despues de ligeros tropiezos en el camino, logramos el deseado objeto. Nuestra sorpresa fue grande al notar la mezquindad y poco aseo de poblacion tan concurrida, porque de ella nos habia dado elevada idea, el preferente camino de hierro que conduce á ella desde la capital. Sin embargo, cuando entendimos que aquel punto abrevia mucho el tiempo que se necesita para ir desde la Habana á ingenios importantísimos y á la costa del Sur, cesamos de asombrarnos de cuanto veiamos, y aplaudimos la idea hermosa que presidió á tan útil eleccion.

Desde Güines pensamos cruzar varios ingenios y pequeñas poblaciones y dirigirnos á Canasi á casa de uno de mis mejores amigos. Con este objeto tomamos un carruage con tres caballos, y como sabiamos cuán agrio era el camino al término de nuestra jornada, pactamos que tendriamos un relevo de caballos en la mitad del camino. El escesivo precio que nos llevaron, nos autorizaba á esperar el cumplimiento de este convenio.

Salimos, en efecto, una mañana á las once, y durante las primeras horas de viage, nada es comparable á lo agradable de nuestra jornada. Una brisa consoladora templaba los ardores del sol; y una naturaleza risueña distraia nuestras miradas. Estensos campos sembrados, unos de cafetos, otros de platanos, de caña los mas; todos adornados con palmas, cocoteros y odoríferos árboles, ocupaban agradablemente nuestro estudio. Nos sorprendia, empero, el notar aquel silencio sepulcral que por todas partes reinaba; raro pájaro cruzaba los aires, ó se posaba sobre los árboles; de vez en cuando el monotono canto del *judio* nos heria, y echábamos por cierto de menos ese concierto eterno de aves que en los frondosos campos de Europa acompaña al viagero. Sin embargo de vez en cuando, estraños pájaros se ofrecian á nuestra vista, el tomeguin pequeño, el gracioso sinsonte que imita cuanto oye, y el trabajador carpintero.

Los aires nos parecieron despoblados, pero la tierra no nos lo pareció menos. Apenas, si encontrábamos un transeunte, y nos estrañaba ver á los pocos que divisábamos con un largo machete, arma parecida á la antigua tizona, ceñido al costado. Ni un solo hombre se encuentra en aquellos caminos que no vaya armado, y sin embargo nunca sucede tener necesidad de hacer uso de la arma. Pero la necesidad de imponer respeto á los negros que puedan huir de las casas de sus señores obliga á tomar estas precauciones.

El negro que guiaba nuestro carruage no sabia el camino, y asi es que, torciendo á la derecha indebidamente, nos llevó al Aguacate á donde llegamos á las cinco de la tarde. Nos gustaron sobre manera los alrededores de este pequeño pueblo, y despues de haberlos examinado, y que hubimos satisfecho pobremente, en una taberna, la necesidad de comer que llevábamos, quisí nos continuar nuestro viage. Faltábannos lo menos para ilegar al término de este nueve leguas, y estábamos indecisos si continuar andando toda la noche, ó quedarnos á pasar esta en alguna taberna. Entre los varios guagiros, ú hombres del campo que en aquella parada encontramos, uno, de avanzada edad, nos trató con una afectuosa cordialidad que nos encantó. Su estraña verbosidad nos entretenia, y los mil sabrosos ridículos cuentos con que amenizaba su conversacion nos causaban un verdadero placer. Por otra parte, su gravedad cómica, la importancia que daba á su persona, hacian tal contraste con su pobre trage, su poblada barba y ruin cabalgadura, que nos pareció uno de los hombres mas curiosos de la tierra. Sabedor de nuestro proyecto de viage, de la ignorancia de nuestro negro, y de la indecision en que estábamos, nos ofreció su proteccion, y se mostró muy afligido de que una enfermedad inveterada le privase del placer de acompañarnos hasta Canasi; pero, se brindó á ponernos en camino seguro, á indicarnos los sitios por donde debiamos pasar y recomendarnos á los mayorales de las fincas por donde debiéramos cruzar.

Agradecímosle debidamente tanta cortesía, aceptamos la parte necesaria de sus ofrecimientos, y á breve rato emprendimos el viage, guiados por aquel estraño ser. No cesó de decirnos en todo el camino, que no debiamos andar de noche, porque alguno de los muchos que en la taberna nos habian visto desarmados, y que conocian el terreno, podian tener la humorada de robarnos. Nos convencian tales razones; pero no sabiamos si hallariamos donde pasar la noche, y entonces el oficioso *guagiro* nos ofreció su triste y humilde casa, por donde debiamos pasar.

Trascurrida una hora de camino, cuando ya terminaba el crepúsculo de la tarde, despues de cruzar cafetales y fincas particulares, de que nuestro guia hacia á los negros guardianes abrir las talanqueras, cual si él fuese el poseedor del mundo, llegamos á la puerta de una pequeña casa cubierta de palma, y rodeada de magníficos y frondosos *mangos* y erguidas poéticas ceibas.

Allí se detuvo el rocin de nuestro acompañante, y este buen hombre, con el sombrero en la mano, y acompañado de una entonacion robusta y una gravedad admirable, nos dijo:

«Señores, esta es mi casa. Si VV. gustan pasar en ella la noche, hay gallinas que comer, esclavos á quienes mandar, improvisadores á quienes oir, y camas en que dormir.»

Tan estraña me pareció aquella invitacion, que, sin casi consultar con mi compañero, me apeé, tomé la mano del huesped, y admití con una frase cortada y retumbante su original ofrecimiento.

Y entonces, haciendo girar en todas direcciones su caballo ruin el amable huésped, con gritos robustos, y multiplicadas ordenes, mandó hacer mil cosas á la vez. Parecia un general mandando todo un ejército, el buen hombre que tenia escasamente tres viejos negros á quienes mandar. Hizo desenganchar al momento, dar de comer á los caballos, limpiar el carruage; despidió propios á buscar que comer al pueblo inmediato, porque aquel señor de esclavos no acostumbraba á comer pan y por lo tanto no lo tenia en su casa.

Entramos en esta por último, con el corazon contento, felices por haber encontrado aquel medio poético de pasar una noche, y penetrar en el interior de la casa de un infeliz montero. Veinte y cinco varas en cuadro cerradas con tablas de palmas, y cubiertas con hojas del mismo arbol era el palacio de nuestro huesped. Solo notamos una ligera separacion de tablas á la derecha, y se nos anunció que alli estaban los seis hijos de nuestro hombre, que nos reveló era conocido en aquel pais con el nombre de D. Francisco Perez Berrute; en otros tiempos, habia usado otro. Tenia una hija de diez y seis años que nos previno no veriamos porque era hermosa y nosotros jóvenes.

Pasados los primeros momentos nos llevó á pasear por una soberbia calle de mangos, y á mis reiteradas preguntas, inquiriendo su fortuna, su historia y su modo de vivir nos satisfizo á todo del modo mas enfático y estravagante. Empezó por su curiosa historia que tengo motivos poderosos para no descubrir; pero que nos sorprendió, encantándonos el modo natural con que nos la relataba. En seguida nos dijo que poseia un pedazo de terreno que cultivaban con tres negros que tenia, sistema que le parecía mejor que el seguido vulgarmente de ser mayordomo, bueyero, ó mayoral de algun ingenio. Encantaba y sorprendia oirle razonar con la lógica mas fuerte, acerca de las ventajas de la independencia individual. Nos pintó con los mas vivos colores ese placer que resulta de hacer aquello que es preciso, por conviccion propia, no por mandato ageno, de utilizar todo el fruto de su trabajo y no partirlo con su opulento señor.

Descendió á manifestarnos que era estremadamente pobre, y que dias y dias se pasaban sus hijos sin comer mas que un poco de *tasajo*, y algunos sin este alimento grosero. Atribuia semejante desgracia á su mala suerte, y como yo no comprendiese tal infortunio en quien como él tenia una cosecha suficiente para atender á sus reducidos gastos, despues de mil estraños preámbulos, nos habló con mas franqueza. Nos reveló entonces que, en verdad, solia verse, de vez en cuando, con veinte ó treinta onzas de oro; pero al dia siguiente solia no hallar un real en el bolsillo. Era causa de este vaiven el inmoderado amor que tenia á sus gallos; llevaba alguno de estos siempre que tenia dinero, á pelear con otro, y apostaba crecidas sumas que siempre perdia. Esperaba encontrar mas suerte con otro, y asi, buscando la piedra filosofal que, á su juicio, era un gallo invencible en la pelea, perdia el escaso produto de su trabajo, y se sumia cada vez mas en la miseria. Pero, nos aseguraba que entonces tenia un gallo, de naturaleza tal, que podia mirarlo como una fortuna. Era de un vecino suyo, y habia vencido infinidad de veces; su nombradía era ya grande. Berruete habia dado en cambio otros dos gallos de buena condicion, un caballo, un machete, y gran cantidad de tabaco. Ese era el motivo de su alegría, esperando que en breve seria rico, aunque por entonces no tuviese alimento que dar á sus hijos.

A poco rato nos anunciaron la cena y aunque no querian sentarse á nuestra mesa, hicimos sentar en ella, no solo á nuestro huesped, sino á dos amigos suyos que debian pasar allí la noche. Consistía la cena en una gallina asada, plátanos y pan. Colocado todo esto encima de un paño indecente de color. Cubiertos no se conocian allí y fué preciso hacer uso de los recursos de la naturaleza. Asi es que yo no podia contener la risa viendo al delicado habitante de Nueva York sentado alegremente á tan rústica y estraña mesa. Yo sin embargo no le he visto jamás comer con mejor humor, ni mas apetitosamente que aquella noche. El pan y los plátanos tuvieron que satisfacer el hambre de nuestro buen humor.

Durante la mesa, nuestros compañeros de cena nos anunciaron que el señor Berruete cantaba muy hermosos versos, y este, defendiéndose con fingida modestia, nos reveló que los otros dos eran igualmente improvisadores. Por lo cual y á fuerza de ruegos, se prestaron, despues del nocturno banquete, á cantar aquellos tres hombres. La sala estaba escasamente iluminada. Cuatro camas á distancia unas de otras, con una sola tela que las cubría, servian de asientos; los dos desconocidos estaban embozados y el huésped con un frasco de aguardiente al lado. Al piè de las camas habia atados diferentes gallos y por una puerta entreabierta, se veia una asquerosa muchacha de quince á diez y seis años; casi desnuda, sucia y mugrienta, desordenado el cabello, con un largo cigarro en la boca, tendida en el suelo.

En este estado empezó el canto de los improvisadores. Era un continuado monotono grito; empezaba con impetuosidad y concluia con una cadencia que imitaba bien la languidez y molicie. El conjunto parecia un suspiro prolongado que busca quien lo escuche. Las infinitas décimas que entre los tres improvisaron, tenian estremada originalidad; algunas eran dirigidas á nosotros, colmándonos de elogios alambicados y pueriles, pero cariñosos; las mas estaban llenas de esa metafisica amorosa de nuestros autores antiguos, y generalmente habia un sabor agradabilísimo en aquellas repentinas composiciones. Lo estraño era que los tres monterios seguian una estraña conversacion en verso, y era una réplica continua y una lucha de ingenio. Nuestro huèsped se dió por vencido, y para darlo á conocer empezó á cantar versos de Calderon. Nadie podrá debidamente concebir la estrañeza y agradable efecto que me causó, escuchar en aquel apartado sitio, y á tan rústicos hombres, versos de nuestro admirable poeta. Si ya no estuviese yo tan convencido de la popularidad de los cantos de Calderon, entonces tenia ocasion de cerciorarme.

Apenas hay verso notable en la *vida es sueño* que Berruete no cantase aquella noche.

Por fin llegó hora de acostarnos, y si el canto de los gallos y el frio de que no teníamos con que resguardarnos, nos hubiesen permitido dormir, hubiéramos sin duda tenido dulces sueños, despues de una noche tan estraña.

Al siguiente dia, al salir el sol, despues de dar á nuestro huesped algunas monedas que recibió con aire de picaresca vergüenza, nos dispusimos á continuar nuestro viage, Beruete nos acompañó mas de media hora; pero advirtiendo que el señor Hart, habia dejado en su casa por olvido un baston que conservaba en recuerdo de su hermano, volvió á buscarlo nuestro huesped, ofreciéndonos regresar pronto, pero si lo verificó, al menos nosotros no lo hemos vuelto á ver mas. Varias veces pasé despues por aquellas inmediaciones, y nunca pude encontrar la casa de nuestro amable huesped que deseaba de nuevo visitar.

A pocas horas entramos en las montañas, y nuestros raquíticos cansados caballos no podian sacarnos de aquellos inmensos lodazales. Varias veces se atascó el carruage, varias los caballos se rindieron, y despues de andar mucho á pie, y pasar muy malos ratos, tuvimos la fortuna de llegar á la taberna de Canasi desde donde me ví forzado de escribir un billete á mi amigo el señor Chacon, á cuyo ingenio íbamos, contándole nuestras cuítas. Una hora despues llegaron tres soberbios caballos, bellos como leones, ligeros como águilas que arrastraron en minutos nuestro ligero carruage á San Juan Bautista, ingenio del señor Chacon, en donde descansamos agradabilísimamente.

XXIV.

Durante un mes que permanecimos en el seno de aquella hospitalaria familia, no solo disfrutamos de todas las atenciones que el trato americano tiene con los forasteros, sino que nos aprovechamos del sitio para estudiar algun tanto la naturaleza del pais y sus producciones. A las primeras horas del dia soliamos salir á examinar los árboles, las cañas y plantas de la posesion. De vez en cuando observábamos el sistema de moler, visitábamos á los poseedores de ingenios inmediatos, recibíamos numerosas visitas y molestábamos á nuestro amabilísimo huesped con preguntas. Por las tardes soliamos visitar algun puerto inmediato y tal vez navegar por el escondido poético rio Canasí. En recuerdo de estos últimos paseos, á las orillas del poco caudaloso rio, me inspiró mi entusiasmo un ligero canto que tiene para mí el mérito de retratarme instantes deliciosos.

Las noches eran destinadas á los dulces y sabrosos coloquios que amenizaban tanto el señor Chacon y su interesante familia con la fineza de su conversacion y lo prodigioso de su memoria. Sentados en el pórtico de la casa veiamos la luna iluminando aquellos estensos mares de caña, oiamos el canto del frailete, el de los trabajadores, y no pocas veces concluiamos recitando versos de Byron ó de nuestros ilustres poetas.

El ingenio de San Juan Bautista tampoco es de los mas adelantados en medios de fabricacion; pero, lo son realmente los inmediatos que visitamos pertenecientes todos á individuos de la misma familia: Boloy, San Ignacio, la Dolores y otros. Por manera que el exámen de estos, y de otros infinitos que luego visité, ya en nuestro tránsito á Matanzas, ya regresando á la Habana por caminos distintos, me ha impuesto de todo el adelanto á que ha llegado este ramo de agricultura el mas importante, como queda espresado, de cuantos tiene la rica isla.

Por lo regular, ya sea por la escasa duracion de los ingenios, ya por los gastos inmensos de establecimiento, ya porque toda idea de recreo está separada de estos sitios, es lo cierto que las casas que en ellos tienen sus poseedores no corresponden al lujo de sus palacios de la Habana. Ni grandes paseos de árboles las rodean, ni jardines cuidados, ni menos estanques, fuentes, y bustos y columnas, como en las posesiones de campo de los paises adelantados de Europa. Allí se ve toda la sencillez ó desidia española. Sin embargo, es preciso hacer merecidas escepciones.

El ingenio de Boloy no solo tiene una magnífica casa, sino hermosísimos jardines de que cuidan hábiles jardineros mandados venir de Francia; las posesiones todas del señor Montalvo disfrutan del mismo beneficio, y son algunas mas las fincas de caña en que se nota semejante adelanto.

A mas de la casa del señor que, por humilde que sea, descuella por sobre todas las demas, se ven las del mayoral que es el gefe inmediato de los esclavos, del mayordomo, carpintero, boyero y demas empleados blancos. Y á alguna distancia estan las humildes habitaciones de los negros. Estas son, como es facil concebir, unos nichos formados de madera y cubiertos de hojas de palma. Dentro suele no encontrarse mas que unas desnudas tablas en que pasan las horas de descanso aquellos infelices.

En medio de todas estas habitaciones estan generalmente los edificios en que se fabrica y custodia el azúcar. Operaciones complicadas que no se pueden debidamente esplicar sin poder disponer de estensos límites. Sin embargo, es interesante la materia, y merece detencion. Empezaré hablando de la primera materia.

El origen de la caña de azúcar es objeto de sérias controversias; quién supone que se conocia en América antes de la conquista, quién que Cristobal Colon la llevó á la isla de Santo Domingo. Lo cierto es que en 1495 estaba en la isla Española esparcido el cultivo de la caña, y lo es igualmente que por aquella época en España y Canarias se conocia esta produccion. Sabido es cuán desarrollado está este principio de agricultura en la China y la India; los portugueses, en sus primeras espediciones á tan remotos paises, adquirieron conocimientos que luego trasmitieron á los españoles. Ambas naciones plantaron caña; pero, ambas tuvieron que abandonar su cultivo, porque el clima desigual de Europa no permitia su desarrollo.

Apesar de esto, en América existia caña de azúcar antes del descubrimiento, y la autoridad del ilustre Humbold que asi lo afirma debe ser tenida en cuenta. Sobre este asunto han escrito tantos que el citarlos seria, à la par que inútil, molesto.

Es la caña dulce una planta de elevacion desigual. Crece por lo regular hasta tres varas; su diámetro suele ser de igual número de pulgadas. Está dividida por nudos circulares, de los cuales nacen las hojas. Cuando es nueva todavía, ofrecen estos nudos escasa vejetacion; pero, llegando á tener un año, se desarrollan prodigiosamente. Las hojas tienen por lo regular una vara ó mas de largo; pasan por los grados todos de la vejetacion hasta secarse; y segun va creciendo la planta, desprendiéndose, dejan la caña descubierta. Entonces está en sazon esta. Las hojas son rectas, en su principio; toman despues una figura circular, de dos pulgadas de ancho, de un color amarillo verdoso, estriadas en toda su longitud, ásperas y sembradas, en toda su superficie, de unas espinas imperceptibles y que se introducen al mas leve contacto. Sus ásperos bordes son igualmente cortantes al mas sencillo roce.

Conócense varias especies de cañas; la mas antigua es la criolla, que fué única durante mucho tiempo. La hermosura y fuerza de vejetacion de la de Otaiti han seducido de modo que se han echado en olvido las ventajas de la criolla. La caña de Otaiti es mas fuerte, elevada y gruesa, y como tal, mas abundante en jugo.--La caña de cinta y la listada son otras de las mejores especies.

Por medio del *machete* son derribadas las robustas cañas; por medio de la presion en cilindros sueltan el jugo; el fuego purifica el azúcar, y el sol lo blanquea.

Facil es de conocer el número crecido de brazos y máquinas que se necesitan para tamaña complicacion de trabajos. Asi es que un ingenio no puede tener menos de doscientos esclavos, sin contar diez ó doce empleados blancos para las operaciones mas delicadas.

El vapor es el agente mas comunmente empleado para moler la caña. Pero, yo entiendo que falta mucho que hacer para perfeccionar esta fabricacion, porque el mucho combustible y poca armonía entre la presteza con que se muele y la lentitud con que hierve y se limpia el líquido, son inconvenientes de gran tamaño.

Un ingenio empieza á ser regular dando un resultado anual de mas de mil y doscientas cajas de azucar, que, en un año bueno, valen veinte y cuatro mil duros, de los cuales hay que deducir los intereses de un capital crecido y los gastos anuales que no son pequeños. Sin embargo, un ingenio de esta naturaleza deja mucha ganancia en años buenos.

Los mayores que yo he visto hacen cuatro mil cajas, y no creo que en la provincia de la Habana, se encuentren otros mas ricos.

Inmediato á Trinidad hay algunos de seis mil cajas; pero, entiendo que el azucar es de peor calidad y tiene por lo tanto precio menor.

Estos detalles, si bien frios y de ningun valor para el hombre de mundo, para el moralista que busca en la lectura aquella instruccion que sea compatible con el recreo, pueden ofrecer algun interes á aquellos hombres curiosos para quienes las cosas materiales son todo, seres felices que pueden hallar lo que buscan, mas dichosos que esos míseros soñadores que, yendo siempre en pos de bienes ideales, tropiezan sin cesar con la materia, que para unos es todo y para otros nada.

THE VOLANTE.

El quitrín.
Fuente: Cornelia H. Jenks, *The land of the Sun or, What Kate and Willie Saw There*. Boston, Crosby, Nichols, Lee & Company, 1861.

XXV.

Cuando el viagero cruza los hermosos campos de Cuba, de vez en cuando un olor suavísimo y delicado, viene á distraerle en sus deliciosos sueños. A medida que adelanta, el olor es mas fuerte y pronuncia. Y entonces el menos esperto procura achacarlo á otra causa que al aroma de los campos; porque, en verdad, es de distinta naturaleza, sin dejar por eso de ser agradable. Entonces recorre en rededor su horizonte, y ve que nubes de humo, abatidas por la brisa, envian aquel suave perfume. Un número crecido de edificios de diferentes tamaños y clases, se ven asentados sobre alguna eminencia, y se prepara el viagero á entrar en un pueblo, si bien no muy grande, al menos estraño. Los campos inmediatos estan sembrados de caña erguida, y las eternas compañeras de aquellos campos, las útiles poéticas palmas, no le abandonan tampoco. Numerosas carretas van á buscar la caña que abaten robustos trabajadores, y una actividad agradable se advierte en cuanto la vista descubre.

Aquella masa de grandes y pequeños edificios que descubre el viagero es un ingenio, y cuanto le rodea y ve es parte de aquella heredad.

El señor vive allí en los meses de la cosecha, no como un rey entre su pueblo, sino como un patriarca entre sus hijos. Todo allí, casas, máquinas, animales, hombres, todo es propiedad suya. Si se descompone una caldera ó se quiebra el brazo un negro, igualmente está obligado, por su interés propio, á componer la caldera ó curar el brazo. Así que este lazo entre el interés y la humanidad favorece notablemente á la raza oprimida. El señor tiene delegadas sus facultades en el mayoral, generalmente hombre rústico y duro, pero, víjilante é inteligente. Este es el que dispone los castigos y los ejecuta; el que reprende y mortifica; él el que va siempre con un látigo en la mano y rodeado de armas. Por eso raras veces los esclavos lo aman.

Pero, el señor no se muestra jamas con dureza, lo odioso no le pertenece nunca; solo el premio, solo la recompensa, solo la indulgencia. Tiene el esclavo permiso de quejarse á su señor, y este por lo comun lo oye con bondad, reprende, aunque aparentemente al mayoral, intercede por el infeliz y lo consuela. Asi es que nada se puede comparar en la tierra al respeto que un esclavo tiene á su señor. Ha acontecido que los negros todos de un ingenio se sublevasen contra la tiranía del mayoral; asesinaron á los blancos, cometieron los escesos mayores; pero, no se ha dado el caso de que doscientos hombres armados y furiosos no escuchasen la voz de su señor desarmado.—Esta inviolabilidad está debida al maquiavelismo con que esconden la mano que castiga, y enseñan la que premia.

Se habla mucho del rigor con que los esclavos del campo son tratados en la isla de Cuba. Hay en esto una exageracion marcada, sin que por eso deje de ser odiosa la verdad. Algunos mayorales azotan terriblemente á los esclavos, y es bastante frecuente ver á estos infelices con gruesas cicatrices en todo su cuerpo y cara, de los duros golpes que han recibido. Conmueve é irrita semejante espectáculo. Pero, por fortuna, no se presenta tan amenudo como en Europa se cree. Hay mayorales de carácter suave, si bien esta suavidad es relativa á la dureza, de los otros.

Por lo demas, la suerte de un miserable esclavo se concibe cuán amarga debe ser. Obedecer eternamente, esta es su divisa. Sin embargo, de dia en dia, se va templando el rigor, y un hombre limitado que no cónoce los beneficios de la libertad y que busca solo escasos goces materiales, puede ser feliz en muchos ingenios. Generalmente cada negro tiene un pedazo de terreno que se le permite cultivar para su utilidad propia. Se le conceden con este objeto algunas horas de descanso los sábados de cada semana. Es general que los esclavos las aprovechen, y se puede asegurar que el industrioso que desea activamente la libertad, la consigue en un número reducido de años. Sin embargo, pocos son los que disfrutan de semejante beneficio. Y para mostrar hasta qué punto está envilecida la especie humana, hay trabajadores de estos que tienen dinero con que comprar su libertad y no obstante permanecen en la esclavitud. Estravío raro de la razon!!

Una de las circunstancias que admiran mas en la isla de Cuba es la ninguna práctica religiosa que se hace observar á los esclavos. Maravilla que personas tan timoratas como generalmente son aquellos señores, que no viajan jamas sin capellan, no hayan llevado su celo por la fé, hasta el punto de mandar instruir en materias de religion á sus esclavos. Estos ni oyen misa, ni se confiesan, ni reciben mas sacramento que el del bautismo y el del matrimonio. ¡Contradicciones estrañas de que la especie humana abunda, y que son la burla y mofa de la vil hipocresía de los mortales!! — Donde quiera el interés domina á la humanidad; los hombres en todo el universo pequeños, no tienen mas virtudes que aquellas que no les son del todo nocivas.

VISTA DE UN INGENIO.

Vista de un ingenio.
Fuente: José García de Arboleya, *Manual de la isla de Cuba.
Compendio de su historia, geografía, estadística y administración*. 2ª ed.
Habana, Imprenta del Gobierno y Capitanía General por S.M., 1852.

XXVI.

Entre los ingenios que visitamos en aquella temporada, tengo que citar el de San Ignacio, distante dos cortas leguas de San Juan Bautista, para revelar una mejora en él introducida, debida al celo del señor don Juan Montalvo y Ofarril, apellido que recuerda tantos adelantos en la agricultura, y que tan noblemente honra la familia ilustre que hoy lo representa. San Ignacio es una posesion vastísima, y en estado tal que es fama salen de sus fábricas los mejores azúcares de la isla. Ni de esta circunstancia, ni de la hermosa casa y jardines que allí se encuentran, ni de la templanza con que suelen ser tratados los negros, voy ahora á hablar. Solo deseo manifestar que allí es el único punto de la isla en que se ven camellos, tan útiles á la agricultura, y que es de esperar den resultados tan felices.

El mayor de los inconvenientes á que está sujeto un cañaveral es el tráfico de carretas en el tiempo del corte de cañas. Como este corte empieza en un estremo adelantándose hácia el centro, se concibe qué gran número de veces deben las pesadas ruedas de una carreta oprimir el mismo terreno. Esta necesidad destruye los campos, y para evitar tamaño mal, el señor Montalvo mandó traer de Canarias crecido número de camellos, que evitan el indicado mal, y es de esperar, den con el tiempo útiles resultados. Visto lo cual, se generalizará el uso de estos animales, y será inmenso el beneficio que reporte á la agricultura.

Estensos párrafos tendria que llenar en mi obra, queriendo dar una idea de todos los adelantos que en la agricultura ha introducido el señor Montalvo, y mayores límites necesitaría por cierto, si intentase pintar la interesante y noble familia que preside este ilustrado americano.

XXVII.

Abunda poco la isla, como llevo indicado en pájaros; sin embargo, hay algunos que ya por la belleza de su plumaje ó la hermosura de su canto, merecen llamar la atención, como en efecto la llaman. De estos últimos el mas admirable es sin disputa el *Sinsonte*, si bien comun en los colores de su pluma, rarísimo en su variado canto. Tiene la particularidad de remedar cuantas voces oye, y tanto en esto como en la viveza de su canto, se nota la maravillosa alegría de que está poseido. Pero, este motivo, es causa sin duda, de que se entristezca cuando está enjaulado y pierda sucesivamente la voz y la vida. Pero cuando goza de libertad completa, nada se puede comparar á la armonía de su canto y variedad de su trinado. Embelesa escuchar sus cadencias, cuando, girando en mil estraños círculos, suelta la suave voz. Infinitas veces intenta descansar encima de las ramas de algun árbol; pero para seguir su variado canto, necesita no pararse en parte alguna, y cuando el casancio de tal agitacion rinde sus fuerzas, se deja caer en un árbol y pone término á su canto.

Con razon es tenido el *Sinsonte* por el rey de los pájaros cantores.

Los azulejos y cardenales son lindísimos por su plumaje; pero no son abundantes y cantan débil y vulgarmente.

En la oscura noche, cuando la vista se dilata por los campos, de trecho en trecho, se ven reducidas, pero brillantes luces, que, movidas por desconocido poder, saltan y giran de un lado á otro. Son los luminosos ojos de unos insectos llamados *cocuyos*. Son estos de la clase de las *luciernagas* que de noche vemos en Europa; pero distinguiéndose de ellas en la viveza y claridad de la luz que dan. Tienen cuatro alas que salen de la concha que las cubre por la parte superior. En medio del vientre tienen dos pequeños depósitos, por los cuales despiden la primera luz. Otros dos tienen en la cabeza en el lugar de los ojos, menores que los otros; así, la reunion de las cuatro luces da mucha claridad. El animal la aumenta ó disminuye, á medida que lo desea, pues con sus alas cubre la luz segun quiere. Poniéndolos en agua, se alegran y vivifican; basta moverlos para que den luz cuando la tienen oculta. En el verano es cuando se ven con mayor abundancia; raros se ven en el invierno. Su alimento es el jugo de la caña dulce. Pueden mantenerse en pequeñas jaulas, pero no duran nunca mas de dos meses, y es preciso mantenerlos este tiempo con azúcar.

Para coger este animalillo es preciso poner inmediato alguna ascua de fuego; cree que es otro animal de su propia especie, vuela á buscarlo y se deja coger.

Las gentes del campo se divierten en reunir cantidad de ellos y soltarlos en una habitacion oscura. Su luz es brillantísima, y alumbra como el mejor gas. Y es estraño ver girar las luces por todas partes. Algunas mugeres del campo, suelen adornarse la cabeza, el cuello y brazos con sartas de estos insectos, colocándolos de diferentes modos, y van resplandecientes como si llevasen coronas y collares de luces naturales.

Los árboles mas abundantes son los *cedros* cuyas ricas maderas son tan útiles; los hay de distintas clases; los *caobos* son muy comunes; las ceibas, único arbol que en aquellas regiones pierde en el invierno su hoja, son altas, y su blanco lustroso tronco es igual y robusto; sus brazos erguidos todos en direccion al cielo le dan un aspecto estraño á cierta distancia; parecen inmensos candelabros del gran templo del mundo. La ácana durísima está considerada como el hierro de los vegetales. La flexible *majagua* tiene contrario uso.

El número y variedad de maderas de construccion es inmenso; apesar de eso se hace gran consumo de tablas de la America del Norte para los usos mas diarios y precisos. Aparte los árboles citados y la palma, tan varia y prodigiosa, que es tan útil como hermosa, y que tiene tantos usos, y que sirve de tantos modos, apenas si los demas árboles, de que tanto abunda la isla, son aprovechados, ni casi conocidos. La jocuma, el vacagüey, el coájaní, la guácima, el júcaro, el granadillo, el ocuje y otros tantos que fuera interminable citar, no son aplicados debidamente á las artes, y es esto lastimoso por cierto.

Algunos de estos árboles tienen hasta virtudes raras. El ocuje por ejemplo, destila una resina propia para las cortaduras y relajaciones. Es de tanta actividad que puesto el parche de ella en donde encuentra articulacion, la une quitándole totalmente el movimiento.

Otros tienen particularidades estrañas, tal es un árbol llamado *daguilla*. Encuéntrase entre la corteza y el tronco de este árbol una telilla que estendida forma un riquísimo blanco encaje, del cual muchas señoras tienen velos y pañuelos. Es una rareza que sorprende. Hállanse estos árboles en gran número en las eminencias.

Es verdad que algun celoso escritor de aquellos paises ha recomendado el uso de tales maderas, y se ha quejado de ese producto que saca en la isla de Cuba el habitante del norte con sus tablas que pudieran ser innecesarias. La industria en esta parte está menos adelantada de lo que debiera, y el costo inmenso que tiene el hacer serrar las maderas, es causa de ese descuido. Tiene esto remedio tan fácil, que es de esperar se acuda á él en breve. Para todo se necesita poblacion; hombres que necesiten discurrir si quieren comodidades. El tiempo es el remediador de todo.

Encuéntranse en esta isla igualmente canteras de mármol; una descubierta en el ingenio de Sta. Lucía, ha sido examinada. Se ha presentado alguna pieza pulida ya de aquel precioso mármol, negro veteado de blanco, que puede competir con el mejor de Italia. Mas tarde creo que esta cantera ha quedado abandonada, y es lástima que no reemplace su rico mármol al tosco granito de S. Miguel de que ya llevo hablado.

Tampoco es dudosa la existencia de minas de carbon de piedra, de estraordinaria cualidad, pero, á pesar de la cercanía de la Habana, hay mucha lentitud en sus trabajos.

No sucede asi con las minas de cobre de Cuba, de la cual se sacan productos inmensos; pero, llamo muy particularmente la atencion del gobierno á fin de que se entere detenidamente de lo que pasa en la esplotacion de aquel rico venero de riqueza, que tal vez halle mas de un abuso de cuantía que corregir.

¡Ojalá que este libro, no dictado por espíritu de partido ni de especulacion, logre despertar la apatía del gobierno hácia interesantes ramos que son susceptibles de mucha mejora en la isla de Cuba, y sean mis tareas coronadas con algun útil resultado!!

XXVIII

El señor Chacon y su digno hermano el conde de Casa-Bayona, nos convidaron á visitar la vecina ciudad de Matanzas, y facil es conocer que aceptamos con gratitud esta ocasion que se nos ofrecia de visitar la poblacion rival de la Habana. =En breves horas, despues de cruzar infinitos ingenios y de ver la máquina de vapor de Santa Cruz que es la mayor de toda la isla, llegamos á la agria cuesta de *Yumuri*, inmediata á la costa y á la ciudad á que nos dirijiamos. Desde su cumbre, gozamos de la vista mas poética que creo puedan presentar aquellos paises, escasos en elevadas montañas. De un lado estensos valles de verde caña y árboles elegantes, divididos aquellos por ondulaciones graciosas; del otro el mar estenso y la ciudad encerrada entre el curso de dos anchos y hermosos rios. Naves numerosas á distancia del muelle, humo de barcos de vapor, y la agitacion y movimiento de una gran poblacion.

Es dificil citar un punto en el mundo que presente un acrecentamiento tan rápido y gigantesco como Matanzas. Aunque hace 146 años que esta ciudad empezó á edificarse, á principios de este siglo era todavia insignificante en su poblacion y comercio. Sin embargo, en los últimos veinte años ha recibido tal incremento que en breve se hallará en el caso de rivalizar con la capital de la isla. El año de 1838 se estrajeron solo de Matanzas muy cerca de doscientas veinte mil cajas de azúcar, cien mil cajas menos que la estraccion de la Habana, y adviértase que aquella ciudad no tiene todavia mas que doce ó catorce mil habitantes. En los seis años últimos duplicó los productos de su comercio.

Esta poblacion tiene iguales relaciones comerciales con estrañas naciones que la capital. Pero la mayor parte de su cosecha se estrae en buques de los Estados-Unidos. Esta razon es causa de que infinitos ciudadanos de la union se hallen establecidos en

Matanzas, y sea tan familiar á los habitantes de esta ciudad el habla inglesa. De dia en dia se va esparciendo mas y mas el conocimiento de esta lengua, y aun se nota que las costumbres de los pueblos del norte logran allí buena acojida.

Matanzas es una de las poblaciones mas lindas de la isla. Sus calles son generalmente rectas y bastante anchas; pero no empedradas. Sus plazas de Armas, de Hernan Cortes, de Fernando VII, de la Ciénega, de Colon, de Gerona, de Yumurí, de Villanueva, son muy espaciosas, principalmente la primera, que adornada de árboles, asientos, columnas y con un obelisco en el centro, es mas ancha y larga que la de la Habana. Dos iglesias únicas tiene la ciudad, una parroquial de pobre construccion y pequeña, y otra auxiliar á bastante distancia, igualmente reducida. Ambas estan continuamente desiertas.

Tiene un hermoso paseo llamado Versalles, adornado de bellísimos árboles. Se distinguen desde él dos soberbios edificios: un hospital y un cuartel, ambos de buena arquitectura, y de mejor aspecto esterior que interiores comodidades. La aduana es igualmente edificio de elegante construccion.

Dos puentes cubren los rios Yumurí y San Juan que bañan las estremidades de la ciudad; son de madera, y descansan en pilares de mamposteria.

El calor suele ser mas escesivo que en la Habana, y en algunas estaciones la salud de los habitantes, y especialmente de los forasteros, corre notable riesgo.—Unas ciénegas inmediatas son origen de este inconveniente Y es maravilloso que una poblacion de tamaña riqueza, no emplee parte de su fortuna en hacer desaparecer este mal, lo cual es posible.—Las aguas allí son muy malas: consiste en los muchos manglares que cubren las márgenes de los rios.

El castillo de San Severino, el fuerte del Morrillo, y la batería de Cajigal tienen pretensiones de defender la ciudad; pero están tan mal colocadas estas fortificaciones que de nada absolutamente sirven.

Su espaciosa bahía no presta seguridad á los buques, porque está abierta al N. E. que reina con frecuencia en aquellos mares. Las embarcaciones tienen que fondear á gran distancia del muelle; á este no pueden atracar ni los mas pequeños buques. Es tan dificil la salida que acontece á menudo que esperan los barcos quince ó veinte dias para poder verificarla. En la estacion de los norte sucede esto con frecuencia.

Hay un teatro detestable; pero tengo entendido que se trata de construir uno espacioso.

Una asociacion nueva trata de construir algunos ramales de camino de hierro. Fondos para tamaña empresa no faltan ciertamente, y la provechosa ribalidad que esta ciudad tiene con la capital, enjendra útiles planes y facilita los medios de llevarlos á cabo.

En las costumbres hay escasas diferencias respecto de la Habana. La misma franqueza y hospitalidad, y el mismo afan del lujo y opulencia.

Las casas modernas suelen ser de hermosa y cómoda construccion; pero nada basta á templar aquel calor escesivo. No conozco poblacion en donde se haga sentir mas el calor.

El furor de pleitear es menos fuerte que en la capital, sin embargo de que en este, como en todos los puntos de la isla se gastan crecidas sumas anuales en sostener litigios. Esto ha corrompido de tal modo el foro, que puede citarse como modelo de lo malo, entre cuantos malos se hallen esparcidos por el universo.

VISTA DE UN CAFETAL EN LA VUELTA-ABAJO

Vista de un cafetal en la Vuelta-Abajo.
Fuente: José García de Arboleya, *Manual de la isla de Cuba. Compendio de su historia, geografía, estadística y administración.* 2ª ed. Habana, Imprenta del Gobierno y Capitanía General por S.M., 1852.

XXIX.

¡Cuántas noches he pasado en las soledades de los campos, llamando á mi memoria los fragmentos de antiguos escritores á fin de formar una idea de lo pasado! ¡Cuántas veces he preguntado á las añosas palmas la historia de sus muertos señores!... En verdad que es doloroso recorrer centenares de leguas de países, un tiempo poblados por una raza occidental, y no hallar en el dia ni la huella de aquellos habitadores sencillos. Nada hay allí que recuerde antiguos tiempos; nada, ni el rostro de los naturales, ni las ruinas de los edificios, ni los sembrados de los campos. Todo allí es nuevo.

Perecieron los viejos caciques y con ellos su pueblo, y con su pueblo su lengua, costumbres y ritos. Nada queda, nada mas que la brisa que refrescaba la frente de los indios, y los rios en que veian estos sus rosados lábios. Y al contemplar tan completa destruccion, es necesario desechar de la memoria los bestiales hombres que han necesitado cometer tanta iniquidad para hacerse señores de aquellos paises.

La relacion de Colon, la de su amigo el cura de los Palacios y las varias de otros escritores contemporaneos nos revelan cuán poblada estaba de gente mansa la isla primitiva de Colba, luego isla Juana, hoy de Cuba. Y cuando apenas han pasado tres siglos, ¡toda aquella raza de gente sencilla y apartada de malos pensamientos, ha desaparecido de la superficie de la tierra! Y recordando el infame sistema de guerra del siglo XVI, y la codicia de los aventureros de la época, y el fanatismo religioso é inhumanidad de los gobiernos, ¿quien hay que culpe al apóstol de las Indias, sí levantaba su voz tan fuerte que conmovia al mundo entero? Para entender los libros de Las Casas es necesario recorrer los campos de Cuba y verlos desiertos de esos hombres de color bronceado que antes los poblaban. Entonces es cuando el filósofo medita y comprende. Entonces el poeta adivina.

Tristes son los sueños que pasan por la frente del hombre noble cuando, sentado al pie de una robusta ceiba, lleva sus miradas á lo pasado. ¿Quién sabe cuantas lágrimas habrán caido en aquel sitio mismo? ¡Cuántas veces un fugitivo cacique habrá estrechado allí por vez última á su hija, arrebatada á sus brazos y cariños! Tantos dolores reunidos sin duda han sido presa allí del infeliz indio, despedazado por un perro sanguinario! ¡Perder en solo una hora patria, familia, fortuna y poderío, y hasta la existencia! Asi, cuando por vez primera ví el rio Canasí no pude menos de esclamar:

  Manso rio,
 ¿ Es tu curso soberano
 El lloro de un rey indiano
 Al perder su poderío?

En verdad, en verdad, que me causa horror llevar mis miradas á aquellos tiempos remotos.—Los siglos tambien cometen crímenes como los hombres, y el XVI es el asesino de los pueblos occidentales.

VISTA DE UNA VEGA.

Vista de una vega.
Fuente: José García de Arboleya, *Manual de la isla de Cuba. Compendio de su historia, geografía, estadística y administración.* 2ª ed. Habana, Imprenta del Gobierno y Capitanía General por S.M., 1852.

XXX.

Despues de recibir durante un mes todas las atenciones mas delicadas en casa del señor Chacon, regresamos á la Habana el señor Hart y yo, no ya por el camino de Güines, sino por otro mas raro todavía. Teniamos apostados tiros en diferentes puntos, y dimos varios rodeos que nos parecieron cortos, gracias á la velocidad de nuestros caballos y á la inteligencia de nuestro calesero.

Pasamos por las inmediaciones de Jaruco, donde vimos elevadas rocas, horadadas por diferentes partes y en cuyas cavidades pueden esconderse infinitas gentes. Allí nos aseguraron que se ocultan los negros, cuando huyen de las habitaciones de sus señores y ciertamente no es facil encontrarlos en aquellas elevadas y estrañas guaridas. Parecen estas realmente nidos de águilas. Tapizadas algunas con abundante musgo y pobladas ramas, ofrecen un estraño aspecto que sorprende y deleita. De allí cruzando hermosos valles, nos dirigimos á Santa María de Bainoa donde descansamos un rato. Para llegar á esta poblacion, pasamos entre el hermoso cafetal que á la izquierda del camino tiene el conde de Bainoa, y el que está á la derecha y pertenece al señor Montalvo y Castillo.

Durante las breves horas que descansamos en Bainoa, nuestro huésped que nos sirvió un delicado almuerzo, nos habló detenidamente de la institucion de los capitanes de partido, y nos aseguró que es tal el terror que estos gefes inspiran, que muchos hombres honrados, con perjuicio de sus intereses, viven en las grandes poblaciones por evitar aquel continuo látigo. Es claro que unos funcionarios que no gozan de sueldo ninguno y que egercen un mando tan considerable, abusen á menudo de las facultades que se les conceden, y atropellen á las personas acomodadas, á fin de encontrar así medios de subsistencia. Este clamor es tan general que ha llegado mas de una vez á los oidos de personas que pueden, con ventajas del bien público, acallarlo; pero desgraciadamente, es bien tibio el celo que inspira las resoluciones de mejorar las instituciones.

Desde este pueblo nos dirigimos á la Sabanilla, donde descansamos igualmente, y cruzando el pueblo de Santa María de Rosario, de que es justicia mayor nuestro distinguido amigo el conde de Casa Bayona, hermano del señor Chacon, llegamos á Guanabacoa y Regla. Hállase este último pueblo dividido de la capital por la bahía tan solo. Crúzase esta en vapores que continuamente están saliendo de uno y otro punto, y es tan cómoda esta travesía que muchos la hacen sin apearse de su carruage. No fuimos nosotros de ese número, y tuvimos el placer de ver la ciudad iluminada por millares de luces, que en la oscuridad de la noche lucian alegremente.

A las ocho estábamos ya en la fonda, muy satisfechos de haber recorrido los campos de Cuba, y tan ricos de observaciones que para revelarlas todas necesitaba yo otro espacio que el que se me concede para completar este ligero tomo.

EL CAMAGÜEY

Un palmar del Tínima

Un palmar del Tínima.
Fuente: Antonio Perpiñá, *El Camagüey. Viajes pintorescos por el interior de Cuba y por sus costas*. Barcelona, Lib. de J.A. Bastinos / Lib. de Luis Niubó, 1889.

XXXI

En todas las poblaciones europeas donde es general el uso de los bailes de máscara, concluyen estos el martes de carnaval. En la Habana casi empezaron estos en el mismo dia el año último. Asi es que siguieron durante toda la cuaresma, y solo fueron interrumpidos en la semana santa.

El magnífico teatro de Tacon, el del Diorama, y los tres salones de sociedades de que en otra parte he hablado, estaban espléndidamente iluminados y alternaban en sus funciones; pero, á pesar de que casi toda la poblacion disfrutó de tales diversiones, ni un solo baile particular ha habido.

Lo cual en verdad se concilia poco con el lujo que los habaneros ricos gastan en otros ramos.

Pocos espectáculos se pueden comparar por su hermosura y lucidez al que presentaba el hermoso teatro de Tacon, conteniendo mas de seis mil personas, y mostrando en sus elegantes palcos á las bellas cubanas, que, por evitar la confusion, no querian pasear por su espaciosísimo salon. La abundancia y riqueza del alumbrado, el movimiento de alegría y júbilo que se advertia, causaba no menos gozo que sorpresa. Sin embargo, se notaba un descuido en los disfraces que formaba contraste con la elegancia de las señoras de los palcos. He advertido este mismo descuido en todos los bailes de máscaras de la Habana, inclusa la sociedad filarmónica. Entre nosotros los hombres se cuidan poco del adorno en esta clase de diversiones; alli, ni los hombres ni las mugeres. El disfraz general es el dominó, y las señoras se ponen el mismo poco elegante trage que los hombres. No hay esos caprichos que inventa la coquetería de nuestra juventud femenina, ni menos ese modo de descubrir graciosamente el talle y el brazo, cuando puede escitar esto la atencion de la concurrencia. Alli hay verdad en las máscaras: es verdadero disfraz. Dificil es sospechar nada hermoso debajo de aquellas túnicas de tafetan.

Es fuerza advertir que son pocas todavía las señoras que asisten disfrazadas á los bailes. Entre nosotros ninguna se puede presentar sin careta; allí únicamente se la ponen las que desean encubrirse. Usan de la misma facultad que los hombres, y me parece cosa muy natural.

La concurrencia de la filarmónica era mas escogida, á pesar de que los billetes se vendian igualmente. El lujo alli era mas fastuoso, y todo respiraba un aire de buen tono que encantaba.

Santa Cecilia y la Habanera solian ser tan frecuentadas, que era dificil cruzar sus largos salones. El lujo tambien alli fue mucho: solo el gusto en los prendidos y la comodidad para los bailarines escasearon.

Recuerdo con gusto esta temporada, porque me pareció digna de un pueblo elevado en fortuna y consideracion.

VISTA DE GUANAJAY.
desde la loma del Cuartel.

Vista de Guanajay desde la loma del Cuartel.
Fuente: J. M. de Andueza, *Isla de Cuba pintoresca, histórica, política, literaria, mercantil e industrial.* Madrid, Boix, Editor, 1841.

XXXII

Como en párrafos anteriores se ha procurado demostrar, los ingenios son tan solo fincas de producto, de utilidad; el recreo que en ellas se puede encontrar es bien escaso, y aquellas personas que no tienen en callenda el alma sufren infinito al ver la miserable condicion de los esclavos. Los actuales tratan ciertamente á estos con mas templanza que lo hicieron sus padres; de seguro los atienden en sus enfermedades y le proporcionan algun alivio en sus penalidades. Pero, el negro es como el buey y el caballo: un agente necesario para aumentar la riqueza de su señor.

Es verdad que, apenas si se encuentra una sola persona perteneciente á la nueva hera, que no se conduela de tamaña necesidad y que no deseara verla terminada. Todos, al parecer quisieran que la isla acrecentase su poblacion blanca, que los campos fuesen habitados por colonias de europeos y en suma que sin el aumento de negros pudiese la agricultura seguir en el estado de opulencia en que ahora se halla.

Pero ni el gobierno proteje estas ideas, ni menos se avendrian facilmente los propietarios á sufrir los perjuicios que les trajera cualquier innovacion en la materia. Los productos que da en el dia un ingenio son realmente desproporcionados. Son estas fincas verdaderas minas en que se ha descubierto una ancha veta. Consiste semejante beneficio esencialmente en el poco coste anual que tiene cada esclavo. Dudo que un ingenio pudiera tener mas que un beneficio corto teniendo que pagar crecidos jornales á blancos.

Pero, no se advierte que estos jornales, en verdad desproporcionados en el dia, son tan solo efecto del escaso número de europeos que allí hay; pero, si este número creciese rápidamente, de seguro bajarian el precio de los jornales y el equilibrio seria restablecido. Sin embargo, se deja concebir que no es facil llegase á igualarse al mezquino alimento y vestuario que se da á los esclavos, y hè aqui la verdadera plaga del pais, plaga que todos estan interesados en sostener y que arruinará á todos.

Por manera que aqui se confirma la máxima de un economista que dice: la riqueza de un pais no consiste en la acumulacion de capitales en pequeño número de males, ni en el aumento de ingresos en arcas públicas, ni aun el progreso de las artes y ciencias. Y tiene ciertamente razon quien profundamente ve. Todo esto existe en Cuba, y sin embargo no hay solidez ninguna en lo que hemos convenido llamar la riqueza del pais; porque la poblacion no es homogenea y el mayor número de seres que alli habitan son esclavos infelices que duermen encima de duras tablas, y se mantienen de plátanos y carne salada.

La isla de Cuba, dice alguno con razon sobrada, es un diamante en bruto y no le falta mas que el pulimento de un buril social; es un rio de abundancia; pero es necesario limpiar las malezas que pueden obstruir su curso.

Las palabras que forman la anterior frase son sacadas de una memoria acerca de poblacion blanca escrita por D. Francisco Javier Troncoso, inserta en el sesto número de las memorias de la sociedad patriótica. De desear fuera que las ideas alli sembradas prendiesen en la voluntad de nuestros hombres públicos. Me prometo no desmayar en el propósito de coadyuvar á tan útil plan.

La pluma se va naturalmente á estas cuestiones, aun cuando no sea tiempo oportuno tratar de ellas, y la delicadeza literaria cede en esta parte al interes humanitario. Conozco que mi libro une á otros defectos el de mal ordenado plan, pero consiste falta tan grave en que mi corazon habla mas fuerte que mi cabeza en esta importantísima cuestion. Yo tengo lástima á los seres egoistas que no hallan interés en las materias de que trata este buen libro.

Hallándome en la Habana de regreso de mi visita á los grandes ingenios conocidos con el nombre de *vuelta arriba*, deseaba vivamente visitar los cafetales de la *vuelta de abajo*, tan célebres por su hermosura, buen gusto y elegancia. Me dispuse, por lo tanto á verificar tan necesario paseo. La estacion era tan apropósito que convidaba con su blancura.

Una de las mañanas de abril salí con uno de mis mejores amigos de la Habana, me separé del camino de hierro en Bejucal y á la hora de comer estaba en San Antonio de los Baños. Inmediato á este pueblo estaba el cafetal de mi amigo, en donde descansamos aquel dia, preparándonos á ver en los siguientes, los partidos inmediatos de la Artemisa ó San Marcos, la Güira y Guanajay.

En efecto, despues de que mi amable huésped dispuso que no nos faltasen buenos y frescos caballos para el carruaje en todo el camino, emprendimos nuestro viaje al siguiente dia. Desde luego noté, con agradable sorpresa, que el camino era perfectamente llano, y que la tierra encarnada de que estaba todo formado ofrecia un aspecto encantador. De un lado y otro del camino hermosas calles de palmas reales, robustas, iguales, limpias, alineadas deleitaban la vista. Cualquiera que ve aquellos árboles soberbios con sus ramas muellemente caidas, con su tronco, sin una desigualdad, tan variado en colores, le parece que árbol á árbol ha sido cuidadosamente trabajado por la mano de la naturaleza.

A las pocas horas llegamos á la posesion de un aleman, la mas importante de cuantas tiene la isla. La puerta de la finca es como todas primorosamente trabajada, y el arco que la forma es siempre del mejor gusto. Una hermosa calle de palmas reales nos condujo á lo que se llame *batey*, y no es mas que el terreno en que estan las fábricas de la finca. De un lado y otro veianse calles de frondosos mangos. Los cafetos y plátanos se mecian suavemente á impulsos de la brisa bienhechora. Infinitas aves domésticas cruzaban por aquellos limpios parages. Y algun ligero *totí* volaba, trinando por los aires, impregnados de aroma fragante.

El *batey* se componia de una soberbia casa, con hermosos pórticos en que vivia el amo de la casa; las del mayordomo y el médico á cierta distancia, cubiertos de *tejamaní*; la casa del molino al frente, con el verdadero molino en el centro, y á ambos lados salones para guardar el café. Entre las casas, varios espaciosos *tendales*, en que se seca el café, vacíos entonces. Jardines hermosos cercados de limoneros y cipreses elevados. A distancia un inmenso edificio en que viven los cuatrocientos esclavos del cafetal, y tienen su enfermería y salas de niños.- Una breve torre que sirve de prision termina el indicado *batey*.

El amo de la finca nos recibió con la mayor cortesía y urbanidad ; tuvo la complaciente bondad de enseñarnos el interior de todos los edificios, y esplicarme á mí no solo el uso de ellos, sino las operaciones del café, con lo cual me dispensó un señalado favor.

Es el café la simiente de un arbusto originario de la alta Etiopia donde se eleva á 15 pies. Presenta su tronco de trecho en trecho, desde su parte superior hasta el suelo, brazos opuestos, rodeados de ramas transversales de pequeño tamaño. Asemejanse mucho sus hojas á las del laurel comun; pero, son aquellas mas jugosas, flexibles y menos espesas. Brotan al rededor del tronco y en toda la estension de las ramas, grupos de flores blancas, parecidas al jazmin, aunque de hojas mas cortas y delgadas, si bien mas espesas y consistentes. Esparcen una fragancia escesiva que va poco á poco disipándose. Entonces caen las flores y reemplázanlas pequeños granos que continúan creciendo y completan la cereza que constituye el producto del arbusto. Esta cereza encierra una pulpa viscosa de color pálido, y sirve de capa á dos pequeños granos convexos de un lado, planos de otro, y con una hendidura en toda la longitud y en medio de la superficie plana. Estos granos estan aproximados unos á otros y encerrados con separacion en una membrana particular; despues de seco el grano de esta membrana, ofrece el café una película blanca y lustrosa que frecuentemente se separa del grano, aunque queda muchas veces adherida. El agua desarrolla completamente los granos; la cantidad y calidad de estos está en proporcion de las lluvias.

En Arabia crece espontáneamente el cafeto; hasta el siglo XV no empezó á recogerse su fruto. Rápidamente se esparció el uso de tomar café. En 1554 se vendia públicamente en Constantinopla.

El veneciano Pedro de la Valle introdujo este fruto en Italia á principios del siglo XVII. Treinta años despues unos viageros que fueron de Constantinopla á Marsella llevaron consigo una provision abundante de este lujoso artículo con todos los utensilios propios para hacerlo; pero, hasta 1671 no se abrió en aquella ciudad la primera casa destinada á la venta de cafe preparado.

En 1714 presentaron los magistrados de Amsterdam á Luis XIV un cafeto que se conservó en Marly bajo el cuidado del señor Jussieu, cuyos renuevos fueron mas tarde llevados á Surinan, Cayena y la Martinica.

El cultivo de las Antillas debió ser muy rápido, porque en 1732 los productos del café eran ya de tanta entidad en Jamaica que pronunció la legislatura una acta en su favor.

Pero, concretándome á la isla de Cuba, el aumento mas considerable que ha experimentado esta industria en aquella isla, se debe á la espantosa revolucion de Santo Domingo. Numerosos agricultores tuvieron que emigrar de la antigua isla española, y buscar en el suelo hospitalario de Cuba un recurso para endulzar su destierro. Repartiéronse por todas partes, multiplicaron los plantíos, y dieron egemplo á capitalistas que invirtieron caudales en este importante ramo.

El café no puede cultivarse en paises frios. El arbusto crece mejor y vegeta con mas lozanía en terrenos elevados y nuevos, donde las aguas tengan buenas corrientes. Siémbranse en algunas partes árboles elevados entre los cafetos con el fin de que penetren mas dificilmente los rayos abrasadores del sol. Tres años se necesitan para sacar producto del cafeto.

El aspecto de un cafetal, cuando las matas estan en flor, es interesante y de mágica apariencia. En una noche tan solo se abren los botones todos; admira y sorprende la hermosura con que esperan la risueña aurora para recoger en su caliz el rocío cristalino de las noches.

La posesion de que llevo hablado en parte de este párrafo, contaba cerca de un millon de cafetos, cantidad que la constituye la primera en importancia en toda la isla. Pero, nos aseguró su dueño, al parecer con la sinceridad mayor, que no correspondia el producto al inmenso capital alli invertido. Y en verdad es de creer asi, porque los precios del café son generalmente moderados, y los gastos hechos en aquella finca darian intereses mas crecidos, impuestos de cualquier otro modo. Pero, consiste esto en el lujo con que el propietario ha querido edificar las fábricas, y en la abundancia que respira allí todo.

Pero, generalmente hablando y siguiendo el sistema general establecido en aquellos deliciosos cafetales, si bien producen infinitamente menos que un ingenio regular, también tienen coste mas bajo y exigen atencion menor. A mas, es generalmente deliciosa la permanencia en este género de fincas, y no acontece lo mismo con esas minas ó posesiones de caña.

En este cafetal tuve ocasion, mas que en ninguna otra parte de la isla, de lamentar el estado completo de ignorancia en que se tiene á los esclavos. Una de las operaciones últimas del café, consiste en colocar sobre una espaciosísima mesa grandes cantidades de grano, y varios negros, sentados de un lado y otro, escogen sus diferentes clases y van haciendo de ellas separaciones. La habitacion construida con este objeto en el cafetal de que hablo es sumamente linda. Larga, estrecha, cerrada con hermosos cristales y bastante elevada. Cuando nosotros entramos un silencio sepulcral reinaba allí, silencio que jamas es interrumpido, á lo que se nos esplicó. Cerca de ochenta personas, entre mugeres y hombres, hallábanse ocupados en aquella monótona ocupacion.

Y entonces se me ocurrió á mí que nada mas fácil habría que emplear aquellas horas en ventaja de la educacion moral de aquellos infelices seres. El mismo que sin cesar los vigila podria leer en voz alta algun libro compuesto al efecto, y al mismo tiempo que templase el fastidio de aquellos desgraciados, les instruiria de alguna cosa que aliviase su miseria.

Pero, es doloroso ver el marcado interes que hay en conservar mas y mas bruta á esa clase de hombres á quienes se trata peor que á los caballos y los bueyes. Cada vez que oigo hablar de esos decantados adelantos de la isla de Cuba, recuerdo, sin poderlo remediar, ese desconcierto de legislacion, ese desarreglo del foro, esa escasez de colegios y escuelas, y por último en la dureza con que es tratada esa infeliz clase arrebatada al Africa, infringiendo todas las leyes de Dios y de los hombres, menos afortunada que los caballos que acompañan, porque estos al menos carecen totalmente de pensamiento.

Visitamos en los dias siguientes, diferentes cafetales mas, y en todos tuve ocasion de admirar la hermosura y limpieza de sus sembrados, de sus jardines, de sus casas, y por último salí de aquellos deliciosos paises con el sentimiento de que no fuese mejor el régimen que alli se sigue y el dolor de no poder pasar mi vida al pie de alguna ignorada ceiba.

ISLA DE CUBA PINTORESCA.

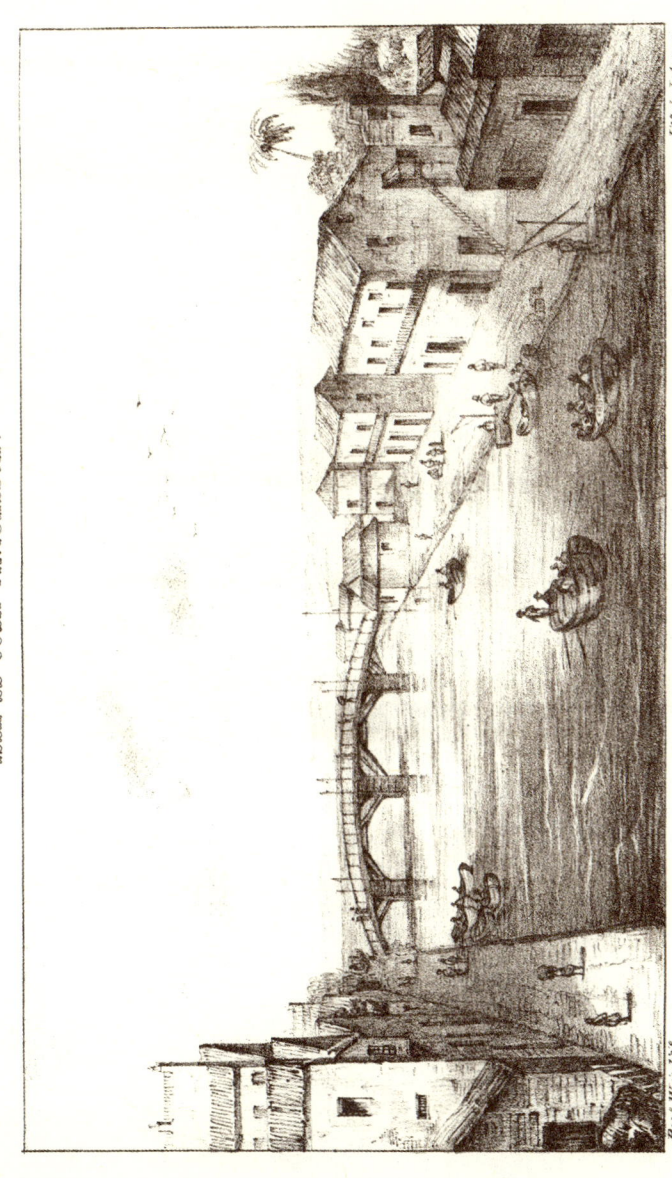

VISTA DE LA ENTRADA DE MATANZAS POR LA PARTE DE
Pueblo nuevo.

Vista de la entrada de Matanzas por la parte de Pueblo Nuevo.
Fuente: J. M. de Andueza, *Isla de Cuba pintoresca, histórica, política, literaria, mercantil e industrial.* Madrid, Boix, Editor, 1841.

XXXIII.

Diré algunas palabras acerca del célebre tabaco que, aunque en Europa es sencillamente conocido con el nombre de tabaco de la Habana, es realmente producto de 28 leguas del partido de Cuba que generalmente se llama de la Vuelta de abajo, y está en la parte occidental de la isla. He dicho anteriormente que es este ramo uno de los tres que forman la inmensa riqueza material de la opulenta Antilla, y no creo pesará hallar en este libro algunas lineas consagradas á su historia y estado.

La primer noticia que del tabaco hallamos en los libros de los conquistadores de América es lo que de él dice Oviedo: «Usaban los indios de esta isla (Cuba), entre sus vicios, de uno muy malo, que es tomar unas ahumadas que ellos llaman tabaco, para salir de sentido, y esto hacian con el humo de una yerba, á lo que he podido comprender de la calidad del beleño.»

El origen de esta palabra *tabaco*, ha dado mucho que hablar; unos han creido que es corrupcion de Tabasco, ciudad de donde la suponian oriunda; otros han imaginado que es una palabra india que significa *humo*. A mí me parece que importa, antes de decidir esta cuestion, saber por qué en Java esta misma planta tiene el nombre de *tambaco*.

Fernando de Toledo introdujo en España esta planta, entonces objeto de burla y curiosidad. Juan Nicot la importó en Francia, desde donde, como centro, invadió toda Europa.

En el reinado cómico de Felipe IV en que España, á pesar de sus riquezas, no tenia bastante para satisfacer el capricho de sus monarcas, el tabaco fué un objeto de atencion. Las córtes de 1636 mandaron estancar el tabaco, como uno de los arbitrios que debian cubrir el subsidio de millones. Siguió nuestro ejemplo la vecina Francia; en 1674, estancó este producto.

Los cubanos fueron mas felices que sus padres. A contratos particulares sucedió el establecimiento de la factoría de tabacos en 1765 que duró hasta el año de 1817, en que se suprimió el estanco.

Por este camino fácil de libertad, en un suelo feracísimo, llegó este producto á un estado de prosperidad que el mundo todo conoce. A pesar de los derechos de estraccion que en el dia se pagan, derechos establecidos en la Habana en sus productos todos, y que son un error económico de gran tamaño, los propietarios de tabaco prosperan, si bien se nota que á medida que se aumenta el producto de esta planta, se deteriora su escelente calidad. Sin embargo, todavia el tabaco de Cuba no tiene rival en el mundo. El de clase inferior es superior al brasileño y norte-americano.

Conociendo que solo en España hay mas de tres millones de fumadores, se formará una idea del inmenso consumo que se pudiera hacer del tabaco de la Habana, si los crecidos derechos que en la Península se imponen á esta materia fuesen rebajados. Pero, es preciso convenir que todo lo ahoga esa mano pesada del fisco que disminuye sus propios recursos por su avaricia destemplada.

La isla de Cuba es susceptible de mucho aumento en este ramo de produccion. Los partidos de Guantánamo y Mayarí podrian solos enriquecer el pais, si sus habitantes se dedicasen á la cosecha abundante del rico tabaco de sus hermosas vegas.

Pero, es fuerza tener en cuenta que aquellos artículos de que se puede prescindir son consumidos en proporcion del precio que disfrutan. Asi es bien claro que si el tabaco de la Habana no fuese tan caro en España, se consumiria de él mas, en vez del detestable de Virginia y otros parages. Pero, por una parte la escasez de brazos que se nota en Cuba, por otra el derecho de esportacion, el de importacion por otra, son cargas tales que queda el uso de tabaco habano en la Península para un reducido número de privilegiados tan solo. El erario sacaria mas utilidad si se limitase à ganancias moderadas, pero crecidas por la abundancia de consumo del artículo.

XXXIV.

Merece llamar muy seriamente la atencion el crecido número de habitantes de la ísla de Cuba que, ya por huir del sistema de gobierno que rige en aquel pais, ya por disposicion de los gefes de la colonia, viven en suelo estraño. Sin detenerme á hablar de las deportaciones de estos últimos tiempos, tan injustas por tan arbitrarias, tan inmorales por tan rigurosas, tan inútiles por tan ilegales, baste examinar que son muchas las personas importantes que abandonan el suelo nativo de Cuba, por movimiento propio, privando asi á su pais de sus luces y del caudal que consume. En Europa úsase con frecuencia hacer semejantes viages y ni es contrario al bienestar del pais de los viageros que los efectúan; porque generalmente vuelven estos á fijarse á su hogar doméstico, y aunque no lo verifiquen, ni en la nacion menos poblada de Europa son absolutamente precisos los talentos, la fortuna y la persona de uno de sus hijos. En los paises nacientes no sucede asi. Un hombre, con solo serlo, es altamente útil. No hay clase de talento que no pueda contribuir altamente al bien del estado. Por manera que es menos dificil darse á conocer, y nunca el amor propio resentido contra la injusticia popular puede tener parte en tan contínuas emigraciones.

Si á esta consideracion se añade el recuerdo de lo que queda dicho acerca del carácter de la propiedad en Cuba, se conocerá facilmente que es necesario ver una espresion marcada ó bien una resistencia grande en el gobierno á reconocer agenos talentos para que se decidan tantas personas distinguidas á vagar largos años por suelos estrangeros. Claro está que allí donde el hombre superior no tiene permiso para hacer valer sus luces, ya mezclándose en la accion del gobierno, ya reinando por la fuerza del consejo, no puede haber esos goces morales que todo ser de elevados sentimientos ha menester. Entonces es cuando este abandona su hogar paterno, la suavidad del clima, la feracidad de la tierra en que nació.--Y si tales no son siempre los motivos que guian á muchos viageros cubanos, al menos es de creer que sirvan de razon á muchos y de deseo á otros.

Entre las personas á quienes el despotismo arrojó de los brazos de su familia en la Habana, citaré en este lugar dos, eminentes y dotadas de una superioridad no comun. Son las representantes de esa clase desgraciada de proscriptas. El poeta Heredia, muerto recientemente en la hospitalaria república mejicana, su nueva madre, poeta, orador, publicista, y hombre de concepciones gigantescas; y el señor Saco, residente actualmente en Paris, escritor aventajadísimo cuya papelera encierra tesoros que ha creado su genio y el mundo venerará un dia, si del todo no son inesactas mis noticias y juicio. Estos dos ilustres habaneros han llevado á tierra estraña su brillante pluma, y han dado honor al suelo de que han sido arrojados por mano de la violencia.

Citaré tambien, como muestras de otra clase que viaja sin duda por deseo de ilustrarse tan solo, sin asociarse tal vez á ningun pensamiento politico en su carrera, á dos personas, igualmente conocidas y merecedoras de elogio.

Es la primera la condesa de Merlin, distinguida escritora, rodeada siempre del mas elegante circulo de personas que habitan la capital de Francia. Parece la representante de un gran pueblo en la opulenta Paris.

Es la otra el señor D. Miguel Silva, jóven de aventajado entendimiento y erudicion no comun, al cual debe su isla natal y España un monumento de gloria. El señor Silva posee con admirable perfeccion el griego, para el estudio de cuyo útil idioma ha compuesto, acompañado de su compatricio y amigo D. Francisco Diaz, cuatro elegantes tomos. Tiene la gloria de ser el primer español que ha escrito y publicado una página en griego. Merece este recuerdo leve.

Son innumerables las personas que pudiera yo citar aquí; pero, no he señalado á las que van nombradas, sino tan solo como ejemplo.

XXXV.

Si la buena intencion que me ha guiado en la formacion de este libro, no me engaña, creo firmemente que las ideas que dejo esparcidas pueden tener algun ligero valor y despejar tal vez el camino de las mejoras. Me parece que la lectura de párrafos escritos sin la inspiracion apasionada de los partidos, sin el siniestro objeto de obtener un resultado particular, egoista é interesado, puede marcar el estado de los re_ motos paises que he visitado y cuya descrip_ cion forma el objeto de estas páginas. Impuestas las personas influyentes de la situacion en que se encuentra aquel pais, de los recursos con que cuenta, de la clase de poblacion que lo habita, y del camino que se sigue, quizá saquen deducciones altamente útiles á esa isla hermosa, digna de suerte mejor. De todos modos, ningun otro motivo que el bien de la humanidad me obliga á espresarme con tal franqueza y energía. No defiendo en mi obra hombres sino principios; no pasiones ruines sino la causa santa del adelanto social.

Generoso de corazon, siempre estaré al lado del oprimido, porque yo creo invariablemente que no hay jamas opresion justa. Asi, cuando el gobierno español, llevado de sus mezquinas miras, dicta estúpidas y codiciosas leyes para aquellos paises, yo me uno íntimamente á los seres míseros que trabajan por sostener un gobierno que no les da participacion en los negocios públicos. Cuando los insolentes mandatarios públicos, validos de la distancia á la metrópoli é ignorancia de un ministerio de partido, abusan de las vastas atribuciones que la ley les confiere, yo levanto mi voz, porque mi vida es una vida de abnegacion. Donde quiera que halle el abuso, que encuentre la maldad, allí estaré yo para pedir reparacion.

Pero, en prueba de la imparcialidad que me guia, se observará cuán firmemente defiendo á esa raza miserable de africanos que cargados de hierros, hambre y lágrimas, llevan de Africa viles mercaderes á la Antilla española. Se notará como elevo mi voz contra esos mismos á quienes acabo de defender de un gobierno inicuo por el trato tiránico con que oprimen á sus esclavos. Y en esa cadena interminable de dominacion y despotismo, siempre defenderè al débil contra el fuerte, porque la ley bestial de la fuerza es opresora y villana. Así el vulgo ruin de detractores que achaquen á mis escritos objeto de merecimientos, cuando tropiece con este sistema de franqueza, conocerá sin duda que la mas pura hidalguía pone la pluma en mis manos. Soy español, es cierto, pero soy hombre antes de todo, y la primer causa del hombre es la de la humanidad. Desde esfera tan elevada ni siquiera se advierte la patria. Donde no hay virtudes sociales no las hay patrias. Quien ama á su pais, cuando oprime á los estraños, no ama la libertad, no ama á los hombres; es un egoista, un hombre indigno de pertenecer á una noble asociacion.

Por eso yo que amo á mi patria relativamente, quiero su dignidad, su justicia; por eso yo que amo la humanidad, quiero su bienestar, su ventura. Asi es como ataco el sistema colonial de nuestro gobierno; asi es como yo clamo y clamaré porque se fijen bases justas, equitativas, que establezcan la conveniente union de ambos paises, la utilidad de ambos pueblos. Que se modere esa altanería de mando, que se ponga coto á ese poder omnimodo de aquellas autoridades, y que el gobernador de la isla no sea un poder libre, solo tributario de poder mas elevado. Es fuerza que aquel gefe sea tan solo un súbdito de un gobierno justo. Que á todas partes adonde llegue el poder de este gobierno, se sienta el benéfico influjo de la civilizacion y de los adelantos sociales.

Tal no sucede en el dia, no; es forzoso que sepa el pueblo español, siempre noble y generoso, que una codicia inicua preside al mando de nuestras posesiones de Ultramar; que sus delegados alli se enriquecen en breves años, sin cuidar de formar alli un pueblo, sin dar á la generacion que empieza una educacion conveniente, y por último, sin mirar la isla mas que como una casa de juego en que ó se pierde la vida ó se alcanza la riqueza. Es preciso no cesar de repetir que, á pesar de esceder de once millones de duros anuales las rentas de Cuba, hay *cuarenta y un mil niños*, de cuarenta y seis que tiene la isla, que no reciben educacion. Que el gobierno no tiene escuelas públicas, ni colegios, ni establecimientos de alta educacion, que el cuidado de formar abogados, médicos y sabios está confiado á ignorantes frailes que rechaza el siglo. Que no existen en la generalidad de los pueblos ayuntamientos de ninguna especie, sino solo capitanes de partido, sin sueldo ni hogar, aventureros que solo son unos estafadores comunmente con diploma. Que la poblacion negra aumenta anualmente en diez y seis mil esclavos, y la blanca escasamente en siete mil. Que las autoridades infringen la fe de los tratados, admitiendo alli y tolerando el tráfico inmoral de negros, á virtud de un *regalo obligatorio* que reciben por cada esclavo. Que los campos estan incultos, sin que se favorezca la colonizacion, viendo los resultados hermosos que este sistema produce, como lo demuestra el noble egemplo del coronel *Clouet*, conde de Fernandina, en la colonia de Jagua. Que el foro está en el mas doloroso estado de desmoralizacion, sin que leyes sabias y equitativas moderen esos abusos introducidos en la magistratura, y que tanto atemorizan á los litigantes. Que el espíritu del pueblo se está de dia en dia condensando en la justa suspicacia, como en otro tiempo empezó á formarse en los vilmente inmolados indios. En suma, que esa decantada riqueza de la isla de Cuba no es mas que las creces momentáneas de un jugador.

Aunque cause dolor el decirlo, debe tener entendido el pueblo español que su hermano está mil veces mas hollado; que la inmoralidad de la corte favorece ese espíritu mezquino, pueril y estúpido de cintas y honores con que ya los verdaderamente ilustrados cubanos no querrán en breve cubrirse: Que es natural y sencillo que á hombres cuya fortuna, probidad y bienestar no abren la carrera de las armas, de los importantes empleos, deben serlés de algun valor esas compradas distinciones, sin las que los pisan esos advenedizos de las revoluciones todas. Los males del porvenir solo pueden evitarlos los aciertos del presente. Las llagas no se curarán jamas, si arredrase el temor de poner la mano encima.

Cualquiera puede creer, al recordar el origen de aquella poblacion, su gobierno y relaciones, que son muchos los puntos de contacto que tienen con nuestros hábitos y costumbres las de aquellos paises. Sin embargo, nada hay menos parecido que nuestro carácter moderno, y el de nuestros hermanos de ultramar. En nosotros el hastío de la vida, el desengaño de los sucesos nos abruma, nos hace insensibles al entusiasmo; en ellos, por el contrario, la fé éjerce su influjo poderoso; nosotros somos frios porque vivimos en el prosáico presente, ellos son entusiastas porque ven el poético porvenir.

Asi que, aman á los hombres que descuellan, creen en las ideas nobles, grandes, y abrazan con ahinco todas las empresas que prometen un porvenir risueño. Por eso, se ven multiplicarse los planes para la construccion de caminos de hierro; por eso se adoptan todas las ideas que desarrolladas, pueden dar felices resultados, y por ello hallan cumplida proteccion todos aquellos que proponen algo nuevo, algo útil. En suma, bajo el aspecto material, la riqueza y poderio de la isla va creciendo considerablemente, y es de esperar que continúe progresando.

Bajo el órden intelectual, son muchas las consideraciones que es preciso tener presentes para imponerse del estado de aquel pais.

De algunos años á esta parte la regeneracion social y politica que en España se ve germinar, ocupa á tal punto la atencion pública, que el pueblo, no ya en masa, sino en sus clases mas adelantadas, no piensa en esos pueblos hermanos que estan en las opuestas riberas del mar. Asi es que esa opinion pública, tan poderosa ya en el dia en nuestro pais, no se mezcla en los negocios importantes de aquellos pueblos. De este orígen nace el absoluto despotismo de unos pocos hombres, interesados inmediatamente en el resultado de los negocios públicos en aquellos climas apartados. Este reducido número de privilegiados miran la isla como su patrimonio : para los pingües empleos que alli hay, se nombran á favoritos, á quienes se tolera en el abuso de sus atribuciones. Se consignan sueldos sobre aquellas arcas, atendiendo asi á unas clases con mengua de otras. Se mandan dar crecidas sumas para estampar grabados en el estrangero é imprimir obras en Paris, como ha sucedido con el señor Lasagra, sugeto laborioso, pero que malamente calumnia á España que no conoce, en una obra que tuvo el feliz acierto de escribir en frances, sin duda por vergüenza de hacerlo en español.

Hé aquí, en resumen, el útil resultado que saca España de esas tan decantadas riquezas. Y por ventura ¿se creerá que no le cuestan sobrado caras, aunque no se repare mas que en las vidas de tantos españoles como aquí necesitamos y que de dia en dia se nos van, por el deseo de medrar?...

A mi juicio el gobierno español se halla en el caso de mandar formar en la Habana un congreso colonial compuesto de las personas mas influyentes é importantes del pais, por su saber, por *su fortuna*, por su posicion, y que este arregle su administracion interior, y proponga al gobierno supremo los medios que crea oportunos para aumentar la verdadera riqueza de la isla, riqueza que consiste en la poblacion, en la instruccion y en el amor al trabajo. Esta importante medida acallaría todas las murmuraciones, todo el descontento y empezaria una era de mucha felicidad.

Un temor terrible se opondrá ó tan razonable proposicion. Creerán algunos de buena fé, y otros sin creerlo, tratarán de hacerlo entender á los demas, que en el momento en que se instale un congreso colonial, se pone la primer piedra del edificio de la independencia cubana. Es este un sueño, un delirio; parecido á la vulgaridad de que Santiago de Cuba en años pasados juró la Constitucion de 1812, con el objeto de establecer luego la independencia. Santiago juró porque le mandaron jurar; invalidó su juramento, porque asi se lo mandaron. Este es todavia el estado del pais. ¿Hubo alguna oposicion al restablecimiento del antiguo sistema, algun conato marcado de resistencia, alguna tentativa? Nada hubo porque no hubo voluntad; que es un sueño creer que si la mayoría hubiera tenido ideas de independencia, no hubiese dado señales de poder, oponiéndose á una minoría que manda porque el mando es conveniente al pais.

No se me crea visionario en esta cuestion. Yo sé que apenas hay un cubano que no ame la independencia, que no la desée, pero, no pasa de un amor, de un deseo pasivo. Y ¿cómo se puede motejar que hombres dotados de alma y entendimiento no suspiren por lo que tienen de mas dulce los pueblos? ¿Fué un crimen en Grecia, en Polonia, en España, oponerse al dominio de otro pueblo...?

Yo creo en la existencia de ese deseo de independencia; diré mas, lo aplaudo; es digno de hombres merecedores de buenas instituciones. Pero, entre desear tener é intentar tener, hay una terrible distancia. Yo deseo las riquezas de Aguado, pero, yo no voy á asesinar á Aguado para arrebatarle su fortuna. Los cubanos desean la independencia, pero, no intentarán poseerla, porque es ahora, lo repito, un suicidio. El dia, en tiempos inmediatos,, que se oiga el primer grito de independencia en la Habana, se arruinó la isla. El comercio huye, la industria cesa, los canales de prosperidad se ciegan; en suma, el pais se pierde.

Muchos y muchos años pasarán todavia

sin que esa independencia pueda intentarse en Cuba, y siguiendo el sistema actual de gobierno, no se intentará jamás, porque la fuerza brutal de los esclavos dispondrá otra cosa. En efecto, España no tiene mas que optar entre estos dos estremos. O bien moderar la legislacion, favorecer la poblacion blanca, acrecentar el bienestar de aquellos paises, y por medio de los sagrados lazos de la gratitud y la conveniencia, retener las Antillas unidas á la metropoli; ó bien recoger durante pocos años unos cuantos millones de duros, y destinar á aquel pais de bendicion la suerte de Santo Domingo. ¡En este último caso, los huesos del ilustre Colon tendrán que cruzar de nuevo los mares, y estará escrito que ni las cenizas de este prodigioso mortal han de hallar descanso en el mundo!!....

Yo creo que esa juventud española, generosa, noble, instruida que está esperando el sufragio del pueblo para sentarse en los bancos del congreso español, mirará esta cuestion importante con los ojos de la filosofía y de la razon, y no seguirá el egemplo de los hombres caducos que compusieron las córtes constituyentes. Estos engañados españoles negaron á las provincias de Ultramar el derecho de presentar sus diputados, legalmente nombrados y convocados por el gobierno. Estas cortes han obrado en esta cuestion mas retrógradamente que el autor del Estatuto, tan agriamente impugnado. Este real decreto, esta concesion del trono, consideró á las provincias de Ultramar al igual de las de España. Y ¿resultó por ello algun mal á España? Próceres y procuradores vinieron de América y Asia, tomaron asiento y ¿qué trastorno esperimentaron ó la península ó aquellos paises, para tamaña justicia?

Motivos bien mezquinos y pobres han sido la causa de que unos cuantos españoles insultasen á sus hermanos de América y Asia. Da vergüenza el recordarlos: ¿qué seria el relatarlos? Y adviértase de paso que tamaño insulto no se borrará jamas del corazon de un americano. Es llaga dificil de cicatrizar.

Asi, pues, termino este libro, protestando que no he querido en él ofender en particular á ninguno de los gefes actuales de la isla de Cuba. El abuso viene de muy atras, y si ellos son culpables es tan solo por no tener valor suficiente para atacar los males. Ni los adulo, ni los insulto. Hablo de cosas, no de personas; los hombres son ruines y debe olvidarse una pequeña clase cuando se trata de un pueblo entero. La humanidad es todo; el gusano que mañana ha de morir, una gota de agua en el mar.

Si mi obra logra despertar á esos hombres públicos dormidos, instruir algo al pueblo que no sabe, y fijar la opinion de los hombres honrados, habré obtenido un resultado. Mi corazon lo desea; mi esperiencia teme esperarlo.

Mapa de la isla de Cuba.

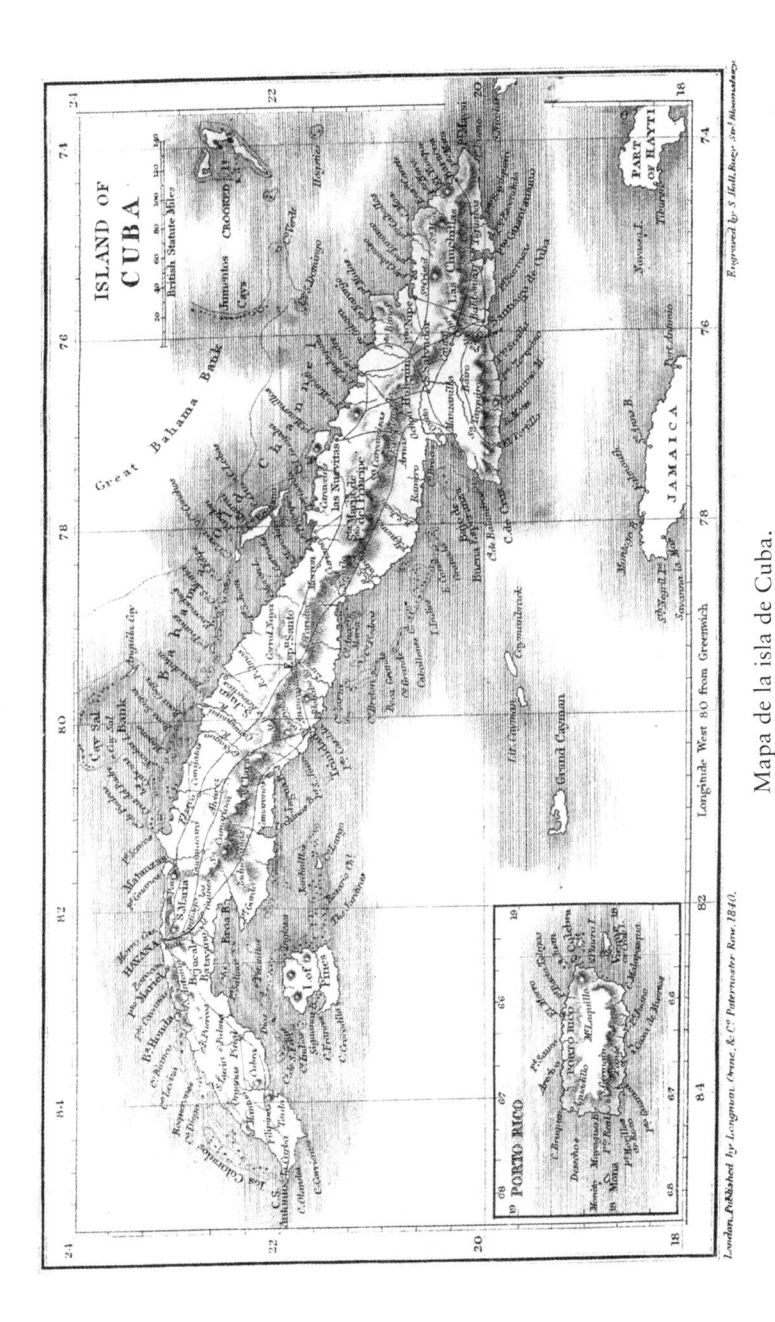

Fuente: David Turnbull, *Travels in the West. Cuba; with Notices of Porto Rico, and the Slave Trade*. Londres, Longman, Orme, Brown, Green, and Longmans, 1840.

Esta edición y reproducción facsimilar de los
Viages. Isla de Cuba,
de don Jacinto de Salas y Quiroga,
quinto volumen de la
Biblioteca de la Cátedra de Cultura Cubana 'Alejo Carpentier',
vio la luz en los talleres de la Imprenta Universitaria
de Santiago de Compostela
en la Navidad de 2005